摘　要

著作权技术保护措施是指著作权人或相关主体用以控制作品不被未经许可或法律授权的接触、复制或传输的技术手段。为阻止对技术保护措施的规避和破解，《世界知识产权组织版权公约》第 11 条和《世界知识产权组织表演和录音制品条约》第 18 条正式开启对著作权技术保护措施的法律保护。此后，世界各国包括中国在内，都纷纷通过修订国内立法确立著作权技术保护措施的法律地位。然而，不完善的著作权技术保护措施使得信息安全面临风险。面对这种风险，现行著作权法律制度尚缺乏有效治理机制。为有效防范和规制著作权技术保护措施所带来的信息安全风险，需要重新审视、改进现行著作权技术保护措施法律制度。

著作权技术保护措施产生的信息安全风险凸显了著作权技术保护措施应用的负外部性，可增加政府防范信息安全风险的成本以及使用者维护信息系统安全的成本，结果使著作权人与使用者之间，以及著作权利益与公共利益之间的利益均衡机制受到严重冲击，资源和权利配置受到影响。但是，现行著作权技术保护措施法律制度忽略信息安全的现实需求，缺乏矫正著作权技术保护措施的信息安全风险负外部性以及调整现有利益均衡的有效机制。著作权技术保护措施及其产生的信息安全风险具有动态性，于是，基于静态理念对著作权技术保护措施的法律规制无法有效应对著作权技术保护措施产生的信息安全风险。这需要创新现行法律制度理念，以实现对著作权技术保护措施的系统控制。鉴于此，本书基于信息安全视角，引入“信息安全风险预防与控制”理念，提出以技术批判规制原则、适当监管原则和协同原则为基本立法原则，建构以预防、控制和惩治为核心的著作权技术保护措施信息安全遵从的法律制度。

基于“信息安全风险预防与控制”理念改进我国现行著作权技术保护措施法律制度需要构建系统化的机制，即著作权技术保护措施的有效性标准机制、披露机制、监管机制和责任承担机制。第一，立法应明确著作权技术保护措施的有效性标准。著作权技术保护措施有效性标准是预防技术保护措施安全风险产生的重要前提，其中有用性、兼容性和安全性是认定著作权技术保护措施有效性的重要条件。第二，确立著作权技术保护措施信息披露机制，赋予著作权人及相关主体标签和警示义务。著作权人及相关主体应明示著作权技术保护措施的基本信息，并警示使用者潜在的和实际产生的信息安全风险，以确保著作权技术保护措施的透明度。第三，应建立高效协同的监管机制。这需要成立专门的技术保护措施监管机构，并进一步协同发挥行业协会的监管作用，确保著作权技术保护措施的合理应用。第四，应明确著作权技术保护措施危害信息安全的责任承担机制。面对著作权技术保护措施产生的信息安全危害，使用者的信息安全救济面临责任主体分配和损害赔偿标准等方面的困境。因此，当使用者信息系统被著作权技术保护措施非法访问或破坏，信息内容被非法窃取、篡改和利用，或者未能及时披露信息安全风险时，著作权人及相关主体应因此承担相应的民事、行政和刑事责任。

著作权技术保护措施信息安全遵从制度研究

赵丽莉 著

WUHAN UNIVERSITY PRESS
武汉大学出版社

图书在版编目(CIP)数据

著作权技术保护措施信息安全遵从制度研究/赵丽莉著. —武汉：武汉大学出版社,2016.6
ISBN 978-7-307-17838-0

Ⅰ.著… Ⅱ.赵… Ⅲ.著作权—登记制度—研究—中国
Ⅳ.D923.414

中国版本图书馆 CIP 数据核字(2016)第 103607 号

责任编辑:林　莉　　　责任校对:汪欣怡　　　版式设计:马　佳

出版发行：**武汉大学出版社**　(430072　武昌　珞珈山)
(电子邮件：cbs22@ whu. edu. cn　网址：www. wdp. com. cn)
印刷：湖北恒泰印务有限公司
开本：720×1000　1/16　印张:15.5　字数:225 千字　插页:1
版次:2016 年 6 月第 1 版　2016 年 6 月第 1 次印刷
ISBN 978-7-307-17838-0　定价:33.00 元

目　录

1 绪　论

1.1 研究背景及意义

1.1.1 研究背景

著作权是指著作权人(自然人、法人或其他组织)基于文学、艺术和科学领域作品的智力创造所享有的人身权和财产权。通常认为，传统环境下著作权法是以复制权为中心的，著作权客体的传播必须依附于一定载体，因此以复制权控制载体的传播就能够有效实现对著作权的控制。但是，网络通信技术的发展产生了数字作品，并通过网络向社会传播，不同于传统环境下需要控制载体的传播，网络对作品的传播不再依赖于有形的载体。网络环境下对作品的利用不再是间接占有载体而是可直接体验内容①，数字技术也使得利用者对作品的复制变得高效快捷，著作权人也因此而无法有效控制他人对作品内容的接触，面临侵权成本低廉、侵权方式多样化、侵权后果损失严重等威胁和挑战。著作权技术保护措施(技术保护措施，technological protection measures，TPMs)可阻止未经授权接触作品，于是，著作权人通过采取技术的方法和手段加强对其作品的控制力(尤其是在网络环境下)，以有效应对网络环境下的侵犯著作权行为。然而，随着破解、规避著作权技术保护措施事件频发，著作权人不断升级换代采取的技术保护措施，一些被著作权人所采用的技术保护措施已经充当恶意代码的角色来远程控制使用者系

① 尤其是云计算以后，这一特征将更为明显。

统，监视使用者使用情况，收集和留存使用者隐私信息，甚至可能破坏系统、窃取信息，使使用者(个人、政府部门、企业和其他社会组织等)信息安全面临威胁，著作权与信息安全冲突由此产生。索尼 BMG 公司(Bertelsmann Music Group)的 CD 著作权技术保护措施事件(下称索尼事件)与微软公司的黑屏技术事件已成为著作权技术保护措施对信息安全威胁的最为突出的事实。

在索尼事件中，索尼公司采取了限制 CD 拷贝的 XCP(extended copy protection，XCP)著作权技术保护措施和阻止破坏、复制受保护 CD 的 MediaMax3.0 和 MediaMax5.0 著作权技术保护措施。① 这些著作权技术保护措施被设计限制使用者对购买的 CD 的复制次数和复制格式。事实显示，包含著作权技术保护措施的 CD 在使用者计算机运行时要求：首先，使用者在运行 CD 驱动时，必须绑定安装 Media player 的专门播放器，否则不能在其计算机播放。其次，在著作权技术保护措施软件安装前，使用者许可协议弹出，使用者必须接受该协议方能访问 CD 文档及其中别的数字内容。而在涉及 MediaMax5.0 CD 安装中，即使使用者拒绝许可协议，著作权技术保护措施一些文档仍然能被安装和保留在使用者计算机中。然而，著作权技术保护措施安装后被发现当使用者计算机与网络连接时，使用者的 IP 地址、使用者播放 CD 信息可从使用者计算机传送回索尼 BMG 提供商。提供商者因此而可记录使用者播放时间和日期，并基于此，绑定的播放器反馈更新的信息于使用者计算机。然而，索尼 BMG 并未在安装前事先向消费者披露这些内容，消费者对于其信息的转移毫不知情。再次，XCP 著作权技术保护措施包含一个名为“网络控制管理者”的隐蔽技术，该技术能隐藏 XCP 软件的存在，并隐藏在 Windows 操作系统的深处，当然，消费者亦一无所知。然而，该技术能够产生安全漏洞进而被进入使用者计算机的恶意软件利用。最后，MediaMax5.0 的安装能够产生漏洞，即“特权提升漏洞”，从而可使使用者计算机被控制于第三方。② 至此，

① MediaMax3.0：一种保护 CD 被破坏和复制的技术保护措施。

② DS Clark. In the Matter of SONY BMG Music Entertainment，a General Partnership [EB/OL]. [2012-2-10]. www.ftc.gov/os/caselist/0623019/070130cmp0623019.pdf.

SONY 著作权技术保护措施被证实将给使用者的信息安全带来巨大的风险。而对于这些著作权技术保护措施的限制使用情况和安全风险，索尼公司未能充分披露，这涉嫌欺骗用户和不公平竞争，违背联盟贸易法，这也使得著作权技术保护措施与使用者信息安全之间的平衡被破坏，两者之间的紧张关系凸显。

微软“黑屏”计划，即盗版验证计划显示。微软公司为保护其软件版权，增加了 Windows XP 和 Office 防盗版功能，XP 软件会对使用者的计算机硬件配置进行自我记忆。当计算机的内存、显卡、处理器等硬件配置发生变动(如进行升级时)，防盗功能会进行验证，如果发现使用者使用的操作系统为盗版时，使用者计算机桌面每隔 1 小时即被黑屏，而 Office 使用者软件将被永久添加视觉标记。① 虽然微软公司声称“黑屏”本身不会对使用者计算机造成任何威胁，但由于 Windows 和 Office 正版验证程序 WGA(windows Genuine Advantage)和 OGA(Office Genuine Advantage)②将通过操作系统的自动更新程序(microsoft update)自动下载和安装，这一声称并未得到权威证实。由于在证实危害前，微软公司已取消在中国实施的“黑屏”计划，因此对于所造成的损害无法估计。但是从技术角度讲，由于 XP 是操作系统，验证程序可使使用者计算机被锁死，使用者的信息系统和信息内容面临潜在安全风险，社会公共安全受到危害。这显然已经超越了版权自我保护行为的合理限度。

随着数字网络技术和通信技术的发展，著作权技术保护措施在社会生活各领域，以及从计算机到智能手机和平板电脑中的广泛应用，著作权技术保护措施应用已与信息安全息息相关。2011 年，包含著作权技术保护措施的智能手机遭遇 DroidDream 恶意软件攻击，该恶意软件通过秘密隐藏在官方市场公布的可下载的程序中，致使260 000用户被感染，一旦安装，则成为强有力的僵尸代表，并因此而可无限制地进入设备底层将恶意代码写入任何程序，窃取

① Office 的菜单栏将被添加“不是正版”的标记。

② WGA 和 OGA 验证程序帮助用户甄别他们电脑中安装的微软 Windows 操作系统和 Office 应用软件是否是获得授权的正版软件。

信息和输送给远程攻击者。当智能手机日益被允许管理财政账号等敏感信息时，受害者遭受的攻击就是灾难性的。其中，智能手机著作权技术保护措施的安全性问题因此而遭受质疑。2012年随着美国版权法关于技术措施例外规定的修订，手机技术措施兼容性问题又一次引起了关注。而技术措施兼容性是关乎技术措施安全性的重要因素。因此，当著作权技术保护措施的信息安全风险问题被关注时，如何保证在打击盗版时不束缚信息安全将是我们不得不面对的问题，这需要反思著作权技术保护措施保护著作权的界限在哪里？

著作权人探索通过著作权技术保护措施防范和控制未经许可的接触和利用，以维护其合法权益免受侵害，这被认为是现阶段有效控制盗版与开拓新的著作权交易商业模式的手段之一。然而，单纯依靠技术的不断更新来保障著作权人的合法权益过于理想化，著作权技术保护措施无论怎样更新都有可能被层出不穷的破解技术破解，进而使著作权技术保护措施失去效用。因此，著作权人一方面通过不断升级著作权技术保护措施保护其权益，另一方面寻求通过法律机制保护其合法权益。为阻止对著作权技术保护措施的规避和破解，《世界知识产权组织版权公约》(WIPO Copyright Treaty, WCT)第11条和《世界知识产权组织表演和录音制品条约》(WIPO Performances and Phonograms Treaty, WPPT)第18条正式开启对著作权技术保护措施的法律保护。之后，美国、欧盟以及欧盟各成员国法国、英国等，中国、日本、澳大利益、加拿大等国家和地区纷纷通过修订国内立法确认了著作权技术保护措施的法律地位。

著作权技术保护措施法律制度设立的初衷是期望通过技术措施的应用有效保护著作权人利益而达到加速累积社会文化资产的目的，因为只有均衡的著作权保护系统才能确保科学进步和有用的艺术创新。然而，著作权技术保护措施的法律保护在实现保护著作权利益目的的同时，也使原有著作权保护系统中著作权人与使用者、社会公众权益间的平衡变得复杂。但是，现行著作权技术保护措施法律制度侧重于对著作权人利益的保护，忽略了技术的“两面性”，以及技术本身不断变化的特性。面对著作权技术保护措施对信息安全威胁的负面效应，现有著作权制度还缺乏有效的治理和协调机制，不能有效规范著作权技术保护措施所产生的风险，这也是现有研究所忽略的。至此，面对著作权技术保护措施对信息安全的冲击和影响，如何通过完善现有著作权技术保护措施法律制度，使网络环境下强化著作权保护的同时获得较合理可接受的平衡点，并有效防范和规制著作权技术保护措施所带来的信息安全风险是值得探寻的问题。

1.1.2 研究意义

技术是人类认识和改造自然的劳动手段和劳动成果，通过对自然的改造，发挥着满足社会生产要求、推动人类历史进步和发展的作用。著作权技术保护措施的出现和应用产生了新的经济利益，著作权技术保护措施法律制度通过法律规则确认了受保护的技术措施内容。按照学者哈贝马斯的观点，法律是具有事实性和有效性的①，面对著作权技术保护措施产生的信息安全风险，现行法律制度的治理理念及措施难以应对，现行著作权技术保护措施法律制度的适用性受到挑战。这需要探索新的治理理念和有效措施去规制著作权技术保护措施产生的信息安全风险。

本书研究以信息安全视角为切入点，重新审视著作权技术保护措施法律制度，立足于追寻著作权技术保护措施负面效应的制度根源，从而探索规范著作权技术保护措施合理应用的有效路径，最大限度减少著作权技术保护措施对信息安全产生的负面效应，具有一定的理论和实践价值。

首先，著作权法律制度的基本目的在于通过激励创造和智力作品的传播而促进社会文化的发展。当著作权法赋予权利人合法垄断的优先权时，它需要均衡激励作者与许可公众间的利益关系，例如通过表达、原创性、公有领域和合理使用等制度适度限制作者的垄断权和范围。然而，随着数字时代技术的不断创新，著作权人所采取的技术保护措施亦不断升级换代以阻止破解和规避，著作权技术

① [德]哈贝马斯，童世骏译．在事实与规范之间[M]．北京：三联书店，2003：103-104.

保护措施产生安全性隐患，但这未引起立法者和学者的足够关注。现行针对著作权技术保护措施的研究主要集中在对著作权技术保护措施限制合理使用、危害产业竞争和侵犯自由表达权等负面影响方面，强调如何为此而限制著作权技术保护措施。与此不同，本选题以保障信息安全为视角，揭示著作权技术保护措施对信息安全的负面影响，关注个人隐私安全、社会公共安全和国家安全的需求，进一步拓宽了理论上对著作权技术保护措施负面效应的研究视野。

其次，可创新规范著作权技术保护措施应用的法治理念。著作权技术保护措施就其语义而言是一种保护作品的技术方法和手段，其技术特性决定了著作权技术保护措施是动态变化的。当著作权技术保护措施应用产生信息安全风险时，信息安全风险亦是动态变化的。面对著作权技术保护措施及其信息安全风险的动态性特性，基于静态控制理念的现行著作权技术保护措施法律制度无法满足对著作权技术保护措施负面效应的法律规制要求。鉴于此，基于法律角度，引入控制论的风险控制理论探讨对著作权技术保护措施的规范治理，并进一步提出以“信息安全风险的预防与控制”理念改进我国现行著作权技术保护措施法律制度，以此实现对著作权技术保护措施应用的过程控制。2012 年 7 月，国家版权局发布新的《著作权法修改草案》(第二稿)，著作权技术保护措施的规定已引起重视，修改草案通过对著作权技术保护措施的定义、反规避条款以及限制和例外规定、责任承担等专门条款初步形成了著作权技术保护措施法律保护的体系。尽管这一规定与国际公约的规定保持了一致性，但是却未能体现出对著作权技术保护措施的信息安全风险的预防与控制。因此，本书研究综合交叉学科理论，创新了现行著作权技术保护措施制度理念，体现了多元的互动式治理特性以及法律治理学的核心价值观。

最后，为应对网络环境下对著作权人利益的侵犯，著作权人将广泛采取技术保护措施以保护其合法权益。国际规则显示，著作权技术保护措施的法律地位进一步明确。各国立法均通过不同模式阻止对受保护技术措施的规避和破解。随着技术的不断发展，技术措施复杂性增强，它对信息安全的冲击将加剧，类似索尼案件的事件将频发。然而，著作权技术保护措施在网络空间中并非单一存在的，当著作权技术保护措施产生信息安全风险时，将不仅冲击使用者信息安全，而且可直接冲击整个网络安全，后果无法预计。因此，有必要对著作权技术保护措施冲击信息安全的负面影响进行研究，从实践上提高政府和使用者维护信息安全的意识，并提出有效应对著作权技术保护措施信息安全风险的具体措施，以此确保著作权技术保护措施适度应用。

可见，从信息安全视角寻求新的理念设计改进我国现行著作权技术保护措施法律制度，探寻系统化规制著作权技术保护措施应用的具体法律机制，对于协调著作权技术保护措施在著作权领域的应用所带来的著作权和信息安全间的冲突，以及明确信息安全在技术创新中的重要角色具有重要的理论和实践意义。

1.2 国内外研究现状

1.2.1 国内研究现状

著作权技术保护措施的出现以及数字权利管理系统的发展在对著作权作品提供技术保护的同时也形成了数字时代著作权作品传播的商业模式，即实现了依据消费者需求设定不同的许可，实现不同区域使用的管理，以及按照点播次数征收费用等商业模式。著作权技术保护措施的应用促进了数字产品广泛传播，它存在的合理性也被部分学者所肯定。有学者认为，在网络时代，当著作权人面对作品在互联网上被大肆侵权的现象时，法律的救济是一种事后救济，而著作权技术保护措施已经成为网络时代保护著作权的重要手段，通过技术手段限制未经许可的接触和控制数字作品内容，在一定程度上可以起到救济效果。① 另有学者从经济成本角度、法律救济的滞后性、伦理文化等因素指出知识产权的技术保护措施是一种现实

① 王迁．对技术措施立法保护的比较研究[J]．知识产权，2003(2)：3.

的选择，具有一定的合理性。① 因此，网络环境下数字技术的发展并非仅仅带来否定影响，它推动了网络环境下优秀作品的传播，降低了交易的成本，便于著作权人通过技术手段保护和管理著作权。②

网络环境的发展给著作权制度带来了机遇也带来了著作权作品被大量侵权的风险，使得著作权执法难度增大，出现滥用技术手段倾向等一系列问题，因此应完善著作权技术保护措施的法律规制，推动网络环境中著作权制度的发展。③ 立法和实践结果显示，随着立法上对著作权技术保护措施的肯定，禁止规避著作权人所采取的技术保护措施条款负面影响显现，带来了法律保护的困境，主要体现在：第一，著作权技术保护措施的采取扩张了著作权法所赋予的著作权人的权利范围，可使超出保护期限的作品在技术保护措施保护下依然获得保护，阻止公众的接触；第二，部分著作权人通过采取技术保护措施妨碍创新；第三，著作权技术保护措施可能被滥用，破坏使用者信息系统，对使用者隐私安全、社会公共安全带来不利影响。于是质疑著作权技术保护措施合理性的声音不绝于耳。国内对著作权技术保护措施法律制度的研究探讨了著作权技术保护措施带来的利益失衡、限制竞争、安全风险等方面的负面影响问题。

1) 著作权技术保护措施与利益平衡

法律层面的利益平衡是指通过法律的权威来协调各方面冲突因素，使各方利益在共存和相容的基础上达到合理的优化状态。

利益平衡是在一定的利益格局和体系下出现的利益体系相对和平共处、相对均势的状态，是构成知识产权法的基石，用以维持对知识产权创造的激励与知识传播和利用间的平衡，以及维持知识产

① 姚鹤徽，王太平．著作权技术保护措施之批判、反思与正确定位[J]．知识产权，2009(11)：20-26.

② 王迁．网络环境中版权制度的发展[M]//张平．网络法律评论．北京：知识产权出版社，2008：87-89.

③ 王迁．网络环境中版权制度的发展[M]//张平．网络法律评论．北京：知识产权出版社，2008：85.

权人利益与公共利益间的平衡。① 同理，利益平衡是版权法的根基和首要原则②，旨在实现著作创造者、传播者和使用者间的平衡追求，以及公共利益与个人利益间平衡。鉴于利益平衡在著作权制度中的重要性，从利益平衡视角研究著作权技术保护措施法律制度是目前该领域研究的主要出发点。这一视角主要从技术保护措施对著作权制度中利益平衡的冲击出发，分析技术保护措施应用下维持利益平衡的必要性。

在著作权技术保护措施与利益平衡方面，有研究通过美国 Skylink 及 Static 案③，分析了滥用“技术保护措施”的表现，并进而指出基于法律禁止规避使用控制措施的规定并不能使保护“技术保护措施”成为阻止竞争的手段，法律保护著作权技术保护措施仅是为保证网络环境下著作权人对数字化作品权利的享有和行使，以保证其著作权不被侵犯，并因此而指出立法者应当关注对著作权技术保护措施的滥用，设置维系利益平衡的例外制度和争端解决机制，以防止其阻碍竞争和损害社会公共利益。④ 这些研究显示，法律在认可著作权技术保护措施法律地位的同时，并不该因此而助长其破坏著作权的利益平衡，当发生著作权技术保护措施滥用情形时，应采取相应的措施以重塑利益平衡。

有学者将著作权技术保护措施比作“正当防卫”，认为如果不

① 冯晓青．知识产权法利益平衡理论[M]．北京：中国政法大学出版社，2006：23.

② 王喜军．论版权技术保护措施的扩张及其限制[J]．出版发行研究，2012(9)：70.

③ 美国 Skylink 及 Static 案：The Chamberlain Group 诉 Skylink Technologies 案中原告 Chamberlain 公司诉被告 Skylink 公司生产的“39 型兼容遥控器”规避了原告生产的安全型车库大门开启系统中遥控器和开启装置中设置的滚动代码程序，违反了《数字千年版权法》关于禁止销售技术保护措施破解工具的规定。Lexmark International 诉 Static Control Components 案，原告认为被告 Static 生产的芯片规避了原告在其生产的激光打印机中使用的验证技术，其销售行为是违法的。

④ 王迁．滥用“技术措施”的法律对策——评美国 Skylink 及 Static 案[J]．电子知识产权，2005(1)：42-45.

加区分、不加限制和限制地予以保护，就会出现“防卫过当”、“防卫不适时”，即会造成权利人不合理地扩张其权利，限制合理使用的适用，侵犯消费者权益等一系列问题。① 为此，该学者提出应通过立法解决著作权技术保护措施的合法性问题、明确著作权技术保护措施的保护范围、规范著作权技术保护措施方法、列明限制与例外等措施予以规制著作权技术保护措施，实现利益平衡。

学者吴伟光在《数字技术环境下的版权法危机与对策》一书第四章对著作权技术保护措施与著作权平衡问题进行了较为详细的论述，研究内容对互联网络条约、美国《数字千年版权法案》、欧盟《信息社会著作权指令》、我国《著作权法》和《信息网络传播权条例》中关于著作权技术保护措施的相关规定进行了梳理，并从保护表达自由和隐私权、产业实践和竞争规制的需要、知识的分享与传播、市场失效理论提出对著作权技术保护措施进行限制的理论基础，揭示著作权技术保护措施与著作权制度中平衡政策之间的冲突以及现有制度对两者冲突协调的限制与例外措施，并指出数字环境下保持著作权的平衡依然是具有重要意义的。② 著作权技术保护措施作为一种私力救济手段和终端控制性措施已经破坏著作权制度所确立的利益平衡机制，但著作权技术保护措施在构建未来著作权保护模式中仍然占具有重要的地位，因此需要对著作权的技术保护措施的法律属性、地位进行反思，以寻求技术保护措施的正确定位，确保数字时代技术保护措施的适度运用。③ 有研究分析指出：随着法律制度对著作权技术保护措施保护的明确化，著作权人基于未经允许的技术保护措施规避行为救济自身合法权益，这一法律救济并不受限于传统著作权法保护适格与适用限制的相关规定，结果无形中使著作权技术保护措施的法律规定游离于著作权法体系之外，进

---

① 王海英．数字化作品版权反限制的限制——著作权技术保护措施的法律控制[J]．中共福建省委党校学报，2008(2)：84-88.

② 吴伟光．数字技术环境下的版权法危机与对策[M]//张平．网络法律评论．北京：知识产权出版社，2008：145-209.

③ 姚鹤徽，王太平．著作权技术保护措施之批判、反思与正确定位[J]．知识产权，2009(11)：20-26.

而破坏了传统著作权法下权利人与使用者之间的利益平衡。① 这一观点显示著作权技术保护措施的应用打破了既有的利益平衡机制，但是法律制度并未因此建立新的平衡机制。

此外，有些学者从合理使用视角分析著作权技术保护措施的负面影响。著作权法的内容一方面是规范如何保护著作创造者权利，另一方面则是公众如何合理使用。因此，合理使用制度是著作权制度中设定的一项重要制度，也是保护公共利益，限制著作权人权利的重要依据。随着在游戏、音乐、软件、DVD、电视节目等众多领域著作权技术保护措施的广泛使用，有学者认为现行著作权法的合理使用制度在著作权技术保护措施法律保护制度设计下将无法保障，这与著作权法所维护的公私利益平衡的价值不一致。因此，在设计著作权技术保护措施法律规范时应解决如何保障公众的合理使用，如何兼顾著作权人与公众间利益平衡问题，以达到著作权法促进社会科学与文化进步的目的。②

有学者也认为数字权利管理技术的应用虽然以保障著作权内容为目的，但是在一定程度上挤压了著作权人合理使用的空间。这种冲突的解决，需要对著作权技术保护措施的功能予以定位，该技术应为消费者提供多种功能选择，如内容预览、在线阅读和打印、复制等；标准化数字权利管理系统，数字权利管理系统应采取合理定价等方式来解决两者之间的冲突。③

针对著作权技术保护措施在网络环境下对合理使用的限制问题，有学者认为网络空间与传统空间相比，一定存在合理使用的空间，只是著作权合理使用形式发生变化，否则将违背国际条约中确立的著作权保护利益平衡原则。因此，该学者建议“法律应该禁止在一定的条件下采用控制接触作品的著作权技术保护措施，至少在

---

① 林伟智．防盗拷措施条款争议问题研究[D]．台湾：世新大学，2010.

② 吴俊帜．论科技保护措施与反规避条款——以美国 DMCA 为核心[D]．台湾：“国立清华大学”，2004.

③ 姚维保，望海军．数字著作权管理(DRM)与个人合理使用的冲突及解决途径[J]．现代情报，2005(1)：103.

一定条件下允许普通网络使用者予以规避”以保障普通使用者能够够合理使用相关作品。①

2）著作权技术保护措施与产业公平竞争

公平竞争是市场经济的必然要求。创新是提升竞争优势，推动经济发展的重要动力，知识产权制度通过规范和保障机制激励创新、防止知识产权滥用、平衡权利人与社会公众利益，权利人与其他相关主体间的利益关系，维护和促进公平竞争的秩序。但是，著作权技术保护措施的应用可能产生垄断市场的力量，进而破坏正当的市场竞争秩序，损及使用者的合法权益。索尼公司开发的一款电子游戏的著作权技术保护措施 SecuR OM 能够在运行时侦测到用户计算机是否在运行一些竞争性的软件。②

有学者指出当处于市场垄断地位的企业为保护作品进行了加密处理，并制定专门的设备予以阅读或使用时，那么嵌入著作权技术保护措施措施的作品销售必然将搭售专门的设备，结果将妨碍其他经营者的公平竞争。③ 于是，在面对公平竞争秩序和使用者权益时，著作权技术保护措施应用表现出负面效应。

对于著作权人利用技术保护措施限制自由竞争的问题，学者多数从美国已经发生的案例，如 Lexmark International 诉 Static Control Components 案，指出著作权人可能通过著作权技术保护措施的使用而垄断市场，进而限制竞争对手参与竞争。④ 另有学者研究指出基于技术的快速发展，当法律救济由于费

① 冯晓青，胡少波．互联网挑战传统著作权制度——兼论著作权合理使用制度在网络空间中的新形式[J]．法律科学（西北政法学院学报），2004（6）：125-126.

② 蔡晓东．数字化作品版权 保护技术措施与法律规制[J]．编辑之友，2012（3）：112.

③ 袁真富．著作权保护中的技术措施对公众利益的妨碍及其对策[G]//郑成思．知识产权文丛（第7卷）．北京：中国方正出版社，2002：522-523.

④ 王海英．数字化作品版权反限制的限制——著作权技术保护措施的法律控制[J]．中共福建省委党校学报，2008（2）：84-88.

时和成本高等特点无法有效救济知识产权权利人利益时，著作权技术保护措施作为一种事前防御措施就成为权利人的一种现实的选择，著作权技术保护措施有一定合理性。但是，他们认为采取的著作权技术保护措施只有获得法律的认可和支持才能真正成为保护知识产权的有效措施。①

台湾地区学者基于 2004 年台湾地区所谓著作权法规的修订，从制度性保障角度探究了著作权技术保护措施的规定与公平交易法之间的关系，并认为著作权技术保护措施条款影响人们财产权和隐私权，因此，著作权技术保护措施措施条款内容应以是否扩张了著作权人权利范围，以及市场是否得以公平竞争为限。②

3）著作权技术保护措施与安全风险

技术保护措施是一把双刃剑，对它的不当利用可以使使用者面临消费者权益保护、公共利益、隐私保护以及信息安全系统安全方面的风险。目前，对于著作权技术保护安全风险方面的研究，国内学者关注的比较少，但是也有学者在相关文章中提出了这一问题。马治国教授认为"将技术保护措施纳入版权保护体系可能会对公众利益造成一定的影响"③，为此，出于公众利益考虑，著作权技术保护措施在进行合法性判断时应排除攻击性措施，以防止对公共利益构成严重威胁。有学者提出著作权技术保护措施的滥用对社会公共利益和公共安全是可能产生负面影响的，例如著作权技术保护措施的技术漏洞就可能使使用者信息泄露，威胁隐私或公共安全，因此，对著作权技术保护措施进行相应限制，才能阻止或消除著作权技术保护措施的消极影响，实现智力成果创作者和社会公众之间的

① 刘银良，冯琴．析知识产权的技术保护[J]．法律适用，2006(6)：90-91.

② 林伟智．防盗拷措施条款争议问题研究[D]．台湾：世新大学，2010.

③ 马治国．网络版权中技术措施的法律保护[J]．科技与法律，2001(2)：42-43.

平衡。① 2008 年微软黑屏事件发生后，进一步引起了学者们反思著作权技术保护措施合理限度问题，有研究指出应依据著作权技术保护措施的法律主体、目的合法性、与作品相关性、技术保护措施本身有效性方面界定技术保护措施的合理性，以防止著作权的技术保护措施演化为“版权暴力”。② 有学者进一步指出对于一些侵害个人隐私权、消费者安全权的著作权技术保护措施应排除在法律保护之外。③

著作权技术保护措施通常以软件加密技术、水印技术、基于软硬件的防篡改机制技术为表现形式，因此系统的安全性问题就成为著作权技术保护措施领域面临的重要问题。有学者认为现有的权利转移方案在有效性和使用者隐私保护方面还存在不少问题④，因此面对这种技术的潜在安全风险，在提高技术执行的可靠性同时，应通过法律制度来防范安全风险，如通过标准化数字权利管理系统（digital right management measures，DRM），实现不同数字权利管理系统间的兼容性，以确保著作权保护的同时实现信息的安全传递。⑤ 有学者提出可通过完善强制报案制度，以此有效遏制类似“逻辑炸弹”的网络犯罪行为。⑥ 也有学者指出应当对权利人采取的著作权技术保护措施保护方法予以规范，即著作权人对于其采取著作权技术保护措施的作品部分信息须向公众提供，以此确保交易过程中使用者对作品的知悉权；其次，法律制度应明确规定权利人

① 刘银良，冯琴．析知识产权的技术保护[J]．法律适用，2006(6)：90.

② 周映艳．论版权技术保护措施的限度——以微软黑屏事件为切入点[D]．成都：西南政法大学，2010.

③ 王海英．数字化作品版权反限制的限制——著作权技术保护措施的法律控制[J]．中共福建省委党校学报，2008(2)：84-88.

④ 俞银燕，汤帜．数字版权保护技术研究综述．计算机学报[J]．2005(12)：1965-1966.

⑤ 姚维保，望海军．数字著作权管理(DRM)与个人合理使用的冲突及解决途径[J]．现代情报，2005(1)：103.

⑥ 张磊．从南京“逻辑炸弹案”谈网络犯罪的强制报案制度[J]．宁波广播电视大学学报，2006(2)：5-7.

采取的著作权技术保护措施不得威胁网络和信息安全，并应明确滥用著作权技术保护措施的法律责任承担。① 这些内容对于规制著作权技术保护措施产生的信息安全风险提供了路径参考，也为完善著作权技术保护措施的法律规制提供了支撑，但是还缺乏规制著作权技术保护措施的信息安全风险的系统化措施。

1.2.2 国外研究现状

由于著作权技术保护措施的应用以及禁止反规避措施的立法已经产生了诸如限制竞争、扩张权利、冲击利益平衡、危害隐私安全等一系列风险，国外学者主要围绕以下几方面展开研究：

1)著作权技术保护措施与利益平衡

技术措施的法律保护被认为扩张了著作权人的权利，可使一些进入共有领域或者不受著作权保护的作品重新获得保护，进而限制了使用者的合理使用权利，破坏了现有著作权制度的利益平衡机制。在 Universal City Studios v. Corley 案件中②，法庭即承认通过技术措施限制对非版权保护作品，包含公共领域作品的访问是有风险的。③ 学者 Pamela Samuelson 亦研究认为技术保护措施可被所有使用者所使用，并不仅仅被著作权人所使用，这样它可能将不受著作权保护的作品也可通过技术保护措施而限制公众对作品的接触，虽然反规避条款对于数字时代反对盗版有一定效果，但是毕竟法律

① 赵历珍．技术措施滥用的版权法规制研究［D］．西安，西安理工大学，2010.

② Universal City Studios，Inc. 诉 Riemerdes：原告诉 2600. com 黑客网站及负责人禁止被告在网站上张贴 DeCSS(解密和干扰 DVD 内容)程式及提供连接。原告为保护其发行的 DVD 不被复制，使用了内容干扰系统 CSS(Content Scramble System)，而被告在其网站上发布 DeCSS 程序原始密码和源代码，并提供连接。原告因此诉被告违反 DMCA 反规避条款的规定，请求法院禁止被告行为。

③ M Czolacz. Decryping DMCA § 1201 in the Wake of the Ninth Circuits Ruling in May Industries v. Blizzard Entertainment［J］. Northwestern Journal of Technology & Intellectual Property，2013，11(5)：445.

所赋予权利人的专有权与公共利益相联系，这些反规避条款应该被限定在合理程度内以确保平衡著作权人与使用者间关系。①

Katherine Hennig 认为目前的技术保护措施并不值得法律保护，理由主要是因为这些措施与著作权作品的合理使用相冲突、侵犯隐私和被用于阻止与盗版无关的目的：第一，现有的技术保护措施不能区分使用者的侵权和非侵权使用，它延伸了法律赋予的著作权领域的控制权；第二，当技术保护措施被作为一种追踪内容被怎样使用的方式，或当它们没有目的的使用使信息系统易于受安全攻击时，现有的技术保护措施使非侵权使用者的隐私处于风险；第三，技术保护措施的使用违背版权法去刺激创新和回报创新者的版权法目的。② 因此，作者认为上述三个方面是目前著作权技术保护措施法律保护中存在的主要困境，如果法律措施过度赔偿著作权持有者，这些否定性影响也能威胁知识产权法的合法性，因此真正应受法律保护的著作权技术保护措施措施应是能够符合著作权法上利益平衡的措施。

合理使用制度被认为是平衡著作权权利人与使用人之间关系的有效制度之一，技术措施的反规避条款已经不合理地限制公众的合理使用权利，诸如教学、科学研究、自由评论等方面的合理使用权利，因此，著作权技术保护措施保护应局限于版权利益相关的应用，而对著作权技术保护措施法律规制应该限于具体使用而非技术保护措施本身。③

① P Samuelson. Intellectual Property and the Digital Economy：Why the Anti-circumvention Regulations Need to be Revised[J]. Berkeley Technology Law Journal，1999(14)：528-530.

② K Hennig. Finding a Solution to the Technological Protection Measure Dilemma [OL]. [2009-12-10]. iposgoode. ca/… /finding-a-solution-to-the-technological-protection-measure-dilemma-katherine-hennig1. doc.

③ Jong-Goo Lee. Analysis of Anti-circumvention Provisions of the U. S Digital Millennium Copyright act(DMCA) and Legislation Implementation in Korea[J]. Korean J. Int'l & Comp. L.，2004：27.

2)著作权技术保护措施与不正当竞争

随着制度上对著作权技术保护措施反规避的保护，学者 Jacob Adam Schroeder 认为现行立法对此有过度保护之嫌，而认为对知识产权的过度保护与知识产权的保护不足伤害程度是一样的。文章认为一些著作权人基于美国的《数字千年版权法案》(Digaital Millennium Copyrigh Act，DMCA)滥用其著作权技术保护措施，与反不正当竞争法发生冲突，法庭认为 DMCA 并不是著作权侵权的一种庇护而成为不竞争行为的一个依据，因此，需要反不正当竞争法对消费者提供一定救济。① 许多评论者认为反规避条款能被滥用去限制竞争和维持垄断。学者 Elkin-Koren 指出技术保护措施的应用已经威胁到竞争对手和消费者的权利，一些技术保护措施权利人利用反规避条款增加其他竞争对手进入市场的障碍，他们阻止其他竞争对手对产品的兼容和互操作性，形成事实的拒绝交易，破坏了公平竞争和消费者合法收益，因此应当合理限制技术保护措施反规避条例的应用，以保护数字时代竞争法以及消费者权益保护法所确定的合法权益。②

案件 Chamberlain Group 诉 Skylink Techs 结果显示，原告应用 DMCA 法案于非版权情形下③，结果增加了反规避规则滥用的风险。有学者为此明确指出，这种滥用风险使反规避权利和竞争法中确立的权利产生冲突，虽然法庭的许多决定支持自由竞争，限制反规避规则的滥用，但是这些决定不能确保此种滥用在别的产业和司

---

① JA Schroeder. Anti-Circumvention of Competition：avoiding Conflict between the DMCA and Antitrust[J]. The Intellectual property law Review，2010，50(3)：463-465.

② NE，koren. Making Room for Consumers under the DMCA[J]. Berkeley Technology Law Journal，2007，22(3)：1119-1125.

③ Chamberlain Group，Inc. v. Skylink Techs.，Inc.，292 F. Supp. 2d 1040 (N. D. Ill. 2003)，aff'd，381 F. 3d 1178 (Fed. Cir. 2004). 在这一案例中，原告 Chamberlain Group 诉讼被告规避其变动代码未获得授权，但是法庭认定被告行为是基于反向工程行为，所以并不需要获得授权，也不违背 DMCA，并指出应当支持合理的公平竞争。

法实践中不发生，因此需要修改反规避条款规则去限制适用技术保护措施的权利。①

3)著作权技术保护措施应用的安全风险及其治理

P2P(peer to peer networks)②使知识产权侵权达到不可预期的程度，著作权人尤其是娱乐产业的著作权人声称，网络的发展将缩小他们的利益并因此而降低他们开发其他产品的积极性，因此娱乐产业代表通过施压国会采取了一系列措施以保证知识产权的执行。但是，著作权技术保护措施的加密软件和一些保护方法已被发现在广泛应用的同时使个人计算机易于被恶意软件攻击和隐私侵入，已经对网络安全带来了无法预计的损害后果。③

(1)著作权技术保护措施安全风险的动态性

随着数字技术的发展，对于数字时代带来的风险，学者Kenneth A. Bamberger表示对于因遵循技术而带来的隐私风险、安全风险、金融危机以及对治理带来的挑战，不应单纯依靠著作权技术保护措施来治理风险，而应当加入人的判断。④ 鉴于技术发展的动态性，他进一步提出基于过程的规制模型，这一模型反应了风险监管困难，为此，他指出风险是复杂的，而且难以评估，风险规则不能归结为“命令和控制”行为指令或者设定特定的可衡量结果的

① Y Tian. Problems of Anti-Circumvention Rules in the DMCA & More Heterogeneous Solutions[J]. Fordham Intellectual Property Media and Entertainment Law Journal, 2005, 15(3): 772-779.

② P2P(peer to peer networks)：又称对等互联网，网络的参与者共享他们所拥有的一部分硬件资源(处理能力、存储能力、网络连接能力、打印机等)，这些共享资源通过网络提供服务和内容，能被其他对等节点(peer)直接访问而无需经过中间实体。

③ E Maher. Defenceless in the Zombie Infested Internet: Why Audio-visual Works Demand Exemption under the Digital Millennium Copyright Act[J]. Boston College Intellectual Property and Technology Forum, 2013, 2013: 1.

④ BA Kenneth. Technologies of Compliance: Risk and Regulation in a Digital Age[J]. Texas Law Review, 2010, 88(4): 669-675.

统一规则类型。① 另有学者认为数字技术的发展使未经授权的利用和传播变得容易，现有的著作权技术保护措施使非侵权使用者的隐私处于风险和受安全攻击时，需要有一种解决这种困境的方法。②

(2)著作权技术保护措施的风险披露与透明度

为了限制权利人利用著作权技术保护措施实施限制其他竞争者的行为，美国学者 Reichman，Dinwoodie，Samuelson 提出了“反向通知和移除”程序以图解决公共利益和著作权技术保护措施间的冲突。按照这一程序，当使用者对受保护作品进行非侵权性使用时，使用者可以向版权人提出规避通知，版权人需要在十四天内做出明示或默示表达，当使用者被拒绝时可因此向司法机关提起相应诉讼，要求版权人移除其技术保护措施以满足使用者使用需要。③ 显然，这一反向通知和移除概念的提出旨在协调著作权技术保护措施与公共利益之间的矛盾，但这一程序的实现需要诉讼程序的认定，而诉讼时效的限制使得这一程序并不能从根本上解决两者之间的矛盾。

SONY BMG 公司 CD 丑闻案后，学者们围绕该案件展开了不同的讨论。学者 Pamela Samuelson，Jason Schultz 就认为透明度的缺乏造成对消费者的不同种类的伤害，进而指出：许多著作权人不能对技术保护措施的限制作出足够和有效的通知已经对消费者造成不同的伤害，即缺乏期望的兼容性；隐私侵犯；安全漏洞；不正当竞争；不可预见的反规避义务的风险；服务之内或者停止后的不可预见的变化。因此提出需要采取强制行动要求著作权人表达披露，并

---

① BA Kenneth. Technologies of Compliance：Risk and Regulation in a Digital Age[J]. Texas Law Review，2010，88(4)：669-675.

② K Hennig. Finding a Solution to the Technological Protection Measure Dilemma [OL]. [2009-12-10]. iposgoode. ca/… /finding-a-solution-to-the-technological-protection-measure-dilemma-katherine-hennig1. doc.

③ Reichman，H Jorome，Dinwoodie，et al. A Reverse Notice and Takedown Regime to Nnable Public Interest Uses of Technically Protected Copyrighted Works [J]. Berkeley Technology Law Journal，2007(22)：981-982.

不损害著作权人采取技术保护措施保护作品内容的目标。① 学者 Andrea M. Matwyshyn 也指出技术保护措施的应用不仅禁止使用者未经许可的进入，而且以知识产权保护名义阻止使用者知道技术保护措施的安装和运行，结果导致使用者系统容易被像恶意代码的技术保护措施远程控制，进而经由网络能轻易进入、检测、损害和控制使用者计算机，其中包括对军事和政府的计算机。②

与此前反向通知的概念不同，学者们多数建议采取一些强制措施以明确著作权技术保护措施披露问题：第一，应确立技术保护措施的透明度要求，即所有在作品中附加的或嵌入的技术保护措施应该被所有使用者可读，并且应显示技术保护措施限制使用的声明，明确什么行为使技术保护措施不合法；第二，对于不被著作权保护的作品部分应该明示；第三，被内容提供者收集的使用者信息应该能被识别、限制。③ 虽然这一内容可能增加著作权人技术保护措施采取的负担，但是该学者认为这些内容有助于在数字内容主流环境下合理维护所有当事人的利益。

(3)著作权技术保护措施的安全风险治理

德国社会学家 Ulrich Beck、英国著名的社会学家 Anthony Giddens 等人提出著名的“风险社会”理论，指出风险规制的根本在于应对和如何有效控制。尽管美国 DMCA 针对科学研究和安全测试的规避作为例外予以规定，但是事实证明这一例外规定过于狭窄。一些大学教授和一些软件公司发现，他们学术活动和研究中必须雇用相应律师，以确保他们遵从 DMCA 条款，而这无疑阻碍了

---

① S Pamela, S Jason. Should Copyright Owners Have to Give Notice of Their Use of Technical Protection Measures? [J]. Journal on Telecommunications and High Technology Law, 2007(6): 42-59.

② AM Matwyshyn. Technoconsen(t)sus[J]. Washington University Law Review, 2007(85): 530-534.

③ M Perry. The Protection of Rights Management Information: Modernization or Cup Half Full? from "Radical Extremism" to "Balanced Copyright" Canadian Copyright and the Digital Agenda[J]. Canada Irwin Law, 2010(10): 304-326.

阻止计算机网络遭受黑客攻击技术的发展。① 因此对现有法律的修订是必要的，而两者之间的冲突也是完全可以避免的，著作权人能进一步促进著作权技术保护措施的发展而又提高安全。

有学者进一步分析认为著作权技术保护措施的立法没有能够有效联系使用计算机的所有权和使用权分离问题，而两者的分割是破坏安全重要因素，结果使得技术措施应用可对计算机安全和网络安全产生影响。②例如，违背 Windows 7 的最终使用者协议授予微软公司使使用者操作系统瘫痪的权利。美国和欧盟著作权法规定对技术保护措施的禁止规避，也规定了禁止规避的例外，但是依然发生了像索尼 CD 事件、微软正版验证计划这类事件。

Laurent Szuskin 等学者揭示了知识产权与网络安全间的冲突，并结合著作权技术保护措施应用实践中所发生的危及自然人、公司和政府信息系统安全的、数据窃取和破坏等案例，指出当信息安全遇到知识产权时，包括著作权技术保护措施的软件提供者、出版者或影响进出口的人都应承担安全保障义务，满足国家安全要求。③通过这种义务的设定，确保著作权技术保护措施在著作权领域适用的适度性。

鉴于此，只要该著作权技术保护措施是非侵权使用、符合合理使用限制，并尊重隐私的，就应该受法律保护，这样才能反映和促进创造者和传播间的平衡。④

---

① J Band. Congress unknowingly undermines cyber-security［J］. Silicon-Valley，2002. AM Matwyshyn. Resilience：Building Better Users and Fair Trade Practices in Information［J］. Federal Communications Law Journal，2011，63(2)：392-395.

② L Feilert. Separation of Ownership and the Authorization to Use Personal Computers：Unintended Effects of EU and U. S. Law on IT Security［J］. Santa Clara Computer and High Technology Law Journal，2010-2011(27)：162.

③ L Szuskin，J Szczygiel，C Kevin. et al. When Information Security Meets Intellectual Property in France and in the United States：Requirement Applicable to Certain DRMs［J］. Privacy and Data Security Law Journal，2008(2)：157-158.

④ T Armstrong. Digital Rights Management and the Process of Fair Use. Harvard Journal of Law and Technology［J］. 2006(20)：54-58.

1.2.3 国内外研究现状评述

纵观著作权技术保护措施法律规范国内外研究现状，现有研究主要集中于利益平衡、限制竞争、公共利益维护等视角，以知识产权权利限制为宗旨，核心在于规范著作权技术保护措施应用，以寻求著作权人、传播者和使用者间的利益平衡。这些研究成果为不断完善著作权技术保护措施法律制度提供了理论参考。但是，面对著作权技术保护措施的技术特性，当技术保护措施应用威胁信息系统功能和信息内容安全，使使用者隐私、社会公共安全和国家安全面临风险时，现有研究是不足的。具体而言：

第一，未能基于“安全”视角挖掘著作权技术保护措施冲击信息安全对利益平衡机制的挑战。利益平衡是著作权法的立法宗旨，当著作权技术保护措施的应用威胁用户信息安全时，不同利益主体间权益产生新的冲突，即：著作权人权益与使用者隐私权的冲突；著作权人权益与使用者知情权间的冲突；著作权与社会公众对作品合理接触使用的权益的冲突；著作权产业发展与信息安全管理间的冲突等方面。显然，这一冲突不仅限于著作权人与使用者和社会公众对作品利用间的利益平衡问题，更涉及著作权人、使用者信息安全和社会公共安全间的新的利益冲突，现有法律制度的利益分配和权利义务分配机制已受到冲击。然而，现有研究对技术保护措施产生的利益平衡问题局限于考虑如何通过规制著作权技术保护措施而有效维护使用者对作品合理使用、自由表达以及公平竞争等方面的权益，忽略了技术保护措施对用户信息安全，以及社会秩序和公共安全治理引发的新挑战。这对于进一步认知著作权技术保护措施法律制度价值目标，完善著作权技术保护措施的法律规制措施是不利的。因此，面对著作权技术保护措施产生的信息安全风险，基于“安全”视角深入挖掘著作权技术保护措施冲击信息安全对利益平衡机制的挑战，并进而重新解析利益平衡机制内涵则是必要和紧迫的。

第二，缺乏基于“技术”特性对著作权技术保护措施负外部性影响进行应有的理论分析。所谓负外部性在经济学中主要指主体对其行为产生的不利影响不承担相应的经济补偿，而只关注对自身的效益。著作权技术保护措施通常以加密技术、电子水印技术、数字签名技术等技术手段实现对作品的接触控制和利用控制。作为保护著作权的一种技术方法和手段，著作权技术保护措施具有技术特性。随着网络通信技术的不断推进，当著作权技术保护措施被应用于社会各生产领域时，著作权技术保护措施的滥用可直接产生信息安全风险，使使用者信息安全面临威胁。现有研究忽略了“技术措施滥用”对信息安全的法律后果。当著作权技术保护措施与信息安全息息相关时，基于“技术”特性挖掘著作权技术保护措施对信息安全的负面影响，进而反思现行著作权技术保护措施法律制度的完备性则是符合信息安全保障的现实需求的。著作权技术保护措施的法律保护并不代表以减损信息安全为代价。然而，现行研究对此视角下著作权技术保护措施的负外部影响关注是不足的，缺乏应有的理论分析，这导致著作权技术保护措施所带来的信息安全风险被忽略。

第三，未能形成治理著作权技术保护措施负面影响的系统化的法律机制。当著作权技术措施的法律保护确立了著作权人及相关主体对技术措施使用的自由和权利，扩张了著作权及相关主体对作品的控制力，增加了权利人自身效益时，应当对其带来的不利影响承担相应的义务和责任。著作权技术保护措施作为保护著作权人权益的手段时，并不能成为危害信息安全的理由。著作权技术保护措施应用对信息安全的冲击显现了规范著作权技术保护措施产生的安全风险的必要性。现行研究显示对著作权技术保护措施应用引发的著作权保护与信息安全间的冲突认知还不全面，未能充分考虑协调著作权技术保护措施应用与信息安全冲突的必要性，也未能因此而提出规制信息安全风险负面影响的系统化法律机制。由于网络具有高度开放性、自动性和融合性特征，当著作权技术保护措施被广泛应用于计算机、控制、管理、通信、医疗、电力等不同领域时，著作权技术保护措施所带来的信息安全风险将不断扩大，并可波及整个网络系统。鉴于著作权技术保护措施及其信息安全风险负面影响动态的变化特性，法律制度对著作权技术保护措施的规范应体现动态性控制特性，应重视对著作权技术保护措施运行过程的整体控制，这需要构建系统化的治理著作权技术保护措施对信息安全负面影响的具体法律机制。然而，纵观目前国内外研究现状，尚未能基于此对著作权技术保护措施法律制度的完善提出体系化的规制机制。

由此可见，面对著作权技术保护措施应用对信息安全的冲击，从信息安全视角研究著作权技术保护措施法律制度的完善，探究著作权技术保护措施信息安全遵从的需求，寻求新的理念设计，完善现有著作权技术保护措施制度，有助于挖掘数字网络环境下技术创新所面临的知识产权和信息安全冲突问题，以及信息安全遵从在技术创新中的重要角色。

1.3　主要研究内容

著作权制度通过禁止规避方式对著作权人所采取的技术保护措施予以保护，以防止大量网络侵权行为的发生，但是随着技术的不断深入发展，技术变化所带来的风险也是复杂的，是难以评估和衡量的。本书从信息安全视角出发，解析了著作权人技术保护措施对信息安全的冲击，明确了信息安全遵从纳入著作权技术保护措施法律制度的价值意义，提出以“信息安全风险预防和控制”为理念完善现有法律制度，并以此通过国内外对著作权技术保护措施法律规范实践的比较分析，提出了完善现行法律制度的具体建议。本书主要研究内容分为 7 章：

第 1 章绪论部分，主要介绍本书的选题背景、研究意义，通过评述国内外关于著作权技术保护措施的研究现状，指出目前国内外研究现状存在的不足和发展趋势。最后，总结了研究内容框架和使用的具体研究方法。

第 2 章以著作权技术保护措施对信息安全的否定性影响为出发点，界定了著作权技术保护措施和信息安全内涵，梳理分析了著作权技术保护措施的立法保护现状，并进一步探寻著作权技术保护措施下的信息安全内涵及其信息安全风险产生的基础和具体类型。著作权技术保护措施是一种为保护著作权未经许可和法律规定免受访问和利用的技术的方法和手段，目前，国际规则和许多国家已将著作权技术保护措施纳入法律体系，强制性地禁止未经权利人许可和法律规定规避和破解，否则将构成违法或侵权。当权利人滥用著作权技术保护措施，产生信息安全风险时，使用者信息安全受到危害，包括信息内容安全和系统功能的安全。然而，现行立法对著作权技术保护措施涉及的信息安全问题关注不足，亦缺乏应对其信息安全风险的有效治理机制，不完备性显现。

第3章对著作权技术保护措施产生信息安全风险的影响进行了法经济学分析。以法律经济学的基本理论——经济效益观为出发点，运用需求规律、成本收益理论和资源配置的效益最大化原则，分析了现行著作权技术保护措施法律制度对信息安全需求供给的不足、信息安全风险负外部性矫正机制的缺乏，以及对利益均衡机制冲击等方面的影响。

第4章鉴于著作权技术保护措施产生的信息安全风险的动态性特征，提出基于信息安全风险预防与控制理念设计著作权技术保护措施法律制度，以实现对著作权技术保护措施过程基础的控制。本章首先引入了信息安全预防与控制的理念，分析其内涵、特征及构成；其次，提出预防控制著作权技术保护措施法律制度应遵循技术批判规制原则、比例原则和协同原则予以调整；最后，基于信息安全风险预防与控制理念设计著作权技术保护措施制度模型，确立著作权技术保护措施的预防机制、评估机制、披露机制、监管机制和惩罚机制。

第5章以信息安全为核心，梳理和分析了美国、欧盟、澳大利亚、法国、德国等国著作权技术保护措施法律规范在应对信息安全风险方面的法律实践。现行著作权技术保护措施法律制度主要通过“著作权制度中反规避条例例外规定”、“赋予著作权人独立义务和责任”、“定期评估机制”等机制对其产生的信息安全风险进行防控。本书具体考察各国法律规范实践的内容，解析各国立法实践对我完善我国著作权技术保护措施法律制度的借鉴意义，实现对著作权技术保护措施的信息安全风险的预防与控制。

第6章梳理了国内著作权技术保护措施的具体法律制度，评价我国目前著作权技术保护措施法律规范的不足，提出了基于“信息安全风险预防与控制”理念的制度重构方案：首先，应当完善我国著作权制度关于著作权技术保护措施有效性的规定，明确著作权技术保护措施有效性的判断标准。其次，为有效地平衡创新与安全间的冲突，应确立著作权技术保护措施信息披露机制，通过赋予著作权技术保护措施权利人标签和警示义务，提高消费者对数字产品的控制力，平衡著作权人与使用者之间的利益。再次，为确保著作权技术保护措施的合理使用，应建立高效的监管协调机制，成立专门的著作权技术保护措施控制机构，并协同发挥行业协会监管作用。最后，惩治功能是过程基础控制制度的重要环节，鉴于著作权技术保护措施对信息安全的冲击，明确著作权技术保护措施信息安全法律责任是必要的，并具体分析了承担法律责任的必要性、主要困境以及规范法律责任承担的具体路径。

第 7 章为结论和展望部分，梳理了文中的主要结论，提出今后立法中应关注著作权技术保护措施对信息安全义务的遵从，从而实现一种应对技术变化而对法律制度冲击而规制的范式。

2 著作权技术保护措施及其信息安全风险的分析基础

2.1 著作权技术保护措施的界定

目前，普遍采用的著作权技术保护措施主要基于密码技术、数字水印技术和密码技术和数字水印技术的结合。① 著作权技术保护措施可针对不同的保护对象采取不同商业模式，以确保作品不被未经授权的接触和利用②，保障了著作权人的合法权益，尤其是在数字网络通信技术的普及环境下。然而，在著作权技术保护措施面临破解或规避冲击的情况下，著作权人不得不求助于立法实现对技术保护措施的法律保护，以阻止未经许可的规避和破解。

2.1.1 著作权技术保护措施概念

著作权技术保护措施保护作品不被未经许可的接触和复制，从而维护了著作权人的利益，因此，著作权技术保护措施概念将是全面解读著作权技术保护措施的前提。

1) 著作权技术保护措施概念

功能说。核心强调技术保护措施对著作权保护的功能。学者

---

① 除文章中提及的著作权技术保护措施外，实践中常用的还有：反复制设备技术、数字签名技术、追踪系统等。

② J Delgado, S Llorente, E Rodriguez. Digital Rights and Privacy Policies Management as a Service[C]. 8th IEEE International Workshop on Digital Rights Management Impact on Consumer Communications, 2012: 527.

Maja Bogataj 指出著作权技术保护措施是指被作者采取的技术方法，用以阻止接触或监测对作品的接触，阻止对其权利的侵权。① 学者 Kamiel J Koelman 认为著作权法提供作者控制著作权作品使用的权利，其中技术保护措施是能使作者去实际控制什么样的使用者能和不能利用他们作品的装置。② 学者 Niva Elkin-Koren 认为著作权技术保护措施是一种技术的保护措施，旨在为保护著作权作品提供额外的技术层面的保护。③

特征说。基于技术保护措施的技术性特征界定，即著作权技术保护措施是指“诸如利用加密技术以制止未经许可或者未由法律准许而采取的解密行为等有效的技术性方法和手段”。④ 也有学者认为，“技术保护措施是著作权人或者与著作权有关的权利人为应对计算机和信息网络技术的发展对著作权或者与著作权有关的权利的挑战而在技术方面采取的自我保护措施”。⑤

权利说。认为著作权技术保护措施是“指著作权人或者与著作权人有关的权利人为了保护自己的著作权或与著作权有关的权利而采取的私力救济方法，一般是指著作权人或相关权利人为了防止他人非经授权接触或使用其作品或录音录像制品而采取的技术上的手段和方法”，并认为这是著作权人的一种新型权利。⑥

---

① Bogataj M. Legal Protection of Technological Protection Measures under the WIPO Treaties, European Directives and Slovenian Law[J]. Slovenian L. Rev., 2004, 1: 27-29.

② KJ Koelman. A Hard Nut to Crack: the Protection of Technological Measures[J]. Santa Clara Computer and High Technology Law Journal, 2010-2011 (27): 162.

③ NE Koren. Making Technology Visible: Liability of Internet Service Providers for Peer to Peer Traffic[J]. Berkeley Technology Law Journal, 2007 (22): 1119-1127.

④ 冯晓青. 技术措施与著作权保护探讨[J]. 法学杂志, 2004(4): 20.

⑤ 李顺德、周详著. 中华人民共和国著作权法修改导读[M]. 知识产权出版社, 2002: 177.

⑥ 郑成思. 两个新的版权条约初探[M]//郑成思. 知识产权文丛: 卷(1). 北京: 中国政法大学出版社, 1999: 340.

技术和法律区别说。进一步从技术和法律两个角度对技术保护措施进行定义，即“技术上的技术保护措施和法律上的技术保护措施在概念上不是完全一致的。技术上的技术保护措施是为技术所提供的保护作用而设置的，而法律上的技术保护措施则是为有效保护法律所应保护的客体而设置的，它体现在具体的法律条文中”。①这一定义的核心在于，立法上所保护的著作权技术保护措施是需要符合法律规定的要件的，这也就提出了受法律所保护的技术保护措施在立法上的界定问题。

尽管著作权技术保护措施措施系统基于不同的保护对象、不同的功能可采用不同的构成内容和不同的支持技术，表现出的商业模式也是不同的，但其核心结构体系涉及受保护作品内容、授权信息和使用者三个方面(图 2-1)。其中作品内容是权利人所创造的，通过著作权技术保护措施的设定许可使用者使用；而使用者可以是任何类型使用者，它承认著作权技术保护措施所设定的授权使用信息；授权信息是指使用者与内容使用之间许可、限制和义务的表达，包括权限、限制条件和前提条件等，这一信息针对受保护的作品内容所设定，并开放于使用者。由于著作权技术保护措施是为了保护作品的著作权而产生的，因此，著作权技术保护措施运作的具体功能更能反映其本质。从功能上讲，著作权技术保护措施通常是指著作权人采取的，用来控制作品不被接触、复制或传输的技术手段。核心的著作权技术保护措施系统功能包括知识产权许可创造模块、知识产权许可管理模块和知识产权许可使用模块三部分，其中许可创造模式负责权利有效性以及权利内容的许可设计；知识产权许可管理模式负责数字内容的储存，以及内容分发、销售的追踪；知识产权使用模块负责使用者使用的权限管理和跟踪管理。②

① 吴伟光．版权的技术保护与限制[M]//王兵．高新技术知识产权保护新论．北京：中国法制出版社，2002：113-115.

② R Iannella. Digital Rights Management (DRM) Architectures [J/OL]. D-lib Magzine, 2001, 7(6). [2011-10-02]. http://www.dlib.org/dlib/june01/iannella/06iannella.html.

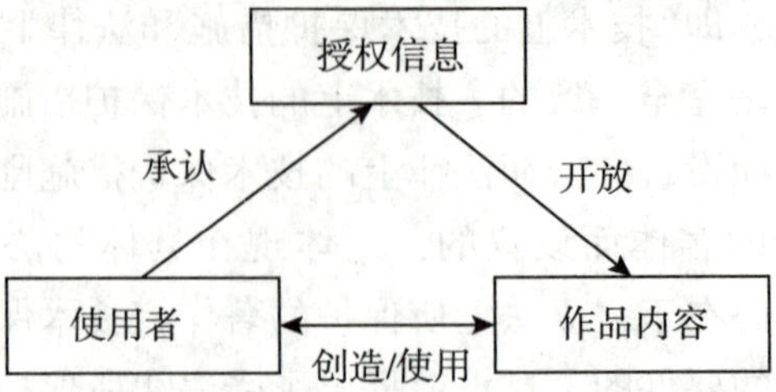

图 2-1 著作权技术保护措施核心实体

纵观上述对著作权技术保护措施的定义：首先，著作权技术保护措施是一种技术的方法和手段，必须符合技术特征要求；其次，著作权技术保护措施的功能是为了保护作品、表演、录音制品和广播节目而产生的，是为实现著作权或邻接权而产生的，受著作权法律制度保护的技术保护措施应具有保护著作权和邻接权客体的实际功能；最后，受保护的著作权技术保护措施能够起到有效保护著作权人利益的作用。

2)著作权技术保护措施与相关概念辨析

实践中与著作权技术保护措施相关的还有两个概念，一个是权利管理信息，一个是数字权利管理(digital rights managements, DRMs)。它们有着一定的联系但却是不同的概念。

权利管理信息是与著作权技术保护措施在法律文件中共同被提及的相关联的概念。WCT 第 12 条规定："权利管理信息指确认作品、作品作者，作品中任何权利拥有者的信息，或者关于作品使用条件的信息，以及任何代表如此信息的数字或代码，这些信息各项被附于作品复制件或在作品向公众传播时出现"。欧盟《信息社会版权指令》(Directive 2001/29/EC of the European Parliament and of the Council of 22 May 2001 on the harmonisation of certain aspects of copyright and related rights in the information society，简称欧盟信息社会版权指令)第 7 条第 2 款将权利管理信息定义为："权利人提供的任何用以鉴别本指令所指的或者《第 96/9/EC 号指令》第三章规定的特殊权利所包括的作品或其他客体、作者或者任何其他权利人的信息，或者有关作品或其他客体使用期限和条件的信息，以及代表这些信息的任何数字或代码。”①从法律文件的规定来看，权利管理信息的核心在于与著作权相关的信息，主要涉及著作权归属和著作权权利人的信息，但并非数字网络环境独有，通常作品中常见的著作权权属声明即属于权利管理信息。目前，权利管理信息越来越依赖于技术保护措施对与数字内容相关的权利予以管理，因此，著作权技术保护措施并非一定包含权利管理信息，当著作权技术保护措施被设计包含权利管理信息时便出现数字权利管理概念。

数字权利管理通常指在数字领域的著作权保护或管理，即通过一定技术的使用控制许可和数字数据或硬件的使用，如加密、监控机制、许可管理功能和技术保护措施。数字权利管理是在实践中与技术保护措施相混淆的概念。在法律文件中并没有数字权利管理这个概念，它被认为是基于技术保护措施和权利管理信息集合而产生的，是比技术保护措施更宽泛的一个概念。② 本质上，不论作品在哪里，数字权利管理允许著作权人控制其他人对于著作权人的著作权利用情况。实践中两者经常被没有差别地使用，有学者就明确认为内容产品已经在数字软件和硬件中嵌入技术保护措施用以控制消费者访问、使用和复制，这些即是众所周知的数字权利管理，也即法律文件中的技术保护措施。③ 但也有学者认为两者在功能上是不同的，技术保护措施主要设计去阻止访问或复制，而数字权利管理不是阻止访问或复制本身，而是宁愿创造一个环境，在那里各种类型的使用，包括复制，能够按照权利人设定的条款去行使。④

实际上，数字权利管理是计算机可读语言，权利人能使用电子

① 欧盟信息社会著作权指令，第7条第2款第1项。

② 吴伟光．数字技术环境下的版权法危机与对策[M]//张平．网络法律评论．北京：知识产权出版社，2008：149.

③ J Winn, N Jondet. A New Deal for End Users? Lessons from a French Innovation in the Regulation of Interoperability[J]. William and Mary Law Review, 2009, 51(2): 550.

④ Guibault L, Helberger N. Copyright Law and Consumer Protection[J]. Policy conclusions of the European Consumer Law Group, ECLG/035/05, 2005.

化管理他们的权利和显示适合于他们知识产权的条款和条件。从理论上讲，他们可以包括技术保护措施，也可以不包括技术保护措施。技术保护措施是数字权利管理技术可能采取的一种形式，用来设计去控制接触、限制数字作品使用，包括作品复制。① 但是数字权利管理是一种管理和确保著作权材料在线传播的适当方式，因此不可避免地要防止授权使用和未授权使用，在网络环境下，技术保护措施的采取就成为必然。

因此，数字权利管理在功能上侧重对作品内容使用的管理，管理许可合同内容或法定权利，格式条款执行情况，具体产品和服务的销售，以及基于定制性服务而获取利润。技术保护措施更多侧重于对作品内容的阻止访问。虽然数字权利管理是比技术保护措施内涵更为广阔的一个概念，但鉴于法律文件中主要使用的是技术保护措施这一概念，统一采用技术保护措施概念，因而本书所指著作权技术保护措施包含那些采取技术保护措施的数字权利管理系统。

2.1.2 著作权技术保护措施类型

通常，按照著作权技术保护措施功能可将著作权技术保护措施分为两种类型②，即接触控制的技术保护措施和利用控制的技术保护措施。前者指主要采取的技术保护措施用以阻止对作品的接触访问，常用的技术保护措施主要有：加密技术，设置口令和进入密钥，对作品进行加密，封存作品内容、作者身份信息以及使用作品条件信息；电子水印、数字签名、指纹技术；识别甚至制裁非授权使用技术。③ 这些措施主要在于管制使用者对作品的接触或阅览，

① Davina M. DesRoches. Rights or Restrictions? An Examination of Several Key Issues and Debates Surrounding the Use and Potential Legislative Protection of DRM systems [EB/M]. http://www.carl-abrc.ca/projects/copyright/pdf/drm.pdf，2012-12-10 访问。

② 也有学者分为5类：控制接触作品的、控制使用作品的、控制传播作品的、识别非授权作品的、制裁非授权使用的技术保护措施。

③ 袁真富．论数字版权管理的滥用及其限制[J]．电子知识产权，2008.12：33.

通常被使用在数据库和娱乐性交互式多媒体之上。通常著作权人会采取较为严密的认证机制，但这却成为试图开发兼容于客户端软件的障碍，迫使该软件规避和破解该技术保护措施，结果可能使授权的机制失灵而造成著作权遭受侵害危险。比如微软2008年的正版验证技术，以及像Westlaw、中国期刊网这些数据库均设置有接触控制的技术保护措施，未经授权，用户是根本无法访问这些数据库的。有些国家立法明确规定禁止直接规避此类技术保护措施行为，以此阻止未经授权对受保护著作权作品本身的访问。

后者指采取的技术保护措施用以阻止未经授权和法律允许而对受保护作品的利用行为，常用的技术保护措施包括阻止使用者复制的"SCMS"复制管理系统①，追踪系统。② 这些技术保护措施保护的主要目的在于：保护数字作品内容本身、限制数字作品复制、传播方面的利用，以及确保著作权人利益的获取。有国家立法实践明确规定禁止规避利用控制技术措施的行为，以此阻止对受著作权保护作品的使用和传播。

立法上对著作权技术保护措施类型的区分直接体现为对禁止规避技术保护措施行为类型的区分。实践中，有些国家立法并不区分接触控制技术保护措施和使用控制技术保护措施，而有些国家立法中则明确将两类技术措施类型予以区分规定，禁止规避类型技术措施的行为。

2.1.3 著作权技术保护措施的法律属性

1）著作权技术保护措施法律属性的学术争论

按照WIPO互联网公约对著作权技术保护措施法律规定，著作权人有权为保护其著作权权利采取技术保护措施以阻止未经许可和法律规定的侵犯著作权的行为，任何人不得规避这种有效控制接触

① "SCMS"复制管理系统（Serial Copy Management System）：阻止对受版权保护的录音制品进行第二次复制的一种措施。

② 追踪系统：主要指确保数字化作品始终处于版权人控制之下，并且只有在权利人授权后方可以使用的软件。

和有效控制利用著作权作品的技术保护措施。无论世界知识产权组织互联网公约的规定，美国 DMCA 的规定，欧盟信息社会版权指令的规定，都认可了版权人有权基于保护版权目的采取技术保护措施，禁止直接规避技术保护措施行为以及禁止制造、进口、提供、销售或其他方式交易规避技术保护措施的技术、产品、服务设备、组件或零件。显然对技术保护措施的反规避条款的规定使版权人得以通过技术保护措施保障其版权，增强了版权人控制其权利的程度。至此，禁止著作权技术保护措施规避的法律规定使著作权人享有了三重保护：原有著作权的法律保护，技术保护措施的保护以及禁止规避技术保护措施的法律保护。那么，法律对著作权技术保护措施这种救济措施的认可是否意味着产生了一种新的著作财产权类型呢？

对此，学者们有着不同的看法，主要集中体现在以下观点：

一种观点否认法律对著作权技术保护措施的认可确立了一种新的著作权权利，认为技术保护措施并非独立的权利，而是实现权利的保障。① 这一观点有其合理性，技术保护措施的广泛应用事实上成为了著作权人在数字环境下实现其著作权权利的重要手段。但是这一观点仅基于技术措施本身技术特性的本质，而忽略了技术作为一种规范的作用，尤其是获得法律保护后的实质规范性。

一种观点认为著作权技术保护措施的法律规定增加了著作权的专有权利内容，即技术措施权，也有称之为接触控制权。② 持此观点的学者认为著作权技术保护措施法律地位的认可使得著作权人获得了一种保护自身著作权利益的新的权利，加强了著作权人对其作品的控制力，即“接触控制权”③，控制他人接触或利用作品的权利，是一种尚未被著作权法所明确规定的专有权利。有学者就认为

① 张今．著作权保护、数字权利管理与商业模式创新．学术交流[J]．2009(8)：53.

② JC Ginsberg. From Having Copies to Experiencing Works：the Development of an Access Right in U. S. Copyright Law[J]. Journal of the Copyright Society of the USA，2003，50：113.

③ 易健雄．技术发展与版权扩张[D]．成都，西南政法大学，2008.

数字环境下的接触控制权是数字环境下著作权的当然内容，著作权人通过技术保护措施达到控制作品的内容，著作权人只是通过技术保护措施控制作品的传播和使用，而非控制了社会公众，利用者们基于自愿，通过支付费用获取许可访问密码，而价格并非完全取决于著作权人而是取决于市场。① 这一观点在国内和国外都获得了一定学者的肯定，也是目前争议较多的一种观点，反对的理由认为这一观点是与现行版权保护理论相冲突的。虽然各国立法尚未使用技术措施权或者接触控制权的概念②，但是技术保护措施依然被纳入各国现行版权的法律规范体系中。而且正是由于立法反规避条款的规定，技术保护措施已然成为著作权人行使权利的重要依据。目前，已有国家明确规定，规避和破坏技术保护措施行为即被认定为侵权行为，这已成为技术措施权确立的重要佐证。但是，这一权利产生的理论渊源等问题还有待进一步的探索与论证。

第三种观点则认为著作权人因此而享有的是一种独立于著作权体系的技术措施权。与第二种观点相同的是技术保护措施反规避条款都产生了一种技术措施权，不同的是前者认为是著作权权利内容的范畴，后者则认为是独立于著作权体系的权利。③ 有学者认为这种独立于传统著作权体系接触权的正当性源自对网络环境下作品利用模式的适应，是著作权人与立法者应对科技发展所作出的合理设计。④ 这一观点有一定的合理性，但是完全脱离著作权理论体系去考虑技术保护措施的法律属性在现行的制度框架下显然并不是完全合适的。

第四种观点，即法益说，认为著作权技术措施法律保护的正当

① 彭学龙．论著作权语境下的获取权[J]．法商研究，2010(4)：120.

② 文章定义的接触控制权是包括接触和利用两个方面的内容。

③ DL Burk，JE Cohen. Fair Use Infrastructure for Copyright Management Systems[J]．Harvard Journal of Law and Technology，2001(15)：41-45.

④ 熊琦．论“接触权”——著作财产权类型化的不足与克服[J]．法律科学，2008(5)：91.

性在于它维护了权利人受保护的正当利益①，可防范其他人对著作权人的著作权利益的侵害。这一观点也有其合理性，而且也能较好地解释各国为何没有明确使用技术措施权的概念问题，也有利于认知技术措施在著作权规范体系中规定的正当性。

我们通常所说的权利主要指的法律权利，是法律关系主体所具有的为或不为一定行为或要求他人作出或抑制某种行为以满足自己某种利益的能动的手段。② 权利不仅包括法律规范所规定的要实现的可能权利，也应该包括一种现实的权利，即具体法律关系的主体依据法律规范所实际行使和享有的权利。目前，理论界和司法界对于著作权技术保护措施反规避条款是否创设了新的权利的问题依然存在争议。

2) 著作权技术保护措施的法律属性定位

通过上述分析可见，著作权技术保护措施，包括控制许可的技术措施和控制使用的技术措施已然成为受保护作品的重要组成部分。从功能角度讲，著作权人可基于技术保护措施而实现对作品访问和利用的控制，阻止未经授权和法律规定对著作权的侵犯，从而加强了著作权人对作品的控制力。从目的而言，著作权技术保护措施的法律规定主要是基于维护权利人在网络环境下的正当利益。本文认为，按照反规避条款的规定作者通过禁止规避条款可决定公众对他们作品的获得而非按照现行著作权法所赋予的其他排他权。例如，加密技术的应用，使用者如果要接触作品必须获得权利人提供的密码或密钥。因此，反规避条款对技术保护措施的禁止规定事实上暗含了接触控制权内容，是产生接触控制权的法律基础，而这一权利成为著作权人现有权利束中一项新的专有权利。

“权利与社会经济、科技、文化的联系决定了它的发展性特征。随着社会条件的变化和发展，会不断出现新生的权利，它们受

① 王迁．论版权法保护技术措施的正当性[J]．法学研究，2011(4)：92.

② 杨春福．权利法哲学研究导论[M]．南京：南京大学出版社，2000：69.

到社会力量的支持而成为一种权益要求的事实”。① 按照哈贝马斯的权利体系，他将受法律保护权作为其权利体系的内容之中。② 面对数字网络通信技术发展中著作权人的权利保护诉求，立法者选择赋予权利人对新市场的排他权控制来实现③，反规避条款的规定因此而使得著作权人能够有效控制侵犯著作权的行为④，享有一种排他的控制他人未经许可的对作品接触和使用的权利。著作权技术保护措施的应用加强了著作权人对数字作品的控制力，法律对反规避技术保护措施条款的规定使著作权人有权阻止未经许可和法律允许对受保护作品的接触和利用，维护自身著作权权益。按照反规避条款的规定，作者通过禁止规避条款可决定公众对他们作品的获得而非按照现行著作权法所赋予的其他排他权。例如，加密技术的应用，使用者如果要访问和利用作品必须获得权利人提供的密码或密钥。这一规定不仅使接触控制权产生成为可能，而且已经事实上使著作权人拥有了控制他人对著作权作品接触与利用的功能，因此，这种排他性功能不仅产生了法律规范的可能权利，也已成为一种现实，即著作权人实际行使和享有的权利。那么技术保护措施所内含的这种控制权究竟是一种应对技术发展变化而进行的合理设计还是基于利益需要而对著作权的一种过渡保护？

权利的正当性取决于生产力标准和人道主义标准两个方面，前者指一项权利是否有助于社会生产力的进步，后者指权利是否有助于实现人类解放和自由。⑤ 实践证明，著作权技术保护措施的法律

---

① [美]梅利曼．大陆法系[M]．顾培东、禄正平译．北京：知识出版社，1984：119.

② [德]哈贝马斯，童世骏译．在事实与规范之间[M]．北京：三联书店，2003：103-104.

③ 梁志文．云计算、技术中立与版权责任[J]．法学，2011(3)：85.

④ RR Anthony. Will Merging Access Controls and Rights Controls Undermine the Structure of Anticircumvention Law [J]. Berkeley Technology Law Journal, 2003, 18(2): 619-626.

⑤ 杨春福．权利法哲学研究导论[M]．南京：南京大学出版社，2000：88.

认可维持了著作权法律制度的激励机制，它在增强著作权人控制其作品能力的同时扩展了著作权人收益的渠道，激励了著作权人在数字环境下的创作热情，开拓了新的商业盈利模式，使数字作品实现产业化，有助于资源的合理分配以及效益最大化的产生，最终推动社会生产力的发展。接触控制权的产生非但没有控制使用者获取信息的自由以及对信息流通的破坏，相反，它产生了便捷的利用方式，使使用者享有更广阔的自由和福利，不仅激励了著作权人创作行为也使使用者按需获取了作品。由于立法中未明确使用接触控制权概念，著作权技术保护措施法律制度可不使用接触控制权的概念，但是在对其进行法律规范时应基于接触控制权的实质予以对待。接触控制权作为一种专有权利意味着没有权利人的授权，使用者不能使用受技术保护措施保护的作品，否则对受保护作品的接触利用将被视为侵权。这种控制力的扩张使权利人通过此方式实现对权利完整而严密的保护。然而，当不断放宽此种控制力却未能予以相应限制时，将有悖于著作权制度确立的制度理念和规范基础。按照著作权法利益平衡的基本原则，专有权的行使必须限定在合理范围，应当受到一定的限制。因此，当对“接触控制权”的不当应用使使用者信息安全受到威胁，并因此而损害信息系统功能和内容安全时，证实了这一权利在扩张著作权人控制力的同时存在负面影响，对它的限制规定就是必要的。然而，面对著作权技术保护措施对信息安全的冲击，对接触控制权的限制规定是必要的。

2.2 著作权技术保护措施的立法保护现状

2.2.1 著作权技术保护措施立法保护的基本思路：一种平衡的政策选择

稠密的网络结构中，人与人之间作用和选择存在偶然性、复杂性，形成有自组织化、非正式秩序，并因此而可能出现与国家性权力相抗衡现象，法律的作用因此受到抵制和排斥，因此将自组织机制纳入法律体系中，形成普遍规范成为网络社会法治推行的重要路径。① 著作权技术保护措施的产生是与数字技术（digital technology）②和网络的发展以及数字作品的出现相关的。数字技术把文字、数值、图形、图像、声音等信息转换为二进制数字编码，并进行组织、加工、存储、传输，于是传统环境下的文字、美术、摄影、动画、影视等作品都可被转换为计算机可读信息进行存储，并依靠数字技术传输，这些以二进制数字编码形式表达的各种作品被称为数字作品。③ 不同于传统的作品种类，作品被数字技术转换以"0"和"1"的数字形式出现，它们打破了原有作品种类的限制，也使原有的权利行使受到挑战。

与此同时，互联网的普及与发展使数字作品在互联网环境下的产生和传播较传统环境下更为便利、无差异、更有效率、成本更低，但快速无差异的流通也使得侵权行为更为容易和隐蔽，点对点传输技术④的出现更是让作品的流通不再需要集中服务器，每一部个人计算机都可以成为信息的提供者或传播者，著作权人权益极易受到损害。因此，面临网络和数字技术对作品传播方式的根本性变革，著作权人逐渐失去了对作品的控制力，著作权人因此而增加了维权的成本，著作权制度所维护的利益均衡向使用者倾斜。于是，为了应对新技术发展给作品带来的新的使用方式，著作权人借助技术保护措施来控制作品以维护自身合法权益，阻止新的使用方式对

① 季卫东．送法上网[J]．法制博览，2012(8)：10.

② 数字技术(Digital Technology)：是一项与电子计算机相伴相生的科学技术，它是指借助一定的设备将各种信息，包括：图、文、声、像等，转化为电子计算机能识别的二进制数字"0"和"1"后进行运算、加工、存储、传送、传播、还原的技术。由于在运算、存储等环节中要借助计算机对信息进行编码、压缩、解码等，因此也称为数码技术、计算机数字技术等。来自百度百科：http：//baike. baidu. com/view/1090132. htm.

③ 俞银燕，汤帜．数字版权保护技术研究综述．计算机学报[J]．2005(12)：1958.

④ 点对点传输技术(peer-to-peer)，又称对等互联网络技术，是一种网络新技术，依赖网络中参与者的计算能力和带宽，而不是把依赖都聚集在较少的几台服务器上。

著作权的侵蚀，以保证数字作品的合法使用和传播，维护其合法权益，著作权技术保护措施应运而生。

著作权人可以采用技术保护措施来防范盗版行为，使用者可以利用技术保护措施进行破解和规避，这导致著作权技术保护措施的保护和破解之争。当面临新技术手段的不断突破，平衡倾向使用者时，单纯依靠技术保护措施并不足以维持著作权人与利用人之间的平衡，因此，著作权利益团体积极推动著作权立法，寄希望通过强制性的法律制度实现对规避和破解著作权技术保护措施的限制。于是，在一系列的会议中，参会代表达成共识：技术保护措施的采取是必要的，禁止对技术保护措施的规避和破解也是必要的，这催生了国际条约反规避条款的产生。1996 年世界知识产权组织(WIPO)正式公布了两个互联网条约 WCT 和 WPPT，禁止规避条款亦因此而获得了立法认可。至此，立法将著作权技术保护措施纳入法律体系，目的在于通过法律制度保护著作权技术保护措施，强制性的禁止未经作者许可或法律规定规避为保护作品而采取的技术保护措施。于是保护权利人的著作权利益，扩张著作权人在网络环境下对作品的控制力成为著作权技术保护措施的立法基础。

当然，著作权法律制度关注权利人、使用者和传播者间的利益均衡，以及个人利益和社会公共利益之间的均衡，而任何权利的扩张以及制约和限制，都是利益均衡综合的一种选择。法律制度对著作权技术保护措施的认可正是希望维护著作权人与利用者之间的均衡。由于受到以美国为首的利益集团的推动，著作权技术保护措施的出台基于对著作权权益的强保护态度，这也引起了关于著作权技术保护措施冲击用以平衡著作权人与社会公共利益的合理使用制度、限制竞争、限制自由表达和阻碍科学研究等方面的争议，这些争议从立法至今依然被学者们广泛讨论，而各国也为此在对著作权技术保护措施的法律保护中规定了禁止规避技术保护措施的例外情形，以不断寻求著作权制度的动态平衡。

2.2.2 国际立法模式的趋同与差异

1)国际公约对著作权技术保护措施的法律保护

WIPO 的 WCT 第 11 条和 WPPT 的第 18 条仅规定技术保护措施是“作者在行使事关本条约或伯尔尼公约赋予的权利时采取的,用以限制未经权利人授权或法律允许的行为”。至此,各成员国应当对版权人采取的保护版权的技术保护措施提供适当保护和救济措施,即应当:(1)禁止未经许可而制造、进口和提供规避工具以及为以规避为目的的行为提供服务;(2)禁止未经许可规避控制接触作品措施和控制权利行使措施;(3)禁止那些仅致力于规避目的的设施的制造和销售;(4)禁止为实现上述规避目的而制造设计的部件。按照世界知识产权组织 WCT 的规定,对技术保护措施的保护应当是有效的技术保护措施,但是何为有效的技术保护措施,WIPO 仅给出原则性解释。按照 WIPO 的规定,有效的技术保护措施是作者为行使其著作权权利而采取的措施,用以阻止未经许可和法律授权接触控制权利行使的行为。因此,受保护的技术措施应是权利人采取的,是为阻止侵犯著作权的措施。

2)美国《数字千年版权法案》的法律规定

(1)技术保护措施的有效性

按照美国数字千年版权法案规定,有效的技术保护措施是指能够有效保护本章著作权人权利的措施,阻止、禁止或限制他人未经许可和法律规定对著作权权利的行使。因此,按照 DMCA,只要能够防止他人未经许可的对作品的接触,这种技术保护措施就应该被认为是有效的。

(2)反规避条款规定

美国《数字千年版权法案》对技术保护措施条款的规定成为美国法典第 12 章内容以执行 WCT 的义务:提供足够和有效的保护禁止规避版权人保护其作品使用的技术保护措施,即反规避条款规定。法案对技术保护措施反规避条款的规定主要涉及 3 个方面,即禁止对受保护作品未经许可的访问、禁止对接触控制的技术保护措施的交易,以及禁止受保护作品未经许可的权利行使。法案也因此而将技术保护措施分为两类：阻止未经授权接触版权作品的措施(控制接触措施)和阻止未经许可的版权作品复制的措施(控制权利行使的措施)。具体而言：

a)控制接触式反规避条款

控制接触的反规避条款主要体现在第1201条(a)(1)的规定，即“任何人不应该规避一个有效控制接触本章所保护的作品的技术保护措施”①，这里的技术保护措施是指有效控制接触作品的措施，如果这个措施在通常的操作过程中，要求信息应用，特定处理，处置要经过版权所有人授权才能接触作品。对技术保护措施的规避是指未经版权人授权而对设置干扰处理(scrambled)的作品进行反解扰(descramble)，解密一个加密的作品，或者避开(avoid)、绕过(bypass)、移除(remove)，解除(deactivate)，或者损害(impair)技术保护措施。② 该条款被普遍的称为控制对受保护作品接触反规避条款，该条款可确保未经授权和法律允许的人接触作品。按照这一条款的规定，有效的技术保护措施要能够防止他人未经许可对作品的接触。

同时，DMCA第1201条(a)(2)规定：任何人不得非法交易主要用于规避保护版权人权利的技术保护措施的任何设施，即“在任何技术、产品、服务、装置、部件中没有人应该制造、进口、许诺销售、提供或运输：(A)该设施主要设计或制造的主要目的是用于规避本章所提到的版权人采取的有效保护版权的技术保护措施；(B)存在有限的商业目的或用途，但主要规避本章所保护的有效控制接触受保护作品的技术保护措施；(C)被个人或者与他人合作销售，知道为了用于规避本章所保护的作品进行有效接触控制的技术

① DMCA, Section 1201. (a) VIOLATIONS REGARDING CIRCUMVENTION OF TECHNOLOGICAL. MEASURES.—(1)(A) No person shall circumvent a technological measure that effectively controls access to a work protected under this title.

② DMCA 1201(a)(3)(B).

保护措施”。[①] 从这个条款的规定来看，它将严格限制未经授权的人对受版权保护作品的接触，从而希望以此制止对版权作品的盗版，以保护版权人在数字时代的知识产权。显然，这样的规定加强了对著作权人权益的维护。

b)控制权利行使式禁止条款

DMCA 第 1201(a)(b)规定，禁止在任何技术、产品、服务、设备、组件或他们的部件中制造，进口，提供公众或进行别的交易：(A)技术、产品，服务，设置，部件等主要被设计或生产是为了规避有效保护本章作品或其他部分的版权人的权利；(B)除了规避被技术保护措施有效保护的版权权利，仅仅有有限的商业意义或使用目的；(C)基于市场销售目的，在某人或者其授意之下，规避有效保护本章作品版权人的权利所提供的技术保护措施。[②] 这里的规避行为主要是指避开，绕过，移除，解除或别的规避技术保护措施的行为，这里的技术保护措施是指有效保护本章版权人权利的措施，这个措施在最初的操作中阻止、禁止或限制未经许可和法律规定对版权人权利行使。[③]

比较美国对技术保护措施反规避条款的规定发现(表 2-1)，制造或买卖被用来规避上述技术保护措施的设备或服务在一定条件下

---

① ADDITIONAL VIOLATIONS. —(1) No person shall manufacture, import, offer to the public, provide, or otherwise traffic in anytechnology, product, service, device, component, or part thereof, that—“(A) is primarily designed or produced for the purpose of circumventing protection afforded by a technological measure that effectively protects a right of a copyright owner under this title in a work or a portion thereof; “(B) has only limited commercially significant purpose or use other than to circumvent protection afforded by a technological measure that effectively protects a right of a copyright owner under this title in a work or a portion thereof; or “(C) is marketed by that person or another acting in concert with that person with that person's knowledge for use in circumventing protection afforded by a technological measure that effectively protects a right of a copyright owner under this title in a work or a portion thereof.

② DMCA 1201(b)(1).

③ DMCA 1201(b)(2).

是被禁止的，即：交易的设备或服务主要基于规避的目的被设计或产生；除了规避，他们仅有有限的商业意义目的；他们的市场定位是为规避。至于规避行为本身，法案禁止第一种类型技术保护措施的交易，而不禁止第二种，即法案禁止对控制接触受保护作品的技术保护措施的直接规避，但是并不禁止对权利行使措施的直接规避。此种考虑的目的在于，由于第二种技术保护措施的形式涉及使用者对作品合理使用的问题，为确保公众合理使用权利的行使，不能禁止阻止复制的技术保护措施行为。

表 2-1　　**美国 DMCA 法案技术保护措施反规避条款比较**

类型	具体规定	规避行为	准备行为
控制接触措施	任何人不应该规避一个有效控制接触本章所保护的作品的技术保护措施	禁止对接触控制技术保护措施本身的规避 1201(a)(1)(A)	禁止准备规避行为 1201(a)(2)
控制权利行使的措施	任何人不得非法交易主要用于规避保护版权人权利的技术保护措施的任何设施，即在任何技术、产品、服务、装置、部件中没有人应该制造、进口、许诺销售、提供或运输	不禁止对控制权利行使措施的规避 以著作权法判断侵权与否	禁止准备侵权行为 1201(b)(1)

3) 欧盟相关指令对著作权技术保护措施的规定

欧盟早在 1998 年通过的《基于或包括附条件接入服务的法律保护指令》(Directive 98/84/EC of the European Parliament and of the Council of 20 November 1998 on the legal protection of services based on, or consisting of, conditional access)中针对无线、电视广播和信息社会服务保护需要，规定"成员国禁止未经许可而基于商业目的

采取制造，进口，传播，销售，租赁和占有，以及安装、维修、替换、推销任何非法的设备”。① 2009年5月欧盟议会和委员会通过的《计算机程序法律保护指令》(Directive 2009/24/EC of the European Parliament and of the Council of 23 April 2009 on the legal protection of computer programs)第7条特殊的保护措施中规定，成员国应禁止基于传播或基于商业目的占有需要，未经授权而意图移除或规避任何被使用保护计算机程序的技术装置行为，成员国国内法因此而需要提供救济，并有权对此采取相应的扣押措施。② 虽然这两部指令都涉及技术保护措施规定，但是却没有对技术保护措施的例外做出规定。而对技术保护措施例外规定主要体现在《欧盟信息社会版权指令》(Directive 2001/29/EC of the European Parliament and of the Council of 22 May 2001 on the harmonization of certain aspects of copyright and related rights in the information society，简称“欧盟信息社会版权指令”)中。

欧盟《信息社会版权指令》被认为为技术保护措施提供了高标准的立法保护。③ 欧盟《信息社会版权指令》第6条第3项提出了以

① 《Directive 98/84/EC of the European Parliament and of the Council of 20 November 1998 on the legal protection of services based on, or consisting of, conditional access》article 4：Member States shall prohibit on their territory all of the following activities：

(a) the manufacture, import, distribution, sale, rental or possession for commercial purposes of illicit devices；

(b) the installation, maintenance or replacement for commercial purposes of an illicit device；

(c) the use of commercial communications to promote illicit devices.

② 《the Directive 2009/24/EC of the European Parliament and of the Council of 23 April 2009 on the legal protection of computer programs》Aticle 7(c)“ any act of putting into circulation, or the possession for commercial purposes of, any means the sole intended purpose of which is to facilitate the unauthorised removal or circumvention of any technical device which may have been applied to protect a computer program”.

③ 朱理．版权技术措施法律保护的三个等级——兼谈我国的技术措施保护立法[M] //张平．网络法律评论．北京：法律出版社，2005(6)：49.

“改变或复制控制”界定技术保护措施有效性的标准，其中技术保护措施指在通常的运行过程中，任何技术、装置或部件，被用来设计保护作品或其他客体时，防止或限制未经版权人或相关权利人或根据第96/9/EC号指令(1996年的关于数据库保护的指令)第三章规定的特殊权利人授权或法律规定而访问控制或保护程序。指令因此要求成员国应当对权利人采取的技术保护措施提供适当的法律保护，禁止任何明知或有合理理由知道而实施的规避有效技术保护措施的行为。这里有效的技术保护措施是指版权人通过许可控制申请或者保护程序，像加密、扰频或者别的阻止改变的复制控制机制，实现受保护的作品或其他客体的使用目标。①

此外，指令同样“禁止制造、进口、发行、销售、出租装置、产品或组件，为销售或出租发布广告，或为商业目的拥有装置、产品或组件，或提供服务的下列行为：(a) 为规避任何有效技术保护措施的目的，进行促销、发布广告或市场营销，或；(b) 除规避外，只具有有限的商业目的或用途，或；(c)设计、生产、改装或实施的主要目的是为促成或便利规避任何有效技术保护措施”。②

按照欧盟版权指令规定，只要权利人采取的是有效的技术保护措施，并未区分对控制接触措施的规避和对控制权利行使的技术保护措施的规避，均禁止规避。

从上述国际社会对著作权技术保护措施法律保护的规定来看：

首先，著作权技术保护措施的法律地位被认可。世界知识产权组织WCT和WPPT，美国DMCA以及欧盟信息社会著作权指令规定显示对技术保护措施提供法律保护具有合理性，明确规定立法应保护有效的技术保护措施，并认为并非不可规避的技术保护措施才是有效的措施。

---

① Directive 2001/29/EC of the European Parliament and of the Council of 22 May 2001 on the harmonisation of certain aspects of copyright and related rights in the information society(信息社会著作权指令)，第6条第3项.

② Directive 2001/29/EC of the European Parliament and of the Council of 22 May 2001 on the harmonisation of certain aspects of copyright and related rights in the information society(信息社会著作权指令)，第6条第1，2项.

其次，基本形成了著作权技术保护措施法律保护的内在体系。除世界知识产权组织的原则规定外，美国明确了技术保护措施的具体概念、反规避的具体情形，以及列举式的反规避具体例外规定，形成了对技术保护措施规定的基本体系，这也是目前各国规定技术保护措施的主要模式；欧盟国家为技术保护措施提供了高标准的保护，它的核心在于不区分技术保护措施的功能类型，只要规避有效的技术保护措施均应受欧盟指令的保护。这为欧盟成员国对指令的转换提出了高的要求。

然而，现行著作权技术保护措施立法并未对技术保护措施的透明度、技术保护措施的有效性条件，以及技术保护措施冲击信息安全的影响做出完备性解构。

2.3 著作权技术保护措施的信息安全风险分析

随着信息网络渗透于人类生产和生活的方方面面，信息安全已成为关乎个人，乃至整个国家的重要问题。著作权技术保护措施具有技术特性，当立法对接触控制权的限制规定不足时，滥用技术保护措施行为出现，信息安全风险产生，使用者信息系统功能和信息内容安全受到危害。当新的违法犯罪使现行的法律规定形同虚设、失去效用时，法律制度需要因此而依据变化的客观形势作出调整，以应对安全的新威胁，更好地保障人和社会的安全。①

2.3.1 著作权技术保护措施下的信息安全界定

1) 信息安全的概念廓清

安全，从社会学的角度讲，有私的安全和公的安全。私的安全指作为社会主体的个人财产以及人身不受现实或潜在的危险威胁；公的安全，指公共安全或社会安全，是为了满足不特定的社会主体实现对客观的自由支配以及协调各种主体之间的利益关系的要求而

① 卓泽渊．法理学[M]．北京：法律出版社，2009：120.

需要的一种稳定的社会秩序。①

由于信息化的不断发展变化，“信息安全定义亦是动态发展的”②，因此对于信息安全的定义国内外学界尚有不同的认识。信息安全一词若翻译成英文对应的是 Information Security，但是在国外 Information Security 主要使用在 20 世纪 60—70 年代的军事文献中。随着信息化、网络化的高度发展，国外立法文献和学者研究中多数使用 Cyber Security 来表示信息安全的概念，如美国 2002 年颁布的《网络空间安全国家战略》(National Strategy to Secure Cyberspace)，2009 年、2010 年网络安全法案使用的都是 Cyber Security 而非 Information Security。在我国，信息安全、计算机安全、网络安全、网络信息安全等概念出现在不同的法律条文中，中共中央办公厅 27 号文件《国家信息化领导小组关于加强信息安全保障的工作的意见》的通知中使用了“信息安全”概念，《关于维护互联网安全的决定》使用“互联网的运行安全”和“信息安全”概念，中华人民共和国 147 号令使用了“计算机信息系统的安全”概念。有研究认为，之所以如此，是因为中国信息化程度远不如发达国家，还不是一个网络化的国家，我国更多关注的是信息内容、信息系统运行和数据库的安全问题。③ 由此，廓清信息安全概念是必要的。

(1)信息安全

美国法典(U. S. Code)第 3542 条指出，信息安全意思是阻止信息和信息系统免受未授权的许可、使用、披露、分裂、修改或破坏，为了去确保完整性(Integrity)、秘密性(Confidentiality)和可用性(Availability)，此即众所周知的 CIA Triad 安全模型。④ 这一安全

① 麻昌华．论公共安全注意义务的设立[M]//载张民安主编．侵权法报告，第 1 卷，北京：中信出版社，2005：61.

② 蔡翠红．美国国家信息安全战略[M]．上海：学林出版社，2009：3.

③ 蔡翠红．美国国家信息安全战略[M]．上海：学林出版社，2009：4.

④ CIA Triad 安全模型：也被称为 CIA 安全三原则，是信息安全领域最基本的思想原则之一，指机密(Confidentiality)；完整性(Integrity)；可用性(Availability)。

模型显示信息安全的核心要素在于完整性、秘密性和可用性。该模型被主要的信息安全方面立法所采纳，用来确认信息安全问题领域和提供必要的解决。美国 2002 年的《联邦信息安全管理法》(Federal Information Security Management Act of 2002)对信息安全的界定，“信息安全是提供安全性、秘密性和可用性，阻止信息和信息系统未授权的访问、使用、披露、中断、修改或破坏。”①

信息安全属性通常被用以界定信息安全的内涵，具体可包括以下几个方面：秘密性(confidentiality)：信息安全强调信息未经许可或授权不被泄露。其中秘密性主要用来指阻止披露信息于未经授权的个人或系统；可控性(controllability)指“保证信息和信息系统的授权认证和监控管理”②，系统所有者能够对信息的流动与信息内容具有控制力；完整性(integrity)指数据不应该被未经察觉地修改、伪造、篡改；可用性(availability)指信息在需要时是可用的；真实性(authenticity)指确保数据、交易、交流或文档是真实的；不可否认性(non-repudiation)：指“保证信息行为人不能否认其行为”。③因此，信息安全的核心是确保信息网络中的软硬件及系统中数据不被未经授权的偶然或恶意的威胁、破坏、更改和泄露，系统正常运行，信息服务完整，确保信息系统和存储信息的安全性。

(2)与信息安全相关的概念

计算机安全，通常主要指信息系统安全，侧重于强调阻止系统本身的未经授权的接触、修改，以此保证信息系统的可用性、完整性和秘密性。④ 按照《计算机信息系统安全保护条例》第三条的规

① The Federal Information Security Management Act of 2002 “According to FISMA, the term information security means protecting information and information systems from unauthorized access, use, disclosure, disruption, modification, or destruction in order to provide integrity, confidentiality and availability”.

② 马民虎．信息安全法研究[M]．西安：陕西人民出版社，2004：24.

③ 蔡翠红．美国国家信息安全战略[M]．上海：学林出版社，2009：5.

④ OECD Guidelines for the security of information systems(1992)：Security of information systems means the protection of the availability, integrity, and confidentiality of information systems.

定①，计算机信息系统的安全旨在保障信息系统本身设备、设施、运行环境和功能的可用性、完整性和秘密性。

网络安全(cyber security)是指通过对攻击的预防、检测和反应保护依赖于计算机和网络的信息。美国《网络空间安全国家战略》从网络空间的角度将网络安全定位为确保企业交易、政府运行和国家防御三方面职能所能依赖的互联的关键信息基础设施网络的安全。美国2010年网络安全法案(Cyber Security Act of 2010)指出网络安全指计算机和计算机网络的保护，阻止未经授权的接触。②

网络信息安全这一概念主要针对信息网络化发展所提出来，类似概念表述有网络和信息安全，是指网络空间内为防止意外事故和恶意攻击，保障网络、信息内容和应用服务的秘密、完整、可用、可控和不可否认，可以理解为是计算机网络及其信息安全，着眼点在于保护数据和服务。

学者认为立法上不同的表述反映的是不同主张者背后的不同利益主张。③ 随着信息化和网络化的不断推进，信息安全的内涵也在不断扩大。今天，网络俨然已经成为国家关键基础设施组成部分，人类政治、经济、军事、科技、文化生活、环境等各个方面对信息网络的依赖性也越来越强，因此，现行信息安全内涵应该是囊括了计算安全、网络安全和网络信息安全的面向所有使用者和所有链接点的概念。

---

① 《中华人民共和国计算机信息系统安全保护条例》第三条“计算机信息系统的安全保护，应当保障计算机及其相关的和配套的设备、设施(含网络)的安全，运行环境的安全，保障信息的安全，保障计算机功能的正常发挥，以维护计算机信息系统的安全运行”。文章对于正文中法律法规规定名称中涉及“中华人民共和国”字样的予以省略。

② S. 773 would authorize several National Science Foundation (NSF) grant and scholarship programs aimed at enhancing cybersecurity (the protection of computers and computer networks from unauthorized access) through expanded research and workforce development. “Cybersecurity Act of 2010” on March 24, 2010.

③ 马民虎. 信息安全法研究[M]. 西安：陕西人民出版社，2004：24.

2)著作权技术保护措施下的信息安全内涵——从美国 DMCA 法案谈起

著作权技术保护措施法律保护中涉及信息安全的官方定义可见于美国 DMCA 法案第 1201(e)条的规定，该条是技术保护措施反规避限制中关于法律执行、情报活动和其他政府活动的例外规定，即法律不禁止政府、情报或政府雇员任何合法授权的对技术保护措施实施的调查性的、防护性的、涉及信息安全或情报活动等其他政府活动行为。法案为此明确给出这里的信息安全定义，是指“执行的活动是为了确认和表达政府计算机、计算机系统或计算机网络的安全漏洞”。① 从法案对信息安全的界定可见，这里的信息安全主体限于政府，信息安全对象主要是指信息系统，涉及计算机、计算机系统或计算机网络，信息安全的内容关注对象的安全漏洞或脆弱性问题。显然，这一定义已显示出立法对技术保护措施应用中信息安全的关注，但网络信息技术的不断发展决定了信息安全不是一成不变的，而是不断演进和循环发展的一个动态过程，因此这一定义是相对狭义的。

随着信息化的不断推进，著作权技术保护措施的信息安全的内涵也在不断扩大，从技术层面讲，信息安全包括信息系统基础设施的安全、网络运行系统的安全、信息内容和数据的安全、物理安全；从信息安全主体层面讲应当包括公民、组织(法人和其他社会组织)以及国家的信息安全。著作权技术保护措施将被广泛应用于社会管理、文化娱乐、国家机器等社会生产各领域产品中，涉及金融、电力、医疗、基础设施等不同领域，这些产品应用的主体也将覆盖政府部门、非政府组织、企事业单位、军事机构以及普通消费者个人。大量关于雇员、客户、产品、研究、金融数据、军事信息等信息被存储于信息系统内，这些信息的收集、形成、加工也在信息系统内进行。因而，当著作权技术保护措施产生信息安全风险时，将不仅涉及政府信息系统本身的安全，而是将涉及上述所有主体信息系统，同时由于网络、物理系统、信息系统的广泛融合，信息安全的对象还将涉及信息系统内的信息内容安全以及技术保护措

① DMCA 1201(e).

施应用服务平台的安全问题。

秘密性、完整性和可用性被认为是信息安全的基本要求。而在电子商务领域(技术保护措施属于电子商务领域),信息安全的总体目标和实现还应包括隐私性。其中隐私性强调指个人对其信息具有自主性的权利,它允许一个人决定他们个人数据的使用。这要求技术保护措施的应用应注重对消费者隐私的尊重。总体而言,著作权技术保护措施下的信息安全不是简单的产品堆积,亦不是单次的静态过程,而是指保护信息和信息系统功能未经授权不被访问、使用、修改、中断、毁坏或泄露,旨在确保信息内容、信息系统功能和应用服务安全的动态过程,强调对信息系统整个生命周期的防御和恢复,包括保障信息系统功能、信息内容和应用服务的秘密性、可控性、完整性、可用性、隐私性和不可否认性。因此,著作权技术保护措施下保障信息安全不仅应重视信息系统和信息内容的安全保护,还应提高安全事件检测能力、对事件反应能力以及遭遇破坏的快速恢复能力。

2.3.2 基于技术保护措施滥用的信息安全风险

1)技术保护措施滥用界定

卢梭有句格言,“你为自己谋利益,要尽可能地少损害别人”。① 权利是禁止滥用的。目前,禁止权利滥用已经过观念的提出、判例,进而发展成为成文法的基本原则,成为规范权利主体正当行使权利的重要界限。对于何谓权利滥用,理论上形成了不同的学说。大陆法系有主观恶意行使说、违反权利本旨说、超越目的或界限说;英美法系以衡平法的“允诺禁反言规则”(promissory estoppel rule)②体现权利滥用功能。技术保护措施权利人因为法律

① [法]卢梭. 论人类不平等起源和基础[M]. 李常山译. 北京:商务印书馆,1997:10.

② 所谓允诺禁反言规则是指:在承诺后不得自食其言,源于对诚实信用原则的应用,即允诺人对其在合同中所作出的赠与等无偿允诺应具有拘束力,须加以强制执行。

的保护而有权阻止其他人未经允许而规避和破坏，扩张了版权人的权利。为应对版权的扩张，引入权利滥用原则，确立技术措施滥用原则是必要的，以确保技术保护措施的合理应用。按照权利滥用的界定，权利是有边界的，当权利的行使超出法律界定的边界范围，违反了设定权利的目的和宗旨，并因此而损害了国家、社会和他人合法权益时，就属于滥用权利的行为。①

我国《宪法》第51条规定②，公民自由和权利的行使不得以损害国家、社会、集体以及其他公民合法权益为代价，这规范了公民自由权利行驶的合法性和合理性，也成为权利不得滥用的宪法依据。首先，公民享有宪法所赋予的自由和权利，但是这些自由和权利的行使不是没有限制的，也非绝对的、有条件的，它以不损害其他公民合法自由和权利为其合法性和合理性的界限，这体现了权利和义务对等的一致性原则；其次，公民自由和权利的行使是可能与国家的、社会的和集体的利益发生冲突的，而这一条款明确了个人权利行使的另一基本原则，即以不损害国家的、社会和集体的利益为限。一定程度上国家的利益代表整个人民的利益，而社会的利益体现社会绝大多数人的利益，集体的利益需要参与其中的个人的统一维系③，因此，当个人自由和权利与这些利益发生冲突时，个人自由和权利行使应受到相应限制规范。故此，权利滥用的界定通常应考虑以下几个方面的因素：第一，权利滥用的主体是享有和行使权利的人；第二，权利滥用针对的对象是国家、社会、集体和其他公民的合法权益（包括其合法的自由和权利）；第三，主观方面应为超越权限，损人利己的故意；第四，滥用的客观表现为危害受保护权益后果发生的行为。④

---

① 钱玉林．禁止权利滥用的法理分析［J］．现代法学，2002(2)：55-56.

② 《宪法》第51条：“中华人民共和国公民在行使自由和权利的时候，不得损害国家的、社会的、集体的利益和其他公民合法的自由与权利。”

③ 马岭．利益不是权利——从我国宪法第51条说起［J］．法律科学，2009(5)：79-80.

④ 张文显．法理学［M］．北京：高等教育出版社，北京大学出版社，2002(3)：95.

知识产权是法律所赋予的一种专有的垄断权，权利主体通过智力创造而对其成果享有独占的、排他的权利，但是，这种合法垄断权若不能加以适度限制将可能导致权利人对其权利的滥用，损害他人合法权益。因此，为确保知识产权制度的利益平衡宗旨，规制权利人的滥用行为是必要的。同理，著作权人依据《著作权法》享有了其在文学、艺术和科学领域的智力创造成果的独占的专有权利，而技术保护措施的出现和应用进一步成为著作权保护的有效手段，国际条约和各国立法的反规避条款的确立扩张了著作权人对其专有权利的控制力。按照国际条约和各国立法对技术保护措施的界定，技术保护措施受保护的边界为有效性和目的的合法性，立法仅保护那些能够有效受著作权法保护的作品。因此，对于著作权技术保护措施而言，合理的边界同样是需要的，当权利人超出法律所界定的范围和界限，违背技术保护措施采取和应用的合理目的和宗旨，并因此而使国家、社会、集体和他人合法权益受到损害时，就构成技术保护措施的滥用。这种滥用可使使用者的合理使用、公平竞争、信息安全受到侵蚀、扭曲和威胁，这就需要有效规制著作权技术保护措施滥用行为，进一步明确其合理界限，防止滥用后果发生。

2) 技术保护措施滥用的信息安全风险后果

对于什么是风险，不同的视角有着不同的解释。通常认为风险的典型特征在于：第一，风险是客观存在的。在我们的生活中，可以发现风险存在于生活的方方面面，如创业风险、安全的风险、法律的风险、管理的风险、自然的风险等。第二，风险的发生和损失具有不确定性。由于可能引起风险产生的因素无法预期和确定，诸如来自法律、管理、自然灾害、意外事件、雇员疏忽、产品责任、政治因素等方面产生的风险，产生这些风险通常都是突发的，而且这些风险在产生过程中是不断变化的，体现动态性，因此风险的损失亦具有不确定性。第三，风险通常是可识别的，但难以准确衡量。通常产生风险时是可以被识别的，但是由于风险产生因素、损害或损失的动态性，因而风险又是无法准确衡量的。这些风险的特征成为预防和控制风险的主要困境。

所谓信息安全风险应是指网络运行系统、系统信息、信息系统软硬件以及数据和信息内容、信息系统基础设施等信息安全的保密性、完整性和可用性遭受破坏的可能性。据国家计算机网络应急技术处理协调中心发布的 2014 年度《中国互联网网络安全报告》显示，诸多网络安全威胁也伴随信息化的不断发展而产生，包括重要信息系统、基础网络、智能终端领域软硬件漏洞攻击；重要网站域名解析篡改攻击；工业控制系统、移动应用程序恶意软件攻击；分布式反射性的拒绝服务攻击；网站数据和个人信息泄露等方面。① 可见，产生信息安全风险的因素多样，它们通过病毒、漏洞、恶意软件等手段，从不同途径攻击信息安全，造成信息安全风险的不确定性，并且随着攻击的变化而不断变化，具有可变性。

对于著作权技术保护措施而言，当著作权技术保护措施借助网络进入、检测、伤害和控制计算机，安装远程执行代码时，信息安全风险产生。由于著作权技术保护措施被广泛应用在计算机、控制、管理、通讯等不同领域，面对网络和信息技术的发展和变化，信息安全的威胁将不断扩大，面临的信息安全风险种类也在不断增加。著作权技术保护措施可成为信息系统、控制系统、以及物理系统运行环境中的一部分，技术保护措施可随着这些系统的运行而运行。事实上，著作权技术保护措施安全风险问题早已被研究人员所发现。但是，鉴于技术保护措施的反规避条款的规定，阻碍了对于著作权技术保护措施产生信息安全风险事实的发布。早在 2001 年年中，美国一个匿名的程序员发现了微软 E-Book 的技术保护措施系统中的一个漏洞；2003 年有研究发现了美国 SunnComm 公司开发的 CD 复制保护技术保护措施的弱点；另有研究人员发现了一些内容控制软件中的缺陷，以及一些视频加密系统的主要安全缺陷。这些安全漏洞或缺陷被证实可产生信息安全风险，然而当事人最终基于 DMCA 法案责任的规定而选择拒绝去发表结果。事实已经证明这些风险是客观存在的。

此外，鉴于著作权技术保护措施的技术特性，技术保护措施下

---

① 国家计算机网络应急技术处理协调中心. 2014 年中国互联网网络安全报告[J]. 北京：人民邮电出版社，2015：15.

的安全风险同样呈现动态性、不确定性和客观性表征。虽然个人、企业和政府的信息系统功能和信息内容的信息安全风险具有不可预期性，但是通过对著作权技术保护措施安全风险的积极预防和控制，将著作权技术保护措施规制在合理限定之内是可能以及必要的。为此，法律制度需要实施对著作权技术保护措施应用过程的规范，即确保著作权技术保护措施整体运行的合理性，包括技术保护措施技术标准的规范、运行过程以及损害的救济。

2.3.3 著作权技术保护措施的信息安全风险类型

实践显示，著作权技术保护措施产生的信息安全风险已经威胁到使用者信息系统的功能和信息内容。具体而言：

1)功能性安全风险

著作权技术保护措施对信息安全的功能性危害主要是指针对信息系统(包括网络系统)实体安全和信息系统运行安全两个方面。前者主要指信息系统设备、设施免受破坏；后者指防止信息系统被非法侵入，信息系统因病毒等破坏性程序的感染或其他非法攻击而遭受损害，网络或通信服务被非正常的中断，使信息网络或通信系统不能正常运行等伤害。例如，视听影音发行业者 Ubisoft 被指控使用在 DVD 上的 DRM 技术使得销费者在播放 DVD 时特定的驱动程序会自动地植入消费者的计算机中，并威胁计算机的安全性，造成硬盘的不稳定，甚至使光驱发生永久性的损害。① 为了防止盗版行为的发生，Adobe 像其他播放软件一样有自己的著作权技术保护措施。2010 年 6 月 4 号，Adobe 发布安全公告，宣称在 Flash Player 10 中存在一个“关键漏洞”，此漏洞能够导致使用者的系统崩溃，或者“允许攻击者控制受影响的系统”。②

SONY BMG 著作权保护软件安全漏洞事件是著作权技术保护

① M Masnick. Ubisoft's Use of the (Star) Force Lands it in Court[EB/OL]. [2010-8-20]. http://www.techdirt.com/articles/20060331/1549225.shtml.

② E Maher. Defenceless in the Zombie Infested Internet: Why Audio-visual Works Demand Exemption under the Digital Millennium Copyright Act. Boston College Intellectual Property and Technology Forum, 2013: 1.

措施对使用者信息系统安全威胁的典型事件。为了维护著作权，索尼BMG在其发行的CD中使用了用来限制CD拷贝的电子权利管理系统技术保护措施。该技术保护措施软件使用了一个众所周知的计算机溢出①技术，并植入称之为Rootkit的木马后门，Rookit有效隐藏于使用者计算机的操作系统。一旦被安装，Rootit能被用来隐藏任何代码，并直接威胁使用者计算机和网络本身。实践显示，这个软件工具Rootkit很少被合法软件发展者所使用，而索尼公司则在其技术保护措施系统中使用了这一软件，并且打着限制CD拷贝以及转换成其他格式的旗号而被隐藏在Windows操作系统的深处，使用者对此毫不知情。之后，索尼BMG公司的CD技术保护措施被证实：首先，这些技术保护措施可在用户不知情的情况下收集和利用用户浏览和使用CD信息、用户和代理商IP地址信息；其次，这些技术保护措施均包含安全漏洞，可给使用者的计算机和网络带来巨大的风险。由于技术保护措施安全漏洞很容易被病毒所利用，与此同时很多利用这个程序的木马开始在网上现身。直到此事件爆发，大约2亿计算机使用者获知这一未知软件被安装在他们机器使他们失去对计算机和存储数据的控制，信息安全风险产生。该事件发生后引起了消费者的集体诉讼，之后美国联邦贸易委员会介入，最终以FTC提出的解决方案和解，解决方案要求索尼公司未来两年内必须向消费者发布专门卸载工作和安全补丁，对因此导致计算机受损的消费者每人支付150美元赔偿金，并且要求索尼公司明确告知消费者技术保护措施使用权限和连接网络后的潜在安全风险。②

索尼案件最终使数以百万计的消费者开始意识到，在数字网络时代随着著作权业界对著作权保护的加强，消费者也面临来自著作

① 英文为exploit，在计算机安全领域称为溢出，即由于编程者编写代码时考虑不够周全而导致恶意使用者可以编写特定的代码来运行恶意使用者自己指定的代码。

② FTC. Sony BMG Settles FTC Charges[EB/OL].[2007-1-30]. http://www.ftc.gov/opa/2007/01/sony.shtm.

权技术保护措施所造成的安全风险。然而索尼案件之后，对著作权技术保护措施的普查发现，虽然一些著作权技术保护措施中并没有利用 Rootkit，但是引入了别的安全漏洞，如 SunnComm's MediaMax software 等。① 其中 MediaMax 被安装时，它可以在使用者的硬件驱动创造一个名录叫"SunnComm 共享"，使一个危险的特权功能升级。MediaMax 为该名录和它的内容设置文档权限，使任何计算机使用者都能阅读、修改或删除名录内容。这些允许使黑客或者远程使用者可以故意或者非故意通过恶意代码取代 MediaMax 文档，在拥有管理优先权的使用者进入 MediaMax 光盘，恶意代码被激活，进而可引起所有潜在的攻击，直接威胁计算机功能安全。

这些事实显示了著作权技术保护措施对信息系统的危害，而且著作权技术保护措施的安全漏洞可直接使用户信息系统内核层面暴露于攻击之下，而这个攻击可致使信息系统被远程完全控制，甚至完全破坏操作。实践中，对于著作权技术保护措施产生的功能性伤害并未引起用户的重视，甚至被攻击的用户并没有意识到他们使用的作品中的技术保护措施能够威胁信息系统安全。然而，通过播放 CD、网络传播、视频播放、运行游戏等方式使用作品时，也给了病毒、黑客等攻击和访问其使用网络的机会，进而可窃取使用者存储的信息内容和控制其信息系统。

2) 信息安全内容风险

随着著作权技术保护措施的法律认可，一些著作权技术保护措施的实际应用被诱导违背安全要求，著作权技术保护措施被用以欺骗使用者下载大量间谍软件、恶意广告软件和病毒软件②，危害用户信息系统内容安全，著作权技术保护措施与使用者信息内容安全之间的平衡涉嫌被破坏。其中，著作权技术保护措施对个人隐私和

---

① DK Mulligan, AK Perzanowski. The Magnificence of the Disaster: Reconstructing the SONY BMG Rootkit Incident [J]. Berkeley Technology Law Journal, 2007(6): 1161-1162.

② K Hennig. Finding a Solution to the Technological Protection Measure Dilemma [OL]. [2009-12-10]. iposgoode. ca/… /finding-a-solution-to-the-technological-protection-measure-dilemma-katherine-hennig1. doc.

数据安全的冲击尤为突出，主要体现在技术保护措施对终端使用者的控制。这些冲击较为典型的做法是：一些软件著作权技术保护措施利用设置后门方式，运用类似间谍软件的功能，一方面导致系统性能下降、资源被耗尽，造成系统安全隐患；另一方面，通过要求使用者在安装执行之时移除有规避功能的程序，进而通过浏览器劫持插件、身份信息窃取程序远程控制使用者计算机、执行监控使用者的功能。其中，监控控制功能可收集计算机系统的一举一动，比如个人浏览习惯、爱好、隐私数据等，一些技术保护产品和服务被设计监控使用者使用习惯然后报告回著作权人或者他们的机构。此外，通过远程控制功能可窃取使用者隐私信息等有价值的东西并实施敲诈等犯罪行为；而身份信息窃取程序将可能窃取诸如银行账号、财务数据、邮箱账号、网友账号、炒股账号等。

索尼 CD 案件所显示的不仅威胁使用者信息系统安全，同时威胁使用者信息系统内的信息内容安全。一般的消费者不可能意识到此监控，以及通过监控收集个人数据使用的存在，这严重危害使用者的隐私利益。美国著名电视盒计算机游戏软件公司暴雪娱乐公司被爆在其非常著名的网络游戏软件“魔兽世界”中已经部署了隐私侵入的著作权技术保护措施，致使数百万注册使用者面临隐私侵犯风险。① 暴雪公司指出，这一著作权技术保护措施是用来控制欺诈和黑客，同时，软件的更新包含一个著作权技术保护措施监控器“The Warden”。然而，使用者安装著作权技术保护措施后，“The Warden”可监控每个使用者的计算机，一旦检测到未授权运行程序，“The Warden”被设置调查使用者的游戏活动，基于调查结果，暴雪公司可终止使用者账号。这一著作权技术保护措施甚至可以监控使用者邮件地址和网站服务器。但是，暴雪公司在终端使用者许可协议中并没有披露关于“The Warden”的具体信息，也缺乏对怎样和什么程序被限制运行、什么信息实际被收集或送回暴雪公司的详细说明。

---

① Wikipedia. Warden (software) [EB/OL]. [2011-1-1]. http://en.wikipedia.org/wiki/The_Warden_(software).

显然，著作权技术保护措施产生的信息安全风险并不是单一的。由于使用者信息系统与其他系统的融合，信息系统功能和信息内容的安全风险并不是完全隔离的。当信息系统功能受到威胁时，信息内容安全可同样受到威胁，反之亦然。而且，随着网络系统、物理系统和控制系统的进一步融合，这种现象会更加突出。

3　著作权技术保护措施的信息安全风险影响的法经济学分析

法经济学研究的代表人物之一吉多·卡拉布雷西指出，“法经济学是研究整个社会在一个良好(立法)框架下运作过程中可能产生的成本收益，以及发现和识别维护社会持续运行所需要的一整套机制的学问”，法经济学分析既需要注重法律的效率研究，又需要顾及公平的价值。① 波斯纳的经济效益观成为法律经济分析的基本理论，本书也以此为出发点，运用需求规律、成本收益理论和资源配置的效益最大化原则分析了著作权技术保护措施信息安全风险产生的具体影响。著作权技术保护措施的法律保护使得著作权人通过数字和网络技术基础搭建了网络环境下作品交易的商业平台，这种平台由于著作权技术保护措施的采取而实现了网络信息交易的“微量许可”。② 不但方便了使用者对作品的利用而且扩大了使用者利用作品的自由度，使用者为此获得了多样化的选择和更低廉的价格。然而，权利人与使用者间的信息不对称、技术保护措施的负外部性，以及权益冲突的产生都揭示了著作权技术保护措施产生信息安全风险对资源、风险和权利配置的影响，于是建立在保护著作权利益之上的著作权技术保护措施制度的不足显现。

① 冯玉军．法经济学分析[M]．北京：清华大学出版社，2009：11.

② 微量许可：美国学者 Picker 教授认为微量许可即指信息可以在极低的交易成本下实现量化付费。

3.1 信息安全的现实需求与著作权技术保护措施的完备性供给

法律市场在经济学理论中也是一种市场，也存在供给与需求的关系，供给与需求的一致性方能实现资源配置的有效率目的。面对使用者对著作权技术保护措施信息安全的需求，著作权技术保护措施权利人与使用者之间的信息占有量是不对称的，不完备的信息占有量可成为著作权技术保护措施产生信息安全风险的重要因素。因此，为确保著作权技术保护措施安全可信，当新的需求产生时，社会配置的资源在原有制度安排下将无法达到帕累托效率最优状态①，这需要通过法律改变资源的配置方式，使潜在的、制度外的利润内在化，从而实现供给与需求的均衡。

3.1.1 信息安全的现实需求

阿诺德·沃尔弗斯认为，安全具有二元性，客观上指不存在现实威胁所拥有的价值；主观意义上，不存在价值受到攻击产生的恐惧感。② 安全与寻求保障被有些学者认为是人普遍的基本需要之一，“是古往今来人们首要追求价值，是国家发展战略首要指向，甚至成为人们‘超自然信仰’顶礼膜拜的对象”③。它的核心在于不

① 帕累托效率最优：源于经济学领域效率概念，指在既定的收入分配下，检验一个经济社会的福利是否增加的标准是，如果生产和交换情形的改变，使得社会中一些人的境况变得好些，而其他人并未变得坏些，社会福利才能说是增进了；而如果一些人的境况变好了，但另一些人的境况却变坏了，就不能说整个社会的福利增加了。这就是著名的“帕累托最优条件论”。

② 王均平．安全，还是秩序——治安理论与实践之上位概念分析及选择[J]．中国人民公安大学学报(社会科学版)，2009(6)：45.

③ 余潇枫．安全哲学新理念“优态共存”[J]．浙江大学学报(人文社会科学版)，2005(2)：6. 原载于：JD Derian. The Value of Security：Hobbes，Marx，Nietzsche，and Baudrillard [C]//RD Lipschutz. On Security. New York：Columbia University Press，1995.

受威胁，没有危险、危害和损失存在，这正是人类所追求的理想状态。

美国 2011 年《国际网络空间战略》指出数字化基础建设已经成为经济繁荣发展、提升研发活力、军事实力、提高政府透明度以及社会自由化的中坚力量。网络和信息技术发展推动了科技创新和信息产业的发展，面对信息网络技术、产品与服务市场的进一步开放，信息已成为社会发展的重要战略资源，信息网络逐步成为了国家关键基础设施的组成部分。然而，传统的地缘格局被打破，当政府机构和军事部门计算机系统、敏感军事和技术文件、金融、电力等关键基础设施设置数据等内容被威胁时，信息安全问题则从单纯的技术性问题变成了事关国家安全的全球性问题，成为维护国家安全、公共安全和社会稳定的一个焦点。其中国家安全是指国家的基本利益，即“国家主权利益，国家秘密不被泄露、国家政局安定的安全利益，以及国家经济发展的利益”，尤其是国家关键基础设施以及关键部门和行业的信息安全问题成为网络环境下影响国家安全的重要因素之一。① 这里的公共安全是指不特定多数人的信息系统和信息内容秘密性、完整性、可用性和不可否认性不受威胁和伤害。实践显示，被部署的 DRM 安全漏洞软件能被不知情地安装在使用者计算机中，通过监控和搜索功能反映消费者活动控制的状态，并可对存储于计算机系统的个人信息和隐私进行数据的收集和转移，而具有固有缺陷的 DRM 则可能被不法分子利用而执行上述行为。这些信息可能被收集者用来商业赢利、也可为一些不法分子从事其他违法行为，使消费者的人身和财产安全受到安全威胁。索尼案件也证实了著作权技术保护措施对消费者隐私和个人信息安全的损害。

由此可见，由于著作权技术保护措施对信息安全的威胁，公民、组织的信息安全，以及公共安全和国家安全被威胁，使用者对著作权技术保护措施需求不再限于与作品的接触与利用，还应包括

① 马民虎，王新雷．试论商用密码管制法之动态国家利益观[J]．信息网络安全，2009(3)：47.

信息安全需求。图 3-1 表明了使用者对著作权技术保护措施的需求。其中 D_a 表示使用者对著作权技术保护措施使用的需求(包含对产品接触和利用的需求)，D_b 是对信息安全的需求，可见使用者对著作权技术保护措施的总需求应为 X_a+X_b的总和 X_1。然而，纵观现有著作权技术保护措施制度设计，并未意识到著作权技术保护措施对国家安全、公共安全、使用者隐私和数据安全的威胁，X_b的信息安全需求被忽略，法律供给与需求不均衡。信息安全是一种公共物品，对于信息安全的需求不具有使用的排他性，对于使用者而言，信息安全属于公共物品的消费。基于其公共物品的属性在实践中即存在权利与义务不对称的困境，因为对公共物品的消费取决于使用者个人偏好和其他因素，结果可能出现众人搭便车①问题。同理，鉴于消费者对安全风险的认知、信息重要性的感知等因素的不同影响，面对著作权技术保护措施产生的安全风险，每个消费者所愿意支付的成本是不同的。具体而言，对于信息安全本身的需求(图 3-2)，在给定的消费水平 X_1上，不同使用者 A 和 B 所愿意支付

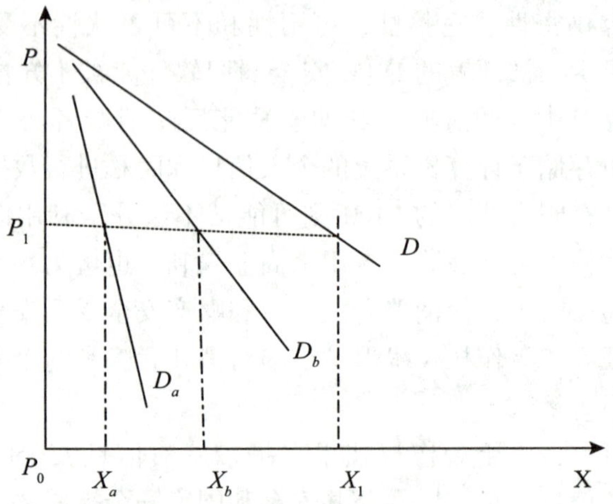

图 3-1 著作权技术保护措施的需求

① 搭便车：字面意思即让别人付钱、自己享有的动机或行为。

的价格(成本)是不同，分别 P_{a1} 和 P_{b1}，A 和 B 愿意支付的价格即为：$P_1 = P_{a1} + P_{b1}$。对于任意给定的信息安全这一公共物品数量 X，总的价格为 A 和 B 愿意支付的价格纵向总和，这也是对信息安全的总需求。为解决权利义务不对称问题，以及搭便车问题，需要公共部门提供确保著作权技术保护措施的信息安全。但是，由于著作权技术保护措施是著作权人所采取的，完全由公共部门提供著作权技术保护措施的信息安全是不现实的，因此需要通过立法形式明确著作权技术保护措施的信息安全供给，以满足消费者的信息安全需求。

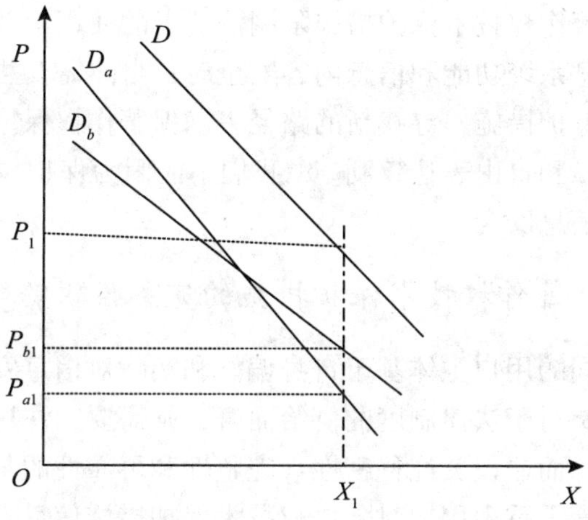

图 3-2　信息安全的需求

在国外，许多国家通过个人信息保护法、数据保护法等专门法律制度不断强化对个人隐私和数据保护。在我国，尽管《关于维护互联网安全的决定》、《互联网信息服务管理办法》、《互联网电子邮件服务管理办法》、《互联网电子公告服务管理规定》、《侵权责任法》《关于加强网络信息保护的决定》分散规定了对网络信息安全的保障，但是这些内容缺乏直接针对著作权技术保护措施的信息安全合规性、透明度、风险评估、组织体系建设等方面建设，因此法律供给与法律需求之间均衡尚未形成。

人类在面对技术发展时，首先考虑的是创新技术以促进经济的发展，因此多是先有技术后考虑安全，安全被技术所包含，成为实现技术的一个组成部分，结果使得安全不过是作为附属物而存在。事实证明，无限制发展技术而忽视安全问题，或者将安全置于次要位置是一种危险而失败的选择。① 有学者提出安全所要达到的深远目标是追求“发展与安全”的价值目标，因此提出了“优态共存的”安全哲学思想，即行为体在生存环境中能够共同持续地发展，并以此提倡建立“和合共建考式”的安全模式②。

对于著作权人而言，立法上允许采用著作权技术保护措施是为了通过保护作品安全而实现有效维护数字环境下著作权人的合法利益目的。当著作权技术保护措施限制消费者的使用，并且因此而危及消费者信息系统功能和信息内容安全时，自然需要法律制度规范著作权技术保护措施，寻找新的路径去确保著作权保护的同时不降低消费者隐私和自由表达权利。③ 我们不能因为保护技术措施而损害使用者的信息安全。

3.1.2 著作权技术保护措施的完备性供给

尽管不同的用户主体基于自身偏好和实际对信息安全的需求程度不同，但是对于法律制度的供给而言，则需要关注用户整体的信息安全需求，而非仅关注秘密性、完整性和可靠性的某一方面，因此，法律制度需重视用户对著作权技术保护措施信息安全需求的完备性供给。

20 世纪 70 年代，信息不对称理论产生，并发展成为经济学的核心理论之一。按照经济学的概念，信息不对称理论用以分析参与

① 张比．哲学视野下的科学技术安全问题[J]．自然辩证法研究，2003(11)：58-59.

② 余潇枫．安全哲学新理念“优态共存”[J]．浙江大学学报(人文社会科学版)，2005(2)：9-10.

③ Intellectual Property Watch. EU Online Content Stakeholders Debate DRM's Value For Copyright Protection [EB/OL]. [2011-10-06]. http://ip-watch.org/weblog/wptrackback.php? p=422.

市场经济活动中的各主体对信息的掌握是有差异的，处于不对称状态以及不对称地位，结果可导致逆向选择和道德风险。① 所谓逆向选择是指处于信息占有优势地位的一方会因此而作出不利选择，即利用对方的信息不足，隐瞒相关信息而获得额外利益，结果可导致资源在市场分配中的不合理。比如对于产品质量信息的不对称现象，卖方可利用其掌握产品质量信息的优势，为了利益偏好而隐藏部分真实信息，结果可能导致部分消费者在不知情的情形下做出选择。所谓道德风险是指处于信息占有优势地位的一方通过故意隐瞒相关信息而获利，结果可直接损坏他方利益。近年来发生在食品、药品安全中的"瘦肉精"、"毒胶囊"②等问题事件即是由于信息不对称而做出的道德风险行为。由此可见，信息不对称理论基本内容体现为 2 个方面：(1)市场不同主体对于交易信息的拥有量是不对称的，即一方拥有的信息大于另一方拥有的信息。按照阿克勒的表述，"通常是卖方拥有的信息较买方更为完全"；③ (2)这种信息量的不对称，可导致交易双方实施逆向选择和道德风险行为。显然，信息交易过程中，若存在信息不对称，市场不同的主体可能基于信息量的不同而承担不同风险和收益。

在网络环境下，信息成为重要的资源，在市场交易中拥有较多信息的主体自然处于强势地位。对于著作权技术保护措施市场而言，当技术保护措施基于著作权保护的需求而以代码形式出现在产

① 杨晓秋，马海群．基于信息不对称理论的数字图书馆信息服务著作权问题策略研究[J]．情报科学，2011(8)：1158-1159.

② "瘦肉精"事件：曝光于 2011 年，即一些企业以瘦肉精养猪，一次增加动物的瘦肉量使肉片提早上市、降低成本。但是瘦肉精有着较强毒性，长期使用可能导致染色体畸变，诱发恶性肿瘤。对此信息，消费者是毫不知情的。

"毒胶囊"事件：事件曝光于 2012 年，河北一些企业，以生石灰处理皮革废料，熬制成工业用明胶，卖给部分制药企业制成药用胶囊，流入药品企业，进入食用者腹中。如此制成的胶囊，重金属铬超标，直接危害身体健康。对此信息，在未曝光之前，消费者亦毫不知情。

③ 邓琦琦．信息不对称理论概述与分析[J]．高校图书情报论坛，2005(1)：51.

品中时，消费者获取代码信息的能力被限制，并不能控制或完全理解他们使用的产品所涉及的风险。因此，在涉及著作权技术保护措施的产品交易中，著作权技术保护措施的信息以及著作权技术保护措施的信息安全风险伤害证明的掌握，在著作权技术保护措施的创造者、操作者和使用者之间是存在不对等的。① 这种信息的不对称显示出著作权技术保护措施透明度不足，以及著作权技术保护措施的安全可信缺乏有效治理，使用者的信息安全需求不能得到有效满足。

在网络广泛普及的今天，世界各国对有必要构建一个可信的网络空间已达成广泛共识。美国新的"网络空间中可信身份的国家战略"(NSTIC)将"安全可靠"作为基本指导原则提出。随着信息化程度的不断深入，作品网络传播的推进，著作权技术保护措施将广泛存在于网络环境中，所以著作权技术保护措施的安全可信成为其发展和生存面临的主要问题。因此，为避免著作权技术保护措施领域由于信息不对称而出现像"毒胶囊"事件中的逆向选择和道德风险问题，实现资源的合理配置和最大化效用，以确保著作权技术保护措施的透明度，实现安全可信目标，满足信息安全需求，著作权技术保护措施信息的完备性供给是必要的。具体而言，需要明确著作权技术保护措施及其信息安全风险信息的公开披露义务，完善著作权技术保护措施的评估机制，以及著作权技术保护措施的有效性标准，以此确保著作权技术保护措施信息的完备性供给，实现著作权技术保护措施权利人与使用者间信息对等，限定著作权技术保护措施于合理使用范围内，确保其技术保护功能的有效合理发挥。

3.2 成本收益理论与著作权技术保护措施的外部性影响

按照科斯定理的成本收益理论，只要财产权是明确的，并且交

① PM Schwartz. Notification of Data Security Breaches[J]. Michigan Law Review, 2007(105): 913.

易成本为零或者很小，那么无论财产权赋予谁，都可实现市场均衡的最终结果，并且是有效率的，最终实现资源配置的帕累托最优。成本收益理论以外部性问题出发界定权利界限及其权利配置结构。① 但是现实生活中，社会中的各种财产权并不明晰，交易成本也不可能为零或者交易成本很小，因此这就需要外部性机制予以矫正，使市场主体行使行为时对他人造成的影响付出代价或得到收益，以确保成本和收益的一致性。所谓外部性是指“某一市场主体的行为所带来的、由其他主体承担的结果，这种结果可能是有利的，也可能是不利的”。② 外部性通常分为正外部性和负外部性，前者指一个主体的行为对其他主体带来了额外好处，但并不要对方因此而支付报酬；后者指一个主体的行为在获得自身效益时给他人带来了不利的影响，但并不因此而承担相应的经济补偿。

按照科斯教授对于外部性的认识，外部性具有相互性，即带来社会成本的同时也会产生社会效益，因此允许或者禁止外部性就要基于它所产生的社会成本和社会收益，当既产生成本又带来利益时就要对两者进行权衡后方能做出相应的决定。

对于著作权技术保护措施而言，法律制度认可了著作权技术保护措施的法律地位，赋予了著作权人采取技术保护措施保护其作品的权利，阻止其他人未经许可的访问和使用。从著作权人角度而言，著作权人通过采取技术保护措施来达到保障自身权益的目的，进而激励著作权人不断地创新，促进智力创造成果在数字环境下的传播和发展，最终促进数字时代著作权产业的发展。显然，从这个角度讲，著作权技术保护措施的采取带来了社会正效应，增加了社会收益。然而，当著作权技术保护措施发生危害使用者信息安全事件，威胁到个人、组织和国家信息安全时，著作权技术保护措施的负效应产生，这种负效应的出现增加了政府和使用者维护信息安全

---

① [美]理查德·A. 波斯纳. 法律的经济分析[M]. 北京：中国大百科全书出版社，2003：16.

② 周林彬，董淳锷. 法律经济学[M]. 长沙：湖南人民出版社，2008：191.

的成本，破坏了现有著作权制度所维护的利益均衡。尽管著作权技术保护措施对信息安全的负效应确实存在，但是它在保护著作权、激励创新和促进产业发展方面的积极作用是不可否认的。依据科斯教授的观点，权利赋予可能产生一些负面影响，但不一定要因此而否定它，只要符合卡尔多-希克斯效率，就要允许这些权利的存在。①

3.2.1 著作权技术保护措施对社会收益的影响

1) 著作权技术保护措施促进了作品在网络环境下的传播

数字技术被认为包括通信技术、微电子技术和计算机技术。②数字技术的出现使著作权作品出现了新的使用形式，而网络的普遍性也扩大着数字作品的传播。虽然在数字技术产生之初，著作权人的权益受到了较大冲击，但著作权技术保护措施的采取以及立法上禁止未经许可和法律规定来规避技术保护措施的法律保护已使著作权人可以有效控制数字作品的行使。按照法律规定，未经法律规定或者著作权人许可，他人不得通过规避著作权人采取的技术保护措施而接触控制作品并对作品进行访问和利用。例如，当使用者购买包含技术保护措施的产品如 CD 产品，如果没有获得著作权人授权的密码或者其他许可，该使用者便无法打开并使用该 CD 产品，若强行破解该技术保护措施则构成侵权行为。因此，技术保护措施的采取通过加强著作权人对作品的控制力使著作权人在一定程度上防范侵权，有力维护网络环境下作品的传播和使用，这在一定程度上扩张了著作权人的垄断权。按照传统著作权法律制度，著作权人并没有享有通过技术保护措施控制他人对作品接触的权利，而著作权技术保护措施的出现在强化著作权人对著作权控制能力的同时也有力维护了著作权人在网络环境下的利益，使著作权人在扩张其垄断

---

① 周林彬，董淳锷．法律经济学[M]．长沙：湖南人民出版社，2008：198.

② 吴汉东等．走向知识经济时代的知识产权法[M]．北京：法律出版社，2002：101.

权的同时因此而获得了更大的垄断利益。

2) 著作权技术保护措施推动了著作权产业的发展

数字技术和网络的普及使网络环境下著作权保护面临新的威胁和挑战，尽管著作权保护已涉足数字化复制和网络传播问题，但也面临权利救济的事后性、被动性①，网络侵权取证困难、诉讼结果不确定性、损害后果不可恢复性等局限，这些都妨碍了著作权利益的实现。

随着著作权技术保护措施的出现和广泛应用，著作权保护技术不断发展，因此而设计的著作权技术保护措施系统变得越来越复杂和精细。这些管理系统可以实现由著作权人依据不同的使用者、不同的使用方式设定不同的许可方式，包括支付方式、支付金额、使用次数、使用范围等内容，实现了对著作权人权利的分散化管理。这些管理系统逐步形成了一种新的商业模式，开拓着新的市场。以音乐作品为例，它的分散式结构管理可以实现单曲的销售而非传统商业模式下仅仅专辑的销售，有数据也显示单曲下载的收入约占整个数字音乐总收入的30%，是推动音乐市场发展的决定性因素之一。② 显然，创新的商业模式获得了新的盈利，也使得著作权人积极探索著作权产业在网络环境下发展的新模式，推动网络环境下著作权产业的发展，最终促进数字时代文化的发展和社会的进步。显然，这是著作权技术保护措施对社会所带来的正效益，当然这很大程度上得益于法律上对著作权技术保护措施的法律保护，没有法律上对技术保护措施法律地位的认可，数字权利管理系统会因不受限制的技术规避而变得形同虚设。

3.2.2 著作权技术保护措施对信息安全保护成本的影响

对于著作权技术保护措施而言，为促进网络环境下作品的传

---

① 张今，卢亮．版权保护、数字权利管理与商业模式创新[J]．学术交流，2009(8)：52.

② 张今、卢亮．版权保护、数字权利管理与商业模式创新[J]．学术交流，2009(8)：52.

播，保护著作权人数字时代权益的享有，法律对著作权技术保护措施的保护，限制了对著作权技术保护措施的规避，有效保护了著作权人权益。但按照现行法律制度，未经许可和法律规定对技术保护措施的规避只要不属于反规避条款的例外，即被认为构成对著作权人的侵权。显然，这样的规定扩大了著作权人权利行使的方式，使著作权人在数字环境下获得较传统环境下更高的垄断利益，但立法上对著作权技术保护措施有效性原则规定以及列举式例外，并没有使著作权人负担等价的义务，这显然不符合经济学上成本收益原理，是不合理的。实践显示：不当著作权技术保护措施的采取将对公民、法人和其他社会主体，社会秩序和公共利益以及国家安全带来威胁，即影响使用者正常工作的开展，导致业务能力下降，造成社会不良影响，损害公共安全，甚至危及国家关键基础实施安全。因此，一旦著作权人所采取技术保护措施产生安全威胁，涉及个人、组织、政府、社会公众和国家信息安全时，信息安全保护成本增加，这种负效应的出现破坏了著作权人自身权利义务的一致性、也破坏了著作权人与其他利益主体以及与社会公共利益之间的利益平衡。具体而言：

1）政府防范信息安全风险成本增加

对于著作权技术保护措施所造成的安全风险，单纯依靠著作权人自身通过发布补丁和更新程序，升级技术保护措施，依靠使用者提高防范的级别和防护措施，或者不断发展的安全技术产品，都不足以完全防范这些风险。按照信息网络系统安全保护的逻辑层次而言（图 3-3），信息安全的保障需要物理技术、法律制度、规范、纪律、道德以及人的因素的综合保障。于是政府将不得不通过制定或完善相应的法律制度和规范来防范著作权技术保护安全风险，打击侵权犯罪行为，并采取措施加强对安全风险的监管和监控，以及通过加强信息安全文化建设以提升使用者安全意识等措施来达到维护信息安全的目的。显然，政府这些措施的采取实际上增加了政府信息安全保护的投入（人力、物力、财力方面的投入），节约了著作权人本应承担的安全成本。因此，对著作权人而言应当为此承担相应的责任才能与社会为维护其利益而投入的成本相平衡，使个人收益与社会收益之间达到平衡。

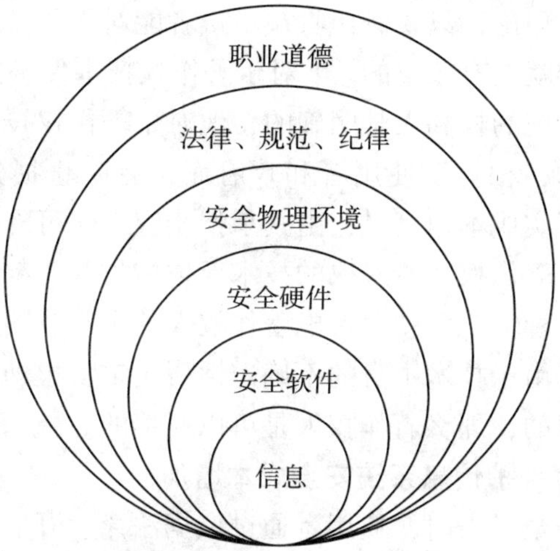

图 3-3 信息网络安全保护的逻辑层次①

由于现实社会中交易成本的存在，因此纯粹的帕累托效率最优均衡是一种理想的模式，是难以实现的。与此不同，Kaldor-Hicks 效益理论，也即著名的 Kaldor-Hicks 标准，作为对帕累托效率最优理论的扩展则更为实用。该理论以假想补偿理论提出：如果一种状态下一种变革使得受益者足以补偿受损者的损失，那么社会整体福利就是增加的，如果一种状态下已经没有改进的余地，那么就达到了 Kaldor-Hicks 效率。这一学说被认为核心内容有三层："①一个人或一家企业，面对可能发生的损害，是否投入资金去防止这种可能的发生，是由投入与产出的比例关系所决定的，只有在防止的损失大于其所支出时，他才会进行投入，也才可以称之为一种有效的投入；②在若干个相关人中间，其中一人对损失发生的防止拥有独特的技能，这种防止损失发生的责任应当由他来承担；③在若干个技能相当的关系人中间，谁处在防止损失最有利的位置，或者说谁

① 马民虎. 网络安全法律问题及对策研究[M]. 西安：陕西科学技术出版社，2007：32.

可以以最小的代价去防止损失的发生，谁就应当承担起防止这一损失发生的责任”。①

依据这一理论，只要法律收益获得者能对受损者给予补偿，最终的法律安排就是有效率的。② 对于著作权技术保护措施而言，采取技术保护措施的权利人是明确的，他对于著作权技术保护措施的功效是熟悉的，相对于使用者和政府而言有防止损失的能力，因此，从法律事实成本角度讲，由其承担相应责任可降低这种风险的产生。当然，著作权人所采取的技术保护措施并非都是由著作权人所开发，在这种情况下就要考虑著作权人的主观意图，若技术保护措施的不当是由于技术本身的不确定性所决定，也即著作权人主观上是没有故意的，那么著作权人是可以免责的。

2)使用者维护信息系统安全成本增加

当发生安全攻击时，使用者通过依据法律、开展谈判以及完善安全风险控制措施等方式维护自身权益。网络环境下，面对著作权技术保护措施带来的信息安全风险和威胁，使用者必须加强安全意识，采取相应的安全硬件、软件，完善物理环境和安全管理制度以防范安全攻击。在这一过程中，使用者需要为此支付较传统环境下更大的安全成本：首先，对于受法律保护的著作权技术保护措施，使用者内部缺乏相应的控制机制，不懂得如何规避技术保护措施所带来的各种安全风险；其次，著作权技术保护措施缺乏透明度以及相应安全风险反馈机制规范，导致使用者无法对著作权技术保护措施产生的信息安全风险作出明智选择。当著作权技术保护措施在网络环境下被广泛应用，使用者面临的信息安全风险将增加，安全风险的防护亦成为使用者安全防范的对象之一，这必然增加使用者维护信息安全的成本。

技术保护措施纳入著作权法对成本收益均衡理论带来挑战，需要采取相应措施矫正这种负外部性，使法律的选择、运行和资源配

① FH Buckly. Corporations-Principles and Policies[M]. 3rd.. Toronto: E. Montgomery, 1995: 17- 35.

② 曲振涛．法经济学[M]. 北京：中国发展出版社，2005：19.

置的进化符合成本收益均衡理论。按照经济学家的观点，解决负外部性的最直接的方法是将其内部化，即由产生负外部性影响的一方承担不利影响和损失的后果。现行著作权法律制度对著作权技术保护措施威胁信息安全产生的负面影响规制不足显示出著作权技术保护措施负外部性未能得到有效矫正。因此，通过法律制度对著作权技术保护措施的直接管制，规范著作权人技术保护措施的采取，要求其承担安全遵从义务及损害的相应责任，将增加著作权人采取技术保护措施的安全维护成本，从而使著作权人多负担的成本和收益相一致，这将有助于"实现社会资源的有效配置和利用，从而使社会效益达到最大化"。①

3.3　权益冲突与利益均衡解读

知识产权制度是以推动激励智力创造为价值的。按照激励理论观点，"如果禁止未经授权使用他人知识产权，创造一定价值的知识产权的积极性将会高很多"。② 若不通过具体的制度确保当事人权利的取得及行使，并保障其权益的实现，那么作为知识产权资源的创造人将失去创新的动力。为此，为进一步推动和激励智力创造，从而服务于消费者和社会整体利益，就成为知识产权制度的主要宗旨之一。在现代科技革命导致经济迅猛发展的国际背景下，充分开发和利用知识资源，无疑成为经济增长方式转变的首要途径。知识产权制度作为一种创新激励机制，通过授予创造人特许的垄断权利，使其可以在法律规定的时间段内。利用自己拥有的知识产权获得一定的经济利益，并最终通过知识产权赋权的让渡实现社会公共领域中的科技进步和文化发展。无论是著作权制度保护范围不断扩展、著作权权项增加，亦或是认可了新的技术保护措施作用，它

① ［美］威廉·M. 兰德斯、理查德·A. 波斯纳．知识产权法的经济结构［M］．金海军译．北京：北京大学出版社，2005：190.

② 美国加州大学、美国斯坦福大学法学院．国际知识产权法律制度［M］．北京：中央广播电视大学出版社，1998：4.

激励智力创造的核心理念并没有改变，仍在致力于促进文学、艺术和科学领域的创新发展，并最终促进经济和社会文化的发展。与此同时，利益平衡①是知识产权制度的另一重要原则，即"每一方都同时达到最大目标而趋于持久存在的相互作用形式"，从而实现社会效用的最大化，全社会达到最适度状态。② 当权益冲突产生时，为实现资源的有效配置，需要基于均衡视角，解读和反思著作权技术保护措施的信息安全风险产生对利益平衡机制的影响。

3.3.1 权益冲突的表现形式

法律制度对著作权技术保护措施的法律保护是为了维护著作权人的私权益。然而，当著作权人所采取的技术保护措施由于其后门或者漏洞而导致使用者的隐私、公共利益和社会秩序，乃至国家安全受到威胁时，保护知识产权与保障信息安全间的矛盾出现。政府对社会的监控管理行为能够控制使用信息资源的人或实体的使用方式，对访问信息资源的人或实体的使用方式进行有效的控制，是信息安全的必然要求。然而，网络时代所面临的安全问题不是单一的静态模式，而是个人、社会和国家安全问题的综合性体现。因此，面临著作权技术带来的信息安全问题，就必然需要国家公权力的介入以控制著作权技术保护措施的合理应用，从而协调保护著作权与保障信息安全之间的矛盾。信息安全保障强调通过消除信息化威胁因素，实现维护社会公共利益的目的，保护著作权与保障消费者知情权、隐私权；保护著作权产业发展与社会公共利益；维护自由与维护社会秩序和正义价值间发生冲突。私权益与公权益之间的冲突成为必然面临的问题，信息安全的保障并非以牺牲个人利益为前提，而是应当在维护社会利益的同时兼顾合理的个人利益，并不会基于支持知识产权而损害公共利益，亦不会基于公共利益而损害知识产权，两者之间的冲突是可以有效解决的。

---

① 法律制度以利益平衡表达均衡的概念。

② 钱弘道．跨越法律和经济[M]．法律出版社，2003：13.

1)保护著作权与保障消费者权

著作权人声称技术措施法律保护在保护他们财产利益方面是必要的，而用户发现面对著作权技术保护措施的软件缺陷以及隐私侵入行为，他们缺乏有效的保障。于是，新的利益冲突产生。国外学者指出：著作权法赋予作者以独占权，旨在鼓励作者创作，并加以流传散布；另一方面，限制著作权，以使社会大众适当地接触、使用前人的著作，加值开发，提升学习、创作水平。① 著作权是以智力创作成果为保护客体，保障思想的表达形式，通过赋予合法的垄断权实现权利主体对其智力创作成果享有独占的、排他的利用。它的保护内容既有人格利益相关的人身权利，如署名权等，同时保护对其经济利益享有财产权利，如复制权、传播权、发行权等。著作权在法律属性上属于私权，它是需要创造的一种资源，因此法律制度通过提供合理的保障机制，激励创造，保障私人之财产权利益，但同时需要兼顾知识的传播以及社会公众对作品的使用利益，于是著作权制度通过利益平衡机制有效地促进了资源的优化配置。因此，著作权法律制度是以激励创新与利益平衡为核心价值目标的。

信息技术和互联网的发展创新了作品传播方式，为社会提供了巨大的利益，也为著作权人保护其私有权利带来了新的挑战。著作权技术保护措施在对著作权产品提供技术保护的同时也形成了数字时代著作权作品传播的商业模式，著作权人已经认识到技术保护措施是现阶段有效控制盗版与开拓新的著作权交易商业模式的手段之一。为保障数字时代著作权人权利的享有，进一步激励文化的创新发展，法律制度通过立法阻止规避行为、提供规避装置与技术的行为(协助行为)，认可了著作权人私力救济的技术保护措施法律地位。这使得采取技术保护措施保护著作权作品已成为数字时代著作权人的有效选择，也使得著作权人所采取的有效的技术保护措施具有了正当性。

国际消费联盟 20 世纪 60 年代确定消费者可享有“安全保障

① 蔡惠如．著作权之未来发展——论合理使用之价值创新[M]．台湾元照出版公司，2007：289.

权”、“知悉真情权”、“自主选择权”、“公平交易权”、“依法求偿权”、“求救获知权”、“依法结社权”、“维护尊严权”、“监督批评权”。我国《消费者权益保护法》第二章规定的消费者权利包含安全保障、知悉真情、获得赔偿、控告、自主选择等方面的权利。使用者是著作权技术保护措施的消费者，即技术保护措施的有偿使用者。作为消费者，他们在接触和访问包含技术保护措施的作品时，应当享有消费者权益保护法所赋予的权利。当他们在有偿获得此种商品或者服务时，即访问和使用内涵技术保护措施作品时，应享有对技术保护措施应用的知情权，使用者信息系统和信息内容的安全保障权，获得赔偿、控告和自主选择权，这符合消费者权益保护法的价值目标、立法目的。除此以外，随着电子商务和网络的发展，消费者个人信息被不合理地收集、不当的泄露和非法营利性地利用，消费者隐私安全频繁被侵犯。有消息显示，美国亚马逊公司(Amazon)为保护自己网站信息内容也采取了技术保护措施，但是Amazon 在没有任何通知或信息的情况下曾经关闭一个挪威人 Linn 的账号，随后该账号和 Linn 的全部信息被删除。而这一行为显然已经直接损害了消费者的合法权益。

据全国人大修订的 2014 年 3 月 15 日正式实施的《消费者权益保护法》内容显示，明确规定消费者隐私权等个人信息应获得保护，而且修订的法案针对经营者非法搜集、使用消费者个人信息行为进行了限定，要求予以明示收集、使用的目的、方式和范围，并获得消费者的同意。而信息的收集者应当采取有效的技术措施确保收集到的个人信息的安全。因此，当使用者作为著作权技术保护措施的有偿使用者时，提交的诸如个人身份证信息、家庭成员情况、电子账号等信息或者存储于信息系统的其他个人隐私信息应当享有安全保障的权利，知情隐私收集和利用的权利、自主选择或者支配其隐私的权利和隐私被侵犯救济的权利。技术保护措施被著作权人嵌入受保护的作品中，并成为网络系统中节点的组成部分，当使用者访问和利用包含著作权技术保护措施的产品时，著作权技术保护措施功能展开。当受法律保护的著作权技术保护措施因此而威胁使用者的信息系统功能和信息内容时，使用者安全保障权、知情权、隐私权以及数据不被非法窃取的权利等受到威胁。于是，在访问和使用内涵著作权技术保护措施的产品时，著作权技术保护措施对信息系统功能和信息内容的安全威胁使得保护著作权与保障使用者权益间产生冲突。

随着网络和数字技术的广泛普及，面对著作权技术保护措施产生的信息安全风险，两者之间的冲突将进一步加剧。然而，著作权技术保护措施法律制度的法律规定基于对著作权人利益的保护，对著作权技术保护措施的限制规定无法有效满足使用者对信息安全的诉求。立法不能因为保护著作权而放弃信息安全的维护，而应确保著作权技术保护措施应用中使用者的安全保障权、知情权、隐私权、自主选择权和控告赔偿权等方面权利的实现。

2)著作权产业发展与社会公共利益

网络环境下广泛关注著作权技术保护措施促进著作权产业发展同时，一些著作权技术保护措施的采取所造成的潜在和实际损害使使用者信息安全暴露于攻击之下，权利人名誉受损，这直接影响产业发展，也使促进产业发展与社会公共利益间的冲突凸现。

对于何为利益，学者边沁在《道德立法与立法原理导论》中认为“利益不属于任何更广泛的逻辑种类的词汇之一，无法以通常的方式来定义”。① 个人利益指基于个人生活而提出的人格利益(生命权、健康权、名誉权、隐私权等)、家庭关系方面的利益(夫妻关系、子女与父母关系)和物质利益(主要指经济利益)等；社会公共利益是从社会生活角度出发，以维护社会秩序、社会正常生活的名义而提出的主张、要求和愿望。② 通常认为社会公共利益真实存在于个人利益之中，是个人利益的有机综合，是个人利益中普遍合理利益的生成和延续，③ 它的实现离不开个人利益的实现。目前，

---

① [英]边沁·时殷弘译．道德与立法原理导论[M]．北京：商务印书馆，2000：58.

② [美]罗斯科·庞德．通过法律的社会控制[M]．沈宗灵译．北京：商务印书馆，2010：37-41.

③ 杨通进．爱尔维修与霍尔巴赫论个人利益与社会利益[J]．中国青年政治学院学报，1998(4)：65-67.

国内外并未就社会公共利益概念达成统一共识，它的界限在于在分配和行使个人权利时绝不可超越的外部界限，即赋予个人权利以实质性的范围本身为地域范围。① 因此，社会公共利益应是指公众的或与公众相关的利益，是以大多数的、不确定的收益人为确定标准的。②

按照2010年修订的《著作权法》第四条的规定，著作权人权利的行使，不得损害公共利益。随着数字网络时代的到来，著作权技术保护措施尤其是以技术保护措施为基础的数字权利管理系统通过应用加密等技术保护措施阻止内容的非法使用，并通过开放性控制模式针对不同使用者不同的使用需求设置不同的授权使用模式实现对数字著作权的管理。著作权技术保护措施可以实现授权内容的随时变更、授权有效性的控制、设置浏览的限制、搭建不同的消费模式和支付方式等不同的功能。实践显示，随着著作权技术保护措施的不断发展，催生了著作权产业发展的一种新的商业赢利模式，这在一定程度上保障了数字网络环境下著作权人的利益和文学、艺术和科学领域数字作品的传播和发展，扩张了著作权产业的发展。著作权技术保护措施制度设定的初衷是期望通过有效保护著作权人利益而达到加速累积社会文化资产的目的，因为只有平衡的著作权保护才能确保科学进步和有用的艺术创新。

然而，一些著作权人为达到维护自身利益的目的，除利用设置后门方式或者部署隐私监控侵害使用者隐私和数据安全外，还将著作权技术保护措施设计为带有制裁性质的功能。值得注意的是，由于信息技术设施分布式本质使整个网络安全部分涉及成千上万的私人、组织计算机，因此，具有这种功能的著作权技术保护措施一旦威胁信息安全，除妨碍对作品的使用外，可直接导致对不特定使用者信息系统的影响，进而妨碍整个社会公共利益，故这种著作权技术保护措施对信息安全威胁的损害并不是单一的。轰动一时的微软

---

① ［美］E·博登海默著，邓正来译．法理学：法律哲学与法律方法［M］．北京：中国政法大学出版社，1999：317.

② 杨临宏．试论社会公共利益［J］．法学，2004(10)：18.

“黑屏”计划即反映了这一问题。为防范这些风险的产生，政府相关部门必然通过监管、监控途径使得危及信息安全的行为处于政府可控范畴之内。这样，基于私力救济的技术措施与信息安全可控的特性即产生矛盾。

近年来，新兴技术产业发展过程中著作权人利益与社会利益之间矛盾已凸显。例如，以华为、中兴为代表的国内新兴产业在进军海外市场时就频频遭遇国家安全壁垒。美国有议员认为这些企业产品可能“导致美国通讯网络中的转换器、路由器、内置软件等受到操控，使得通讯受到干扰或路由被蓄意改变，将威胁国家安全”①，最终阻碍相应产品进入北美等海外市场。信息安全问题已成为国内新兴技术产业多次开展海外市场的主要障碍之一，而这种安全壁垒已限制了国内新技术产业发展。

通过著作权技术保护措施保护著作权具有合理性，但是当这一措施不仅侵犯了使用者对计算机的使用权，而且侵害到社会公共利益，直接危害社会公共秩序时，它已超出了著作权保护的必要界限而演变为一种报复和惩罚盗版使用者的手段，这显然与“任何人不得自任法官”的法律理念相悖。② 正如美国著名学者 Randal C. Picker 所言，“著作权法虽然重要，但在某种程度上，保护著作权的动机必须让位于其它社会利益。”③当然，信息安全所要求的安全并非绝对安全，也不会因此而阻止发展，因为在“个人生活和社会中，一味强调安全，只会导致停滞，最终还会导致衰败”。④ 这就需要将著作权技术保护措施的应用限制在合理的限度以协调著作

① 蔡木子．美国议员要求设安全壁垒　华为、中兴出海之路遇阻[EB/OL]．[2010-10-21] http：//www. nbd. com. cn/newshtml/20101021/20101021012522752. html.

② 周学敏．版权法上技术措施的滥用与对策[D]．成都，西南政法大学，2008.

③ RC Picker. Copyright as Entry Policy：the Case of Digital Distribution[J]. Antitrust Bull，2002，147：423.

④ [美]E. 博登海默著，邓正来译．法理学：法律哲学与法律方法[M]．北京：中国政法大学出版社，1999：294-295.

权人私人利益与社会公共利益间的冲突，寻求促进产业发展和社会公共利益间的适当平衡。

3)产权保护与信息安全的价值目标冲突

“价值是社会文化活动的产物和结果，表现一定的特殊社会关系，体现人本质力量，并形成于人类认识和改造世界过程中，反映一种客体满足主体需要特殊效用关系，体现主体的客体化以及客体的主体统一；进而表明客观对象是能够满足社会主体需要的，并且能服务主体利益的性能和属性”。① 鉴于现实生活的复杂性，法律制度所要调整的社会关系也是复杂的，法律通过对权利义务的确认和分配、产权的明细、责任的界定等方式来实现对社会有限资源的有效分配，以此维护社会各主体利益以及社会秩序。在这一过程中，由于不同法律面临不同的社会关系，而不同社会关系之间资源占有不同，利益确认和分配也就不同，体现出来的结果就显示不同的法律制度在调整特定法律关系时所要实现的价值目的是不同的，这就形成了不同的价值目标。当代中国法律价值目的亦在通过引导、规范，推进社会市场经济的健康、有序、和谐发展，保障权利人的合法权利，促进社会财富积累、经济的发展。

《与贸易有关的知识产权协定》(Trips 协定)在序言中明确提及“知识产权是私权”，因此而确认了知识产权的私权属性。我国将知识产权规定在《民法通则》“民事权利”中，从而确认了其私权的属性。作为私权，知识产权的权利主体对其智力创作成果享有独占的、排他的利用。事实证明，知识产权产品是具有经济价值的，故决定了权利人应当就其经济利益享有财产权利。但是由于这种法律赋予的合法垄断权若不能加以适度限制将可能导致对权利的滥用。当著作权人面临数字作品内容在网络环境被大肆侵权的现象时，技术保护措施的采取成为著作权人保障自身合法权益的重要途径。然而面临破解和规避著作权技术保护措施行为，著作权人为保护其权益所设定的技术保护措施就形同虚设，于是新的数字传播媒介下著

① [美]E. 博登海默著，邓正来译．法理学：法律哲学与法律方法[M]．北京：中国政法大学出版社，2004：78.

作权人的合法权益无法获得有效保护。为了使著作权人的合法权益得到合理保障，立法上保护著作权人及其相关权利主体采取的技术保护措施，阻止未经许可对作品的接触和利用，以实现对著作权利益的维护，以及法律制度所追求的效率和公平价值。

著作权技术保护措施的法律保护以保护著作权为核心，权利人因此而享有了采取技术保护措施的自由。“自由感驱使人类去从事那些旨在发展其能力和促进其个人幸福的有目的的活动”，因此自由是每个人据其人性所拥有的一项唯一的和原始的权利。① 虽如此，但是并没有绝对的自由存在，事实证明，如果不对其进行相应的限制，自由则容易被任意滥用，而滥用的自由将会对他人利益和社会利益带来危害。当自由采取的著作权技术保护措施限制了其他著作权作品使用者自由表达权利的行使，侵犯使用者的隐私权，危及使用者信息系统功能和信息内容安全，导致社会秩序、公共利益和国家安全面临安全风险时，自由、效益与安全、秩序等这些公共目标价值的实现将受到冲击，而这些公共目标正是信息安全所要达到的普遍目标。

有学者认为，法律视野中的安全“是主体对现有利益所存的能够持久、稳定、完整存在的心理期盼。法律具有满足人、社会或国家的这种心理期盼，所以，法律具有安全价值”。② 由此而言，安全是一种价值，体现人类追求生命、财产、名誉不被非法侵犯，体现的是一种实质性的价值。秩序无论在自然界还是人类生活中都起着极为重要的作用，按照博登海默的观点，秩序是指“自然进程和社会进程中存在的某种程度上的一致性、连续性和确定性”。③ 对于秩序价值的追求在于确立有序的社会生活模式、稳定的可实现的社会关系、持续进步的经济社会、可规范性的人类行为以及人类人

① [美]E. 博登海默著，邓正来译．法理学：法律哲学与法律方法[M]．北京：中国政法大学出版社，2004：299，原载于 The Metaphysical Elements of Justice，transl. J. Ladd(Indianapolis，1965)，pp. 43-44.

② 杨震．法律价值哲学导论[M]．中国社会科学出版社，2004：219.

③ [美]E. 博登海默著，邓正来译．法理学：法律哲学与法律方法[M]．北京：中国政法大学出版社，2004：228.

身、财产的安全保障。面对人类社会普遍存在着的无规律现象，自然需要相应法律调控机制满足社会主体的秩序需求。一个完全无视或根本忽视基本价值任何一个价值或多个价值的社会秩序，不能被认为是一种真正的法律秩序。①

著作权技术保护措施的法律保护确认了权利人采取技术保护措施保护其作品的自由，但当著作权技术保护措施对信息安全的威胁凸现时，秩序价值、安全价值以及公平与正义价值的被突出。不同的价值目标取向反映了著作权技术保护措施与信息安全背后不同的利益需求，著作权技术保护措施旨在维护著作权人的利益，而信息安全不仅关注著作权人利益，更强调对社会公共利益的维护，这决定了著作权技术保护措施与信息安全间的冲突时。因此，当面临创新与安全间的权益冲突时，需要通过法律制度协调不同价值取向以及利益需求，实现自由、效益与安全价值目标的统一，这样才能实现社会资源的有效配置，毕竟“相比较‘二者取其一’的方法，妥协与相互调整形式是更为可取”②，这正符合了庞德所追求的“最小限度降低牺牲和摩擦，一些利益需要尽可能地满足”③利益冲突解决方法。

“法在现代国家中不仅表现和适应总的经济状况，同时必须表现内部的和谐一致。”④因此，在追求效率过程和效益⑤结果时，著作权技术保护措施法律制度并不能一味保障知识产权人利益而忽视

① [美]E. 博登海默著，邓正来译. 法理学：法律哲学与法律方法[M]. 北京：中国政法大学出版社，2004：6.

② [美]E·博登海默著，邓正来译. 法理学：法律哲学与法律方法[M]. 北京：中国政法大学出版社，1999：400.

③ [美]E·博登海默著，邓正来译. 法理学：法律哲学与法律方法[M]. 北京：中国政法大学出版社，1999：401.

④ 恩格斯. 恩格斯致康·施密特(10月27日)[M]//《马克思恩格斯选集》第4卷. 北京：人民出版社，第2版，1995：702.

⑤ 法学界通常并不区分效益和效率概念，而经济学上常见的用法是效率，有学者认为效率强调资源的有效配置，强调过程价值，而效益强调结果价值。曲振涛. 法经济学[M]. 北京：中国发展出版社，2005：19.

其他相关利益主体以及社会公共利益的需求，还需要满足公正的价值目标。若一味追求经济价值，人类基本道德价值丧失，结果可能破坏自然的生态平衡，破坏人与人、人与自然的协调与平衡。这对于推动社会的可持续的、和谐发展显然是不利的。

3.3.2 利益均衡解读

“法律正义或公正内涵的界定需要资源使用及配置的相应效益评价。效益甚至可被直接用以度量某些行为的正义或公正”。① 著作权立法在不断发展过程中致力于实现各主体间的利益均衡，通过赋予智力创造者以合法垄断的产权，从而激励创新，推动创新成果对社会发展的积极作用，同时为避免这种垄断权利的消极作用，通过权利限制机制均衡权利享有者、其他利益主体、消费者及整个社会公共利益之间的关系。对于著作权制度而言，赋予智力创造者以产权，并不仅仅为保护个体人的利益，它最终目的是以此来推动整个国家的创新能力及核心竞争力的提高。但是，现行著作权技术保护措施的法律制度关注技术保护措施对著作权保护的效力，忽略了著作权技术保护措施的技术特性，以及其不断发展变化的事实。

1）著作权制度的利益均衡内涵

马克思认为人们奋斗所争取的一切都同他们的利益相关。② 利益渗入到所有社会关系中，是社会关系发生与变更的普遍动力，他们之间存在着各种冲突，这也成为社会矛盾和冲突的直接根源。③ 于是，通过协调和均衡各种利益成为解决冲突的重要途径，通过利益均衡的调节机制可实现不同利益主体在制度设计中符合公平与正义的价值。按照学者哈耶克的观点“良好的制度、利益共享的规则与原则，可以有效地引导人们最佳地运用其知识从而有效的引导有

① 理查德·A. 波斯纳．法律的经济分析[M]．台湾：商务印书馆，1987：18.

② 中共中央马克思恩格斯列宁斯大林著作编译局．马克思恩格斯全集[M]．第1卷．北京：人民出版社，1956：82.

③ 冯晓青．知识产权法利益平衡理论[M]．北京：中国政法大学出版社，2006：20.

益于社会的目标的实现”。①因此，利益均衡成为法律制度调节机制中的重要原则。同样，在知识产权制度中，利益均衡是知识产权制度的基本原则，核心内容是协调创造者的合法权益保护、作品的广泛传播以及公众的合理使用间的利益关系。②

对于著作权制度而言，按照《著作权法》第 1 条的规定，著作权法目的是为了保护那些智力创造作品者享有的专有权、鼓励作品的创作和传播、社会文化和科学事业的发展。除通过赋予创作者著作权以激励创新之外，利益均衡同样是著作权制度的基本精神。著作权利益均衡主要是指著作权人权利义务的均衡；创作者、传播者、使用者三者之间的均衡；公共利益和个人利益的均衡。③ 具体主要体现在对创造者从事创造的激励和对作品传播激励的均衡，激励创造者创造与使用者对作品的需求和使用间的均衡，著作专有权与促进知识的学习、文化和科学进步、公众对作品的接触和合理使用的利益间的均衡，即实现著作权创造者、传播者和使用者之间的均衡，实现个人利益与社会公共利益间的均衡。美国 19 世纪判例指出，著作权法制定的主要目的首先是为了公众的利益，而非作者的利益。④ 因此，著作权立法活动需要考虑著作权人利益、作品传播者利益以及公共利益，为了实现著作权法上述目的就需要有效的利益均衡机制。由此看来，著作权制度中的公共利益范畴主要指是公众接近、学习文学、艺术和科学领域知识和信息的接近与自由流动，实现作品的创作和传播、社会文化和科学事业的发展。使用者个人利益主要指合理接触和使用受保护作品的权益。传播者利益主要是对创造作品进行传播过程中享有的权益，即对作品的出版、表

---

① 李静．论经济法的适度干预原则[J]．探索，2002(1)：138. 原载于 Harolk. The Road to Seifdom[M]．London，1994.

② 吴汉东．知识产权基本问题研究[M]．北京：中国人民大学出版社，2005：107.

③ 吴汉东．著作权合理使用制度研究[M]．北京：中国政法大学出版社，1996：13.

④ 冯晓青．知识产权法利益平衡理论[M]．北京：中国政法大学出版社，2006：318.

演、录音录像、播放而应享有的权利和利益的保护。

2) 利益均衡内涵的重新解读

(1) 利益均衡调整的必要

“法的功能在于调节、调和与调解各种错杂和冲突的利益，以便使各种利益中大部分或我们文化中最重要的利益得到满足，而使其他的利益最少的牺牲。”①事实证明：著作权技术保护措施所引起的伤害不限于它的个人使用者，也涉及非赢利的组织和政府，它们都有可能因此而遭受大规模的数据漏洞，甚至引入个人计算机的不安全可以导致整个网络安全漏洞。信息安全的保障并不能单纯依靠安全技术的不断创新，它需要完整的保障体系，其中法律制度的保障是形成安全保障体系的重要组成部分。

为规制著作权技术保护措施对信息安全冲击的负面影响，权衡利弊，阻止其消极作用，就需要对现有法律规范作出相应调整。而均衡各主体之间的利益，实现社会福利最大化和专有权人利益最大化的均衡是实现对著作权技术保护措施信息安全风险预防与控制的重要途径。这需要将著作权技术保护措施应用限定在一个合理范围内，如果超过这一限度，就必然会侵犯他人权利，从而打破社会各相关主体之间的均衡和协调。图 3-4 表示了著作权技术保护措施应用的最优合理限度，其中横轴表示权利人对著作权技术保护措施专有性，纵轴表示成本收益，*MC* 表示著作权技术保护措施权利人的边际成本，*MR* 表示其边际收益，*DD* 为社会对著作权技术保护措施的合理需求曲线。按照边际收益等于边际成本实现社会福利最大化的经济学原理，*t* 点表示了实现社会净收益最大化的最优点。

基于维护著作权人在数字环境下作品传播的合法权益，著作权法律制度反规避条款的规定保护有效的技术保护措施，禁止未经许可和法律规定对技术保护措施的规避和破解，使著作权人或相关主体可通过采取技术保护措施阻止他人对作品的接触和使用，加强了著作权人对其数字作品的控制力，从根本上强化了著作权人的专有

① [美]罗斯科·庞德. 通过法律的社会控制 法律的任务[M]. 沈宗灵、董世忠译，商务印书馆，1984：42.

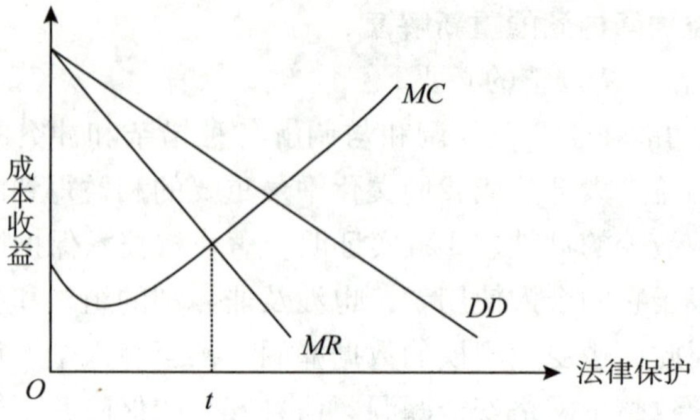

图 3-4 著作权技术保护措施应用的最优合理限度

垄断权。为防止权利人对该权利的滥用、超越合理限度，损害交易和竞争秩序，侵犯使用者信息安全，应将著作权技术保护措施应用限定在合理范围之内。目前，t 点的实现主要通过对反规避的限制和例外规定，但是面对著作权技术保护措施对信息安全的冲击，现行法律制度的这一规定是不足的。为此，为确保边际成本和边际收益的一致性，即 t 点的实现，需进一步完善利益均衡机制，反规避条款的限制和例外规定，以满足信息安全遵从的诉求。

(2)利益均衡的新内涵

著作权技术保护措施在数字环境下的广泛应用加强了著作权人对其数字作品的保护力，也在社会发展中产生了新的社会关系，即著作权技术保护措施创造者与操作者；著作权技术保护措施采取者与使用者；著作权技术保护措施权利人与管理者。而当著作权技术保护措施应用威胁信息安全时，使用者信息安全保障将涉及与信息安全管理者之间的利益关系。著作权技术保护措施反规避的条款的规定被认为会影响使用者的自由表达、合理使用、安全研究等方面权益，因此传统著作权领域的利益均衡受到威胁。从效用理论角度讲，为了实现社会福利最大化，著作权不仅要考虑作者的利益，同时也要考虑使用者和消费者的利益。① 当著作权技术保护措施的应

① 冯晓青．论著作权法与公共利益[J]．法学论坛，2004(3)：46.

用威胁使用者信息系统功能和信息内容安全，损害个人、组织信息安全，威胁社会秩序和公共安全时，著作权技术保护措施应用已引发了不同利益主体间权益的新冲突。这些冲突具体表现为：著作权人权益与使用者隐私权的冲突；著作权技术保护措施应用与使用者知情权间的冲突；著作权与社会公众对作品合理接触使用的权益；著作权与使用者信息系统功能和信息内容安全间的冲突；不同著作权人间的利益冲突；著作权与信息安全管理者间的冲突等等方面。至此，现有著作权技术保护措施的利益平衡机制受到挑战。面对这些冲突和挑战，现行著作权技术保护措施法律规范的控制力是不足的，因此，利益均衡机制的内涵需要重新解读方能满足数字网络环境下著作权制度动态利益均衡的需求。

比较传统环境下和数字网络环境下利益均衡的变化，信息安全保障需求已为立法上提出了调整利益均衡约束机制的新需求。如果著作权技术保护措施使用者的安全需求无法得到满足和保障，将直接影响公共利益中的安全保障需求，著作权技术保护措施涉及的各主体利益将无法均衡，法律制度所追求公平正义等价值目标将无法实现。著作权技术保护措施的法律保护产生了“接触控制权”，从而扩张了著作权人网络环境下对数字作品的控制力。然而，遵从信息安全需要扩张原有利益主体的内涵方能符合利益均衡机制的需求。这里涉及的信息安全主要是指著作权技术保护措施应用后使用者、传播者信息系统功能和信息内容安全，所造成的安全风险和威胁将涉及个人隐私和数据安全、法人和其他组织商业秘密等信息安全、社会公共安全和国家安全。这些内容在原有的利益均衡机制并不涉及。目前，著作权制度中个人利益范畴中并未包含个人隐私权和数据安全利益，公共利益也仅涉及公众对作品的接触和利用利益，并不涉及社会公众信息系统功能和信息内容安全的利益以及国家安全利益。但是，面对数字网络环境下著作权技术保护措施对信息安全的冲击，除个人隐私和数据安全，法人和其他社会组织信息安全，还涉及不特定主体信息系统功能和信息内容安全，若不能有效规范，将影响到整个社会秩序的稳定和安全。与此同时，当嵌入著作权技术保护措施的产品被应用于电力、金融、军事系统等国家关键基础设施部门，并于网络环境中广泛传播，或著作权技术保护措施的不当应用冲击信息安全时，将会直接威胁国家安全。因此，安全利益的保障有助于解决著作权技术保护措施的负外部性影响，确保著作权技术保护措施成本利益的匹配。

由此可见，著作权技术保护措施是科技与法律碰撞产生的产物，经过了权利人与社会公众利益间的博弈。① 鉴于数字网络环境下著作权技术保护措施产生的信息安全风险和威胁，著作权制度不仅应考虑激励创作和传播及著作权人权益的实现，还应考虑使用者信息安全权益、公共安全利益和国家安全利益的实现。当我们基于安全保障需要而提出对著作权技术保护措施的规制时，应着力于协调安全利益与发展利益，平衡创新和安全，正如庞德所言“要尽可能多的满足一些利益，同时使牺牲和摩擦降低到最小限度”。② 这需要引入新的理念，重新设计现有著作权技术保护措施法律制度，确立著作权技术保护措施信息安全遵从机制，解释和调整现有利益均衡机制，扩张现有著作权制度中个人利益与公共利益的范畴，使著作权技术保护措施权利人、使用者、传播者和管理者在面对数字网络环境下信息安全保障诉求中实现各自权益，确保著作权技术保护措施的合理使用。这也与知识产权制度“调整创造者行使专有权利与促进知识广泛传播的矛盾，协调创造者、传播者与使用者三者利益的关系”③的基本功能是相符的。

---

① 马利．版权技术措施的反思与完善——以“使用者权”为研究视角[J]．郑州大学学报(哲学社会科学版)，2012(3)：61.

② [美]E·博登海默著，邓正来译．法理学：法律哲学与法律方法[M]．北京：中国政法大学出版社，1999：401.

③ 吴汉东．知识产权基本问题研究[M]．北京：中国人民大学出版社，2005：107.

4 基于“信息安全风险预防与控制”理念的著作权技术保护措施法律制度之结构调整

网络社会是复杂、多变和不透明的，技术保护措施亦是发展变化的，著作权技术保护措施产生的信息安全风险以及由此引发的著作权保护与信息安全间的冲突使著作权法律制度原有的平衡机制受到挑战，也使现有法律制度与之相适应具有了不确定性。于是，如何能够形成稳定的权利义务关系，满足产业市场经济对行为预期，应对难以充分预测的信息安全风险的结构性变化，成为法律制度实施有计划的、合乎目的改革面临的真正困难。信息安全风险的预防与控制理念注重对风险的过程控制，充分考虑技术保护措施及其信息安全风险的结构变化。面对著作权技术保护措施产生的信息安全风险，引入此理念重新调整现行著作权技术保护措施法律制度，通过关系重组、过程调节等方式改变行为方式和权力结构，进而可形成新的著作权技术保护措施制度秩序，确保著作权技术保护措施的合理应用。

4.1 “信息安全风险预防与控制”理念的引入

所谓理念，源自希腊语 ideo，英文为 idea，1989 年版《辞海》对理念的解释为：看法，思想和思维活动的结果；观念，即思想。① 理念从哲学层面主要指思想的理念，康德将一些超越经验可

① 辞海编辑部．辞海[M]．上海辞书出版社，1989：1367.

能性的概念称为理性的理念，黑格尔将一种客观的理性或精神称为理念。① 文中所指的理念不只是精神层面的，而是一般层面的一种对待事物的看法、观点和信念，是一种可以与具体制度相结合的，并具有可实施性的观点。

系统论的观点认为，一切事物以系统的方式存在，因此可以系统的方法加以研究②，其中，控制论作为一般系统论的组成部分，强调基于信息和反馈概念控制系统。③ 著作权技术保护措施措施存在于知识产权中的著作权系统中，随着数字网络通信技术的发展，著作权技术保护措施又可称为网络系统、物理系统和控制系统中的组成部分。因此，基于信息安全视角对著作权技术保护措施法律规制的要求，需要以系统论视角，重视法律权利、义务、责任的一致性，确保著作权技术保护措施发展最大限度服务于社会各主体，实现著作权、技术保护措施以及信息安全间的协调。

4.1.1 “信息安全风险预防与控制”理念的内涵

“信息安全风险的预防与控制”理念是指通过及时发现产生的安全风险和隐患，实时确定和发布预警预案，确保信息安全危机状况的应对。在开放网络环境中，当著作权技术保护措施被广泛应用于信息、通信、控制等不同领域时，信息安全风险的负面影响扩散。现行立法建立在以结果控制为理念的基础上，基于信息安全事件的静态认识，偏重于“惩罚性”，忽视动态控制，无法满足安全风险预防与控制的动态需求，现行法律制度规范受到挑战。于此，创新著作权技术保护措施法律制度理念，构建以“预防与控制”为核心理念的过程控制型法律规范，实现“结果控制”向“过程控制”的

① 陈嘉明．知识观与现代性——一种基于康德、黑格尔哲学的探讨[J]．吉林大学社会科学学报，2005(3)：85-94.

② [美]贝塔朗菲．一般系统论——基础、发展和应用[M]．北京：清华大学出版社，1987：15.

③ [美]贝塔朗菲．一般系统论——基础、发展和应用[M]．北京：清华大学出版社，1987：19.

范式变革。①

面对动态的信息安全风险，保障信息安全的法律制度亦应实现对风险的动态控制，预防和控制著作权技术保护措施对信息安全的非授权破坏、泄露、修改和不可用的风险、威胁和损失。这就需要确立一套体系的规制措施，预防、阻止、检测、限制、纠正、恢复和监视安全事件，保障著作权技术保护措施应用下网络信息系统功能及信息内容的秘密性、完整性、可控性、可用性和不可抵赖性。同时，确立的法律规制措施可以长期规范信息安全风险治理行为，使风险治理过程有法可依。②

“信息安全风险的预防与控制”理念要求著作权技术保护措施法律制度的设计以防控著作权技术保护措施的信息安全风险为立足点，确立调整的具体对象和具体内容，形成对著作权技术保护措施应用过程的动态调整和规制的法律规范。因此，以“信息安全风险的预防与控制”理念重构著作权技术保护措施法律制度是指通过确立以预防、控制、惩治功能为核心的过程控制型法律规范(图 4-1)，对产生的信息安全风险进行预防与控制，以及对伤害结果的惩罚来避免、消除和降低风险。

4.1.2 “信息安全预防与控制理念”引入的必要

有分析指出，安全风险规制应是基于协同理论的综合治理模式，即应建立以“预防、控制安全风险与打击犯罪为特征的，以建立快速应急响应机制为核心、实施安全等级工程，调动社会网络安全服务机构力量协同监管为策略的”风险规制机制。③ 信息技术、网络通信等高新技术的发展已为必然，高度发达的技术在推动社会进步中发挥着不可替代的作用。这就要求法律制度对技术发展提供

① 马民虎，赵丽莉．论我国过程型信息安全立法确立[J]．情报理论与实践，2010(6)：33-36.

② 张成福，谢一帆．风险社会及其有效治理的战略[J]．中国人民大学学报，2009(6)：25-32.

③ 马民虎．网络安全法律问题及对策研究[M]．西安：陕西科学技术出版社，2007：26-28.

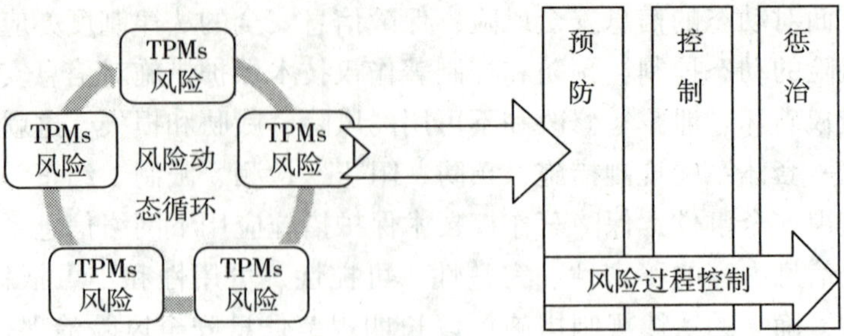

图 4-1　风险过程控制图

高标准的保护，但技术发展所带来的消极影响亦需要法律制度的规范，因为“现代国家，尤其是实行法治的国家，为达成施政目标，无不依赖具体的法律；发展科技，亦不能例外”①，毕竟具有强制力的法律制度依然是最有效控制技术发展不利影响的方式。数字网络环境下，著作权技术保护措施的采取成为阻止侵权、保护著作权人利益的重要路径。然而，实践案例也显示一些不当著作权技术保护措施已经从防御性的阻隔，成为对规避技术、甚至对使用者本身具有攻击性的装置，从而对信息系统功能和信息内容的秘密性、完整性和可用性产生威胁。

控制论的核心就是通过信息传递的控制，以及系统本身的调节实现系统的整体稳定性。② 然而，在信息传递和反馈过程中，存在大量不确定的风险因素，结果可阻碍控制系统稳定的目标。“安全是一个动态的过程，对安全问题的解决要有一个整体框架，并体现其动态性”。③ 而安全风险多样、多变、复杂、不可逆，且攻击后果难以预测，同样体现动态化特性。对于安全风险的防控不能等到

① 马汉宝．法律思想与社会变迁[M]．北京：清华大学出版社，2008：88.

② 王凤鸣．控制论与项目风险管理[J]．控制论与项目风险管理，2008(3)：57.

③ 张庆华．信息网络动态安全体系模型综述 [J]．计算机应用研究，2002(10)：5-7.

问题发生后再去调整，应对行为过程进行调整，因此，风险防控规制不能归结为“命令和控制”的行为指令或者设定特定的可衡量结果的统一规则类型。① 著作权技术保护措施不当应用产生的信息安全风险是动态性的，这需要实施对风险的预防与控制，实现对著作权技术保护措施应用的系统控制，以调整现有利益平衡机制，于是，引入基于控制论理论确立的“信息安全风险的预防与控制”理念成为必然。

4.1.3 “信息安全风险预防与控制”理念的功能

系统的内容显示，每个具体系统的内部结构一致性可决定系统自身的稳定性。信息安全风险的预防与控制理念重视对系统内容结构协调一致，为此，规范著作权技术保护措施安全风险的“预防与控制”理念主要体现风险预防、过程控制、危害惩治三方面的功能。

1)预防功能

来自德国的乌尔斯·金德霍伊泽尔法学教授提出：“传统刑罚的报复、特殊预防和威慑目标今天应退居幕后”。② 违法犯罪的原因是多方面的，不应当只追究一人责任，因此预防是第一位的。③ 因此，为确保著作权技术保护措施的安全运行，防范安全风险，法律制度的预防性功能是重要的。为此，应确立预防著作权技术保护措施安全风险的具体措施，具体而言：第一，应明确著作权技术保护措施受保护的条件，即有效性认定的标准。按照现有著作权法律

① DK Mulligan, AK Perzanowski. The Magnificence of the Disaster: Reconstructing the SONY BMG Rootkit Incident [J]. Berkeley Technology Law Journal, 2007(6): 1161-1162.

② [德]乌尔斯·金德霍伊泽尔. 安全刑法：风险社会的刑法危险[J]. 刘国良编译. 马克思主义与现实, 2005(3): 38-41.

③ 赵丽莉，黄道丽，马民虎. 网络物理系统(CPS)安全风险及保障机制研究[C]. Proceedings of International Conference of China Communication and Information Technology (ICCCIT2010), Scientific Research Publishing, 2010: 34-37.

制度，受保护的著作权技术保护措施是有效的技术措施，那么何为有效呢？这就需要在确立具体的标准从而将不具备有效性条件的技术保护措施排除在法律保护之外，这也是预防安全风险的有效路径；第二，应注重对安全入侵的检测，监控著作权技术保护措施运行的异常以及它对网络、计算机系统的攻击；第三，应预先实施对技术措施应用前的安全评估。评估功能是信息安全风险预防与控制的重要环节，核心在于通过现状分析、文档审阅、风险识别、漏洞扫描、数据分析、报告和简报等安全评估方法，识别信息安全风险的主要构成要素，发布安全风险评估结果，描述存在的威胁、漏洞、影响和可能性风险，以确保必要的安全控制。同时，根据评估结果决定取消项目、分配必要资源纠正与安全要求间的距离，或者接受知情的风险，并为采取相应的安全措施提供借鉴。① 按照我国2007年发布的《信息安全技术信息安全风险评估规范》规定对信息安全风险评估的定义，评估功能的实践主要应从风险管理角度出发，通过科学方法和手段运用，对信息系统功能及其内容面临的威胁及脆弱性进行系统分析，并评估安全事件发生后可能产生的危害程度，最终提出相应的预防和整改措施，从而防范和化解信息安全风险，保障信息安全。②

2)控制功能

安全被美国 Thomas J. Smedinghoff 认为是一种服务，而不是一种产品，对此，对安全的关注应注重过程，而非在具体措施上③，这要求确立有效的控制制度。控制功能在于控制事态进一步恶化，立足于“事中”的控制。具体而言：第一，实施著作权技术保护措施应用过程中的安全评估。评估是实现过程控制基础制度设计的重

---

① M Curphey, D Endler, W Hau, et. al. A Guide to Building Secure Web Applications [EB/OL]. [2009-12-10].http://www.cgisecurity.com/owasp/html/.

② 2007年中华人民共和国国家质量监督检验检疫总局、中国国家标准化管理委员会发布《信息安全技术信息安全风险评估规范》引言。

③ TJ Smedinghoff. Where We're Headed: New Developments and Trends in the Law of Information Security[J]. Privacy and Data Security Law Journal, 2007(1): 103-105.

要组成部分。信息系统和网络安全实践表明必须经常性、反复对信息系统进行安全评估，安全建设应和系统建设同步进行。为此，评估应贯穿著作权技术保护措施应用的整个过程，除应用前对著作权技术保护措施安全性实施的评估外，还应定期实施对著作权技术保护措施应用过程的评估行为。第二，应注重对著作权技术保护措施运行过程中的监测。通常，著作权技术保护措施在投入使用后，对它应用过程控制机制就是缺乏的，这不利于管理部门对其安全风险的实时控制。于是，通过监测可使安全监管部门和使用者掌握整体情况，了解薄弱环节，实时制定相应的解决机制，以保障紧急状态时的国家安全、社会稳定、使用者隐私和数据安全。同时，这一要求也可以作为信息安全监察部门的执法依据，作为网络使用单位进行产品选型、系统整改的准则。① 实时监测的功能的实现需要监管部门的主动协同，创新监管和监控模式，保障国家、社会、个人安全与利益。

3）惩治功能

惩治功能是结果控制型安全理念的核心，在信息安全风险的预防与控制理念下，惩治功能亦是法律威慑作用体现的基本保障之一。它是预防与控制理念中的组成部分。惩治的功能通过制止、制裁违法行为，以及惩治犯罪行为实现违法犯罪的预防与控制，从而使受害人权益得以维护，权利人权益得以保障，进而确保社会稳定与和谐。在著作权技术保护措施创新及产业应用中，著作权技术保护措施的不断升级换代，技术标准规范不统一，著作权技术保护措施兼容性、安全性、可靠性缺乏等固有的缺陷使其更易在运行中产生安全风险或者遭受来自恐怖主义、有组织犯罪团体，公司内部员工，甚至间谍的攻击和破坏。究其原因，内部员工可基于对著作权技术保护措施的了解以及享有的许可权，因此而借助著作权技术保护措施保护而从内部攻击信息系统，无论这个信息系统是否可能独立于公开网络；恐怖主义、有组织犯罪团体会利用著作权技术保护

① 马民虎，乔雅辉．信息系统安全等级评价法律模式研究［J］．中国人民公安大学学报，2003(5)：68-75.

措施漏洞而攻击信息系统进行勒索；黑客和间谍调查关注的重点在于将来的攻击技术，进而攻击别的国家的基础设施。

这些攻击行为的结果将可能使信息系统、关键基础设施、网络以及控制系统等遭受破坏，甚至包括被彻底毁灭，最终使国家安全、社会公共利益和个人利益受到威胁。而这些威胁的结果轻则企业破产、个人隐私曝光，重则破坏国家安全基础设施，关乎国家存亡。至此，惩罚功能成为实现对信息安全风险预防与控制的必要功能，所有这些风险和威胁产生的违法犯罪行为都需要基于惩治功能予以制裁、制止和惩罚。

4.2　著作权技术保护措施信息安全遵从的基本原则

著作权技术保护措施的信息安全遵从机制确立应以“技术批判”、“适当监管”和“协同治理”为基本原则指导著作权技术保护措施应用的基本规范和准则，体现著作权技术保护措施法律制度的基本理念，以此作为著作权技术保护措施信息安全遵从的运行前提。

4.2.1　技术批判规制

技术被广泛应用于风险的防范，但同时也被认为是催生风险产生的决定力量。① 技术发展的历史显示技术作为一种推动社会发展的生产力，是无处不在的。技术并非孤立存在于社会之外，它通过提升人类创造力，加强人类改造自然和社会的能力而成为社会的重要组成部分。因而技术具有自然属性和社会属性的双重属性。

随着科学技术的不断创新发展，为推进科技的深入发展，立法被要求不断加强以满足科技发展的要求，于是现行立法为科学技术提供了高标准的保护，都以推动科技创新为主要目标。但在推动社会技术、经济发展，发挥积极作用的同时，我们也看到技术发展的

① 王立志．风险社会中刑法范式之转换——以隐私权刑法保护切入[J]．政法论坛，2010(3)：83.

消极作用，它可能产生对自然生态环境的破坏、人的道德退化、伦理缺失、信息安全等问题。技术的自然属性决定了其本质上只是一种工具和手段，但是它在实际应用中执行人的意志，所以技术本身无法对人的行为予以道德判断，这就需要法律的评价，判断其出现和利用所可能造成的影响，进而对利用技术的行为进行相应规制。① 因此立法必须对技术应用的负面效应予以规制。而立法对技术规制的判断是以对技术本质的价值判断为基础的。② 目前，对于技术规制的基础理论主要体现为技术中立理论、技术实体理论和技术批判理论三种。技术中立原则是目前规制技术负面效应的基础范式，其中雅斯贝尔斯和梅赛纳是技术中立观的代表人物，前者认为技术本身是中性的，没有善恶之分；后者认为技术产生的影响和服务目的取决于人的选择和行动。③ 亚里士多德所言"没有某种东西能是共同的、普遍的和单一的。"④技术的发展"对善和恶都带来无限的可能性"。爱因斯坦也说"科学是一种强有力的工具，怎样用它，究竟给人带来幸福还是灾难，全取决于人自己，而不取决于工具"⑤。马克思的技术观显示，"在人类社会的产生过程中形成的自然界是人的现实的自然界"，⑥ 是与自然科学、道德文化相互作用、交互发展的。这些内容都承认了技术是中立的价值判断。

然而，随着技术的不断发展，以及负面效应的大量产生，技术中立规制理论越来越受到了批判，被认为仅关注技术的应用而忽略

---

① 张今、卢亮．版权保护、数字权利管理与商业模式创新[J]．学术交流，2009(8)：52.

② 刘铁光．风险社会中技术规制基础的范式转换[J]．现代法学，2011(4)：69.

③ 梁贞．超越技术的工具论和实体论——芬伯格的技术批判理论透视[D]．黑龙江大学，2009.

④ 亚里士多德．尼各马科伦理学[J]．苗力田译．北京：中国社会科学出版社，1999：9.

⑤ 杨丽娟、陈凡．科学、技术混同立法的时代终结[J]．科学学与科学技术管理，2005(2)：39-41.

⑥ 中共中央马克思恩格斯列宁斯大林著作编译局．马克思恩格斯全集[M]．第1卷．北京：人民出版社，1956：82.

了技术的研究①，因此，对技术的规制不能合理评价技术的负面影响。于是，技术批判的理论逐步受到重视，它关注技术发展对人类社会带来的负面影响，质疑中立控制的合理性。其中，技术实体理论对技术中立性持否定态度，持有此种观点的海德格尔就认为技术本身是自然、世界和现实构建的参与者，并不仅仅是手段。② 然而，技术实体理论却也催生了技术悲观主义思想，主张技术应回归到自然状态。③ 这显然并不符合技术日益发展变化的现实，对技术的立法规制亦不可能以停止技术发展为代价。技术批判理论中，芬伯格的技术批判理论超越了技术工具论和实体论而被认为能够更好的适应风险社会技术的规制。④ 芬伯格否认所谓的技术本身概念，认为技术经过设计和实施后将整合于自然环境和社会环境中，其形成过程将沉淀社会文化的因素⑤，因此，“技术的生成过程即是价值的负荷过程”⑥，反映着技术和社会的双重要求。立法可以通过对技术的价值判断，以及依据技术发展的自然、社会和人文等影响因素而选择技术的应用，从而对技术的负面效应作出合理的判断。如果立法并不决定去禁止新技术，那么更审慎的要求可能是去控制它的使用，虽然中立控制的实践能减轻公众对于技术可能发展方向的恐惧，但是却不能有效应对数字网络环境下技术的负面影响，而技术批判规制实践可全面考虑技术本身以及其应用发展的现实环境及影响因素，这有助于事先发现和预防技术应用所产生的负面影

① 刘铁光．风险社会中技术规制基础的范式转换[J]．现代法学，2011(4)：69.

② 肖国飞，任春晓．海德格尔对技术本质的哲学理论研究[J]．中共浙江省委党校学报，2001(5)：58-59.

③ 梯利．西方哲学史[M]．葛力译．北京：商务印书馆，2000：428.

④ 刘铁光．风险社会中技术规制基础的范式转换[J]．现代法学，2011(4)：69.

⑤ 朱春艳．费恩·伯格的技术批判理论研究[M]．沈阳：东北大学出版社有限公司，2006：203-204.

⑥ 朱春艳．费恩·伯格的技术批判理论研究[M]．沈阳：东北大学出版社有限公司，2006：71.

响，是符合目前技术规制的现实需求的。因此，面对数字网络环境下技术应用的负面影响，法律在对技术进行评价时应坚持技术批判规制的原则。

按照芬伯格的技术编码①概念，技术的生成过程反映了技术的动态性和整体化，技术本身反映一种利益的现实化。当著作权技术保护措施负面影响产生时，立法的价值判断应介入，界定其合理使用和侵权问题。著作权技术保护措施从本质上讲是一种技术方法或设施，被著作权人及相关主体嵌入作品中以保护其合法权益。著作权技术保护措施的应用以保护著作权为其首要目的，然而，著作权技术保护措施从生成到应用不仅仅涉及技术的应用，还涉及技术的研究，而它的应用不仅仅涉及著作权人，还涉及使用者和传播者，因此立法对其保护的目的不能仅仅涉及促进作品的使用和传播、著作权人利益的实现，还应体现使用者和传播者的合法利益以及社会公共利益的维护。鉴于著作权技术保护措施对信息安全冲击的负面影响，使用者和传播者的知情权、安全保障权和隐私权等涉及信息安全方面的权益以及公共安全的利益亦应予以保障。为此，对著作权技术保护措施的法律制度的调整应当秉承技术批判规制原则，着眼于技术设计本身以及其他广泛的利益，不应孤立看待技术本身而使法律制度变得孤立，应着眼于著作权技术保护措施生成到应用每个环节的规范。著作权技术保护措施的技术特性决定它是不断变化和发展的，技术批判规制原则可使立法者在立法前对技术变化所产生的不确定进行分析，以确保出台的法律能够反映和适用技术变化要求。

4.2.2 适当监管

当著作权人通过技术保护措施侵入使用者信息系统，收集使用

① 技术编码：有称为技术代码的，这是芬伯格在论述技术本质时引入的概念，认为技术编码是以技术方法解决问题时一种利益的现实化。朱春艳．费恩·伯格的技术批判理论研究［M］．沈阳：东北大学出版社有限公司，2006：204.

者使用信息、身份信息，并因此使使用者信息系统受到威胁，信息被不当利用和泄露时，对著作权技术保护措施应用的监管就是必要的。而信息安全可控性属性以及信息安全保障的诉求需要管理部门，尤其是信息安全管理部门在涉及信息安全威胁中予以介入，以维护社会公共安全利益，阻止对信息系统功能效用的破坏以及对信息内容的非法访问、篡改、窃取及恶意散播。但是，对著作权技术保护措施的监管应秉承适当监管的原则，确保监管的适当性和必要性，否则将会使著作权人利益受到影响。

所谓适当性，即要求监管措施必须能够实现目的或至少有助于目的达成并且是正确的手段，即体现适当的目的和手段。对于著作权技术保护措施法律规制而言，当著作权技术保护措施冲击信息安全时，基于公共安全和国家安全的需要，监管著作权技术保护措施的限制措施应当适当，不能因此限制任何著作权技术保护措施，应当限定在那些实际威胁和存在潜在威胁的著作权技术保护措施。必要性原则，又称为最少侵害原则，即在采取适当措施同时，应保证选择的措施对权利侵害最小。这一要求有助于防止公权力越权及滥用现象，“自由主义者哈耶克认为权力的限制相较权力的来源在维护个人自由方面更为重要，因此，防止权力成为专断在于对它的限制而非它的来源”。① 著作权人为保护自身权利获得了私力救济的权利，当监管过度时必然妨害到著作权人对技术保护措施的使用。

因此，当公权力介入对著作权技术措施的规制时，对其监管必须是有限度的，并不能因监管而成为著作权保护的安全壁垒。管理机构在行使实现公共管理的信息安全目标时，应当确立适当的、合理的、对著作权权益损失最少的措施，并且“采取的措施造成的侵害以不能超越所追求目标获得的利益为限”。② 适度监管原则的提出可使基于信息安全而提出的对著作权技术保护措施的法律规制限定在合理范围内，有助于著作权保护与信息安全间的矛盾协调，保

① 张文显．二十一世纪西方法哲学思潮[M]．北京：法律出版社，1996：264．

② 熊文钊．公法原理[M]．北京：北京大学出版社，2009：57．

护著作权私权目标的同时实现安全价值目标。

4.2.3 协同治理

协同理论(synergetics)由著名物理学家哈肯(HermannHaken)提出。协同理论的主要思想是：不同属性的、千差万别的系统存在于在整个环境中，各个系统间存在着相互影响又相互合作的关系。① 协同将产生协同效应，即指基于协同作用而产生的结果，在复杂而开放的系统中大量存在的子系统相互作用产生的一种整体效应，进而使系统发生质的变化，实现无序到有序，改变混沌状态，形成稳定结构。② 美国学者劳伦斯·莱斯格在其著作《代码 2.0：网络空间中的法律》也指出网络空间中单一的治理模式是不适应的，而应当综合运用"市场、法律、准则和架构"手段，协调一致约束网络空间中行为。③ 实践中，此理论也已经被一些官方和非官方机构所采纳。2011 年 7 月 14 日，美国国防部披露的有关《网络空间行动战略》(The operating strategy for cyberspace)部分内容更是明确表明：在网络空间行动中，应整合不同的政府部门，以及相关的私人公司，并特别强调了国防部与国土安全局等政府的合作，政府部门与从事关键基础设施的软硬件生产的公司基于规范性和资源性的合作。这一规定被认为是美国网络空间行动的支柱之一。2015 年 2 月 13 日，来自美国白宫官方网站的报道显示，美国总统奥巴马在网络安全和消费者保护峰会上的演讲指出"无论政府还是私营公司，都是无法独自应对网络安全威胁的，政府掌握有情报，但是没有防范网络安全威胁的技术；私营公司有技术，但缺乏足够的情

① [德]H. 哈肯．协同学——自然成果的奥秘[M]．戴鸣钟译．上海：上海世纪出版集团，2005：136.

② [德]H. 哈肯．协同学——自然成果的奥秘[M]．戴鸣钟译．上海：上海世纪出版集团，2005：116，213.

③ 劳伦斯·莱斯格．代码 2.0：网络空间中的法律[M]．李旭，沈伟伟译．北京：清华大学出版社，2009：123.

报。因此，只有两者的合作，才能使大家免受网络攻击”。① 这些实践都正是对协同理论思想的具体运用。由于不同的措施面对复杂的网络环境仅能发挥某一方面的功能，如果将这些措施协同一致而发挥作用，就会产生协同效应，从而确保整体的信息安全目标实现。

在网络、通信和计算机技术的发展环境下，技术变化不确定性产生侵权形态多样、造成的损害严重、监管困难、法律适用性不足等问题。同样，为保护作品在数字网络环境下使用和传播，著作权技术保护措施应用可产生信息安全风险，冲击使用者信息安全，公共利益和国家安全。著作权技术保护措施的应用涉及权利人、使用者、网络服务商、管理者等不同主体，面对著作权技术保护措施的动态变化以及信息安全风险的动态性，预防与控制的理念旨在实现对著作权技术保护措施的动态控制，以满足动态均衡的需求。这就需要在法律规范调整中依据协同原则对著作权技术保护措施涉及的各系统进行协调，确保著作权技术保护措施的合理应用，防控著作权技术保护措施损害信息安全。具体而言，著作权技术保护措施法律规范的调整措施应注意技术保护措施与组织管理；技术保护措施保护与限制；技术保护措施不同利益主体间利益；技术保护措施与网络空间不同系统；技术保护措施、著作权与信息安全；技术保护措施权利人与管理者等方面的协同(图4-2)。

如果将这些措施协同一致而发挥作用，就会产生协同效应，从而确保规范著作权技术保护措施合理应用目标实现。然而，协同效应的产生需要平衡各种关系才能达到最佳的规制效果，而要实现各种协同，立法将起到关键性作用。因此，著作权人在通过著作权技术保护措施在网络空间中寻求新的传播和发展之时，必须兼顾空间其他生存主体，因为网络空间生存的法则在于空间各相关主体的共同维护而不能单纯依靠技术手段或者政府的强制规范。而要建立可

① 奥巴马在网络安全和消费者保护峰会上的演讲[R]. 张琪/译. 国外社会科学文摘，2015(6)：14-15 原文选自美国白宫官方网站 2015 年 2 月 13 日。

信任安全的网络空间就需要空间中不同利益主体承担相应的责任和义务，这也是提出规制不当著作权技术保护措施的重要理论依据。

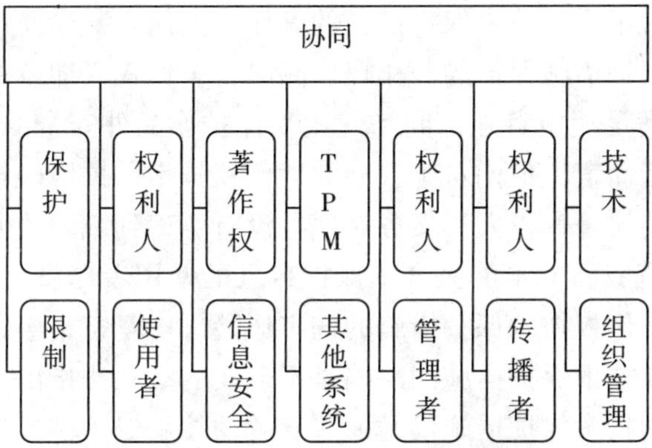

图 4-2 著作权技术保护措施法律制度协同框架

4.3 著作权技术保护措施制度调整的内容框架：信息安全遵从机制的确立

学者德沃金认为“在一个民主的制度下每个公民都负有必须遵守全部法律的基本道德义务”。① 遵从是指遵照并依从。这里所谓信息安全遵从是指权利人应确保其行为符合相关法律规定，并通过完善的组织管理体系，尽可能使其信息安全措施透明，并适时评估信息安全风险和调整信息安全措施，从而确保信息安全。

4.3.1 有效性标准机制

事实上，许多著作权技术保护措施声称的目的是与主要的安全原则相悖的，它们基于保护著作权的目的，经常使用不发达的或不兼容的技术，这使得安全漏洞容易被引入。鉴于著作权技术保护措

① [美]罗纳德·德沃金，信春鹰．认真对待权利[M]．吴玉章译．北京：中国大百科全书出版社，1998：246.

施的固有缺陷，法律制度中确立预防机制，明确规定著作权技术保护措施有效性的标准就是必要的。在物权领域，当土地拥有者邀请他人进入自己土地时，他有义务确保受邀请者的基本安全。① 如同此道理，对于采取技术保护措施的著作权人而言，当使用者访问和利用技术保护措施保护的著作权作品时，著作权人即应保证使用者的安全以满足消费者除访问和使用受保护作品外安全的合理期望。对于使用者而言，他们对于安装的著作权技术保护措施投入信赖成本，这就使得著作权人有义务对那些没有意识到威胁的使用者，或者那些知道威胁但不能去合理保护自己的使用者提供合理的保护，以免遭受著作权技术保护措施的伤害风险。毕竟寄希望于使用者去发现著作权技术保护措施的缺陷是不现实的。立法指出，受著作权制度保护的技术保护措施仅是那些有效的技术保护措施，但是立法上未能明确技术保护措施有效性标准，无法要求著作权人承担基本安全检测义务从而使著作权技术保护措施在使用前防患于未然。因此，为满足使用者的安全期望，就需要立法明确著作权技术保护措施有效性的具体条件，进而要求著作权人及相关权利人承担检测著作权技术保护措施安全的基本义务，确保著作权技术保护措施的安全性，预防著作权技术保护措施信息安全风险的产生。

4.3.2 评估机制

著作权技术保护措施作为著作权人采取的保护其数字作品的方法和手段，不是孤立存在的，它的应用将与数字产品、网络信息系统以及使用者信息系统相关联，为应对著作权技术保护措施风险的产生，确立具体评估机制就是必要的。鉴于著作权技术保护措施应用可涉及整个网络运行系统，评估机制应贯穿著作权技术保护措施的整个应用过程，包括著作权技术保护措施进入市场前、应用过程中以及应用以后反应的评估(图 4-3)。具体而言：首先，著作权技术保护措施进入市场前需进行安全性评估。通过对著作权技术保护

① JC Monica. FDA Labeling of Cosmetics Containing Nanoscale Materials[J]. Nanotechnology Law and Business，2008，5(1)：63.

措施的评估可确定其在安全方面的脆弱性，提供安全评估证明，进而可提醒各权利人、使用者以及安全管理机构的注意。其次，评估机制应关注对著作权技术保护措施应用过程安全风险的评估。通常在著作权技术保护措施应用进入市场后，其安全性是被忽略的。仅在安全事故发生后，其安全性才被关注。为避免安全风险的产生，权利人应定期对著作权技术保护措施的安全性进行评估，并对潜在的和可预测的安全风险及时发布评估结果，从而可即时确定预警防范和化解著作权技术保护措施对信息安全的冲击。第三，对于著作权技术保护措施安全风险产生后的评估问题(后评估机制)，现行法律制度亦是缺乏关注的，后评估机制主要涉及对损害后果、损害影响以及解决措施的可行性评估。实践的做法多数是及时发布补丁或者删除相应及时保护措施。但是这通常不能从根本上认知著作权技术保护措施的负面性。通过后评估机制，可为著作权技术保护措施后续的应用提供参考，从而有助于采取措施防范著作权技术保护措施对信息安全的负面影响。

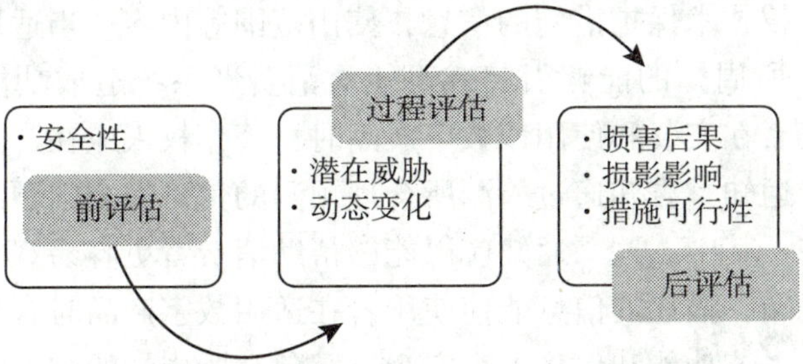

图 4-3 著作权技术保护措施评估法律机制

由于著作权技术保护措施是不断发展变化的，故而定期的评估机制是必要的。通过设计对著作权技术保护措施的定期评估机制，可跟踪和反映著作权技术保护措施变化过程，即时调整对著作权技术保护措施的检测和反应机制，确保著作权技术保护措施准入的安全性。而合理的定期评估机制需要明确评估主体、评估内容、法律效力、评估频率和评估依据。著作权技术保护措施评估法律制度的缺乏使得著作权技术保护措施并未在实践中形成系统的反馈机制，相关主体亦并不重视对著作权技术保护措施安全的负面影响评估。这导致面对著作权技术保护措施对信息安全的威胁，预警、检测和反映的不足，从而不利于预防和整改著作权技术保护措施，规范著作权技术保护措施的合理应用。

4.3.3 披露机制

著作权技术保护措施的信息披露机制对于风险的预防与控制是必要的，也是新的风险防控理念所需要的。当著作权技术保护措施应用对信息安全产生威胁时，关于著作权技术保护措施的使用范围是什么、运行的安全风险以及可能产生或实际产生的安全损害是什么的疑问成为规制著作权技术保护措施的障碍之一。因此，为了能够实时控制著作权技术保护措施的应用过程，提高著作权技术保护措施的透明度，需要确立披露机制。具体而言，披露机制应涉及以下方面：首先，在风险产生之前，采取著作权技术保护措施的著作权人应告知使用者著作权技术保护措施的应用，并在其数字产品上标示著作权技术保护措施的信息、使用范围等内容。当适用的数字产品是众所周知的能够引起或可能对消费者系统造成功能性伤害时，消费者在安装和使用该数字产品时，著作权人应在产品上发布一个安全通知，告知通过检测所合理预测的信息安全问题或别的风险的存在。其中，这一通知应以能够帮助消费者更容易观察和阅读的方式发布，描述的信息能使使用者在适用数字产品时合理地保护自身信息系统功能和信息内容安全，避免众所周知的和可能的伤害产生。这一标签通知的目的在于使理性的消费者可以选择是否安装著作权技术保护措施或者选择什么时候安装。其次，披露隐藏的风险和实际产生的威胁。对于这类风险和威胁不可提前预测，因此应在实际发现或威胁实际产生时及时予以披露，以阻止损失发生。

至此，当通过标签和风险警示的披露机制提高透明度时，使用者得以清晰认知著作权技术保护措施应用的实际，并因此而决定是否选择安装。这一举措可有效降低著作权技术保护措施应用风险的产生，另一方面也可使风险在产生前及时予以预防，而当风险警示披露时，使用者可充分利用披露的信息及时采取预防和控制的措施。

4.3.4 监管机制

经济学者尤伦·考特所言："不受管制的市场将在有创造力的思想和创造性的作品上生产出小于最优值的信息数量"。① 因此，必要的监管机制是必要的。首先，市场固有缺陷矫正的需要。著作权是一种商品，当著作权技术保护措施规制机制不到位、权利人滥用许可权、权利人与使用者间利益平衡被破坏现象出现时，固有的市场缺陷无法依靠竞争规制、秩序方面的市场机制去调和，此时，监管的介入是必要的；其次，私权规范的需求。著作权技术保护措施以保护著作权这一私权为核心，为此，著作权人及相关主体为了自身的利益会做出有悖于著作权目的的行为，而完全寄希望于私权主体对信息安全风险的防控显然是不符合实际的，这需要外部的干预和监督。

因此，面对著作权技术保护措施应用过程产生的信息安全风险，完全依靠私法自治是不足以防范的。为了保证著作权技术措施的规范发展，有必要建立有效的监管机制。其中确立常态化、规范化和制度化的高效协同监管机制是实现对著作权技术保护措施安全风险规制的重要环节。首先，需要成立专门的监督机构。按照国家2005年发布的《知识产权战略纲要》，加强知识产权管理是知识产权战略中的重要环节。目前的监管实践显示，著作权管理部门对技术保护措施的监管是不足的，尤其缺乏对于其应用过程中的信息安全风险的监控。鉴于著作权技术保护措施的专业性及技术性，以及其在数字网络环境下重要性，成立专门监督机构实施对著作权技术保护措施的监管是必要的。此机构是政府性质的，将承担监管的主体，发挥监管的主导力量；其次，应加强行业自律组织的监管。由于行业组织自我利益的导向性，因此实践中行业自律组织在我国目

① [美]考特·尤伦．法和经济学[M]．张军等译．上海：上海三联书店，1994：153.

前的监管机制中作用发挥得有限。相对于政府部门的监管，行业自律组织机制灵活，并能够迅速针对突发和典型事件作出反应，更能适应著作权技术保护措施技术变化特性。因此，加强行业自律组织的监管职能是必要的。

4.3.5 惩罚机制

有学者提出规避隐私权法并因此而受到合适惩罚或补偿时，该条款规定的这一反措施才属有效。① 著作权技术保护措施信息安全损害法律责任的承担是实践“信息安全预防与控制”理念惩罚功能的的核心，也是必要的环节。虽然标签和警示义务的确立有助于对著作权技术保护措施的实时控制，但实践事实显示，由于没有相应法律制度规定著作权技术保护措施及时修复问题，当著作权技术保护措施造成数据破坏时，权利人通常在事件发生后才通知使用者，导致损失无法及时挽回。这也导致权利人通常也并不关心使用者在著作权技术保护措施使用过程中的伤害，一些著作权技术保护措施也没有形成实时漏洞修复机制。因此，即使及时披露了风险信息，若不能及时修复产生问题的著作权技术保护措施，由此产生的纠纷依然无法解决。具体而言：首先，应当明确规定著作权技术保护措施产生信息安全损害应当承担法律责任；其次，明确权利人承担法律责任的具体原则；第三，应明确权利人承担法律责任的具体表现形式和构成条件。惩罚机制的确立是实现对著作权技术保护措施安全风险防控的最终反馈环节，通过具体的惩罚措施，规范权利人应用著作权技术保护措施的行为，控制著作权技术保护措施所产生损害，从而减轻使用者使用著作权技术保护措施的风险。

---

① [加]迈克尔·盖斯特主编．为了公共利益——加拿大版权法的未来[M]．李静译．北京：知识产权出版社，2008：143-144.

5 著作权技术保护措施信息安全遵从的实践模式探索

法律与政治、经济、文化、科技等不同社会系统是相互影响与支配的，不同的政治、经济、历史、宗教、文化背景决定了各国法律制度表现形式和内容的不同，德国社会学者马克斯·韦伯在其《法律社会学》著作的论述中充分分析了这些支配形态的不同对法律的逻辑结构的影响。① 此外，德国当代系统论社会学理论家尼克拉斯·卢曼认为各种法律理论使用了不同的区分，形成了不同的"形式"。② 但是，法律制度体现一种规范性秩序，卢曼在其《社会的法律》著作中论证了法律系统的运行是可以自成一体系的，它能够独立从社会中分立出来并不断地演进③，因此，法律制度的逻辑结构里有某些共同的特色。④ 国际公约和国内法认可著作权人为保护著作权所采取的有效技术保护措施，并禁止他人未经许可的规避和破解行为。当著作权技术保护措施应用产生信息安全风险时，各国在给予著作权技术保护措施法律保护的同时对著作权技术保护措施反规避规定也进行了相应限制。为此，以"信息安全"为核心，通过比较的方法研究各国在规范著作权技术保护措施应用中的信息

① ［德］韦伯．韦伯作品集Ⅸ：法律社会学［M］．康乐，简惠美译．南宁：广西师范大学出版社，2005：216-220.

② ［德］卢曼．社会的法律［M］．郑伊倩译．北京：人民出版社，2009：10.

③ ［德］卢曼．社会的法律［M］．郑伊倩译．北京：人民出版社，2009：17，62.

④ ［德］韦伯．韦伯作品集Ⅸ：法律社会学［M］．康乐，简惠美译．南宁：广西师范大学出版社，2005：216-220.

安全限制规定，有助于更效率、准确地梳理著作权技术保护措施与信息安全间的关系，以及信息安全限制在规范著作权技术保护措施应用中的重要地位，从而为进一步完善我国法律制度，解决著作权技术保护措施带来的安全风险提供借鉴。

为此，通过比较分析显示，著作权技术保护措施法律制度涉及信息安全遵从方面的规定应包含两个方面：一是著作权技术保护措施的采取不得影响对信息安全的维护和执法，所有著作权技术保护措施制度应当包括特定情况下著作权技术保护措施反规避的例外规定；二是对著作权技术措施本身安全性的制度要求使得著作权技术措施本身不应带来新的安全威胁。各国具体的立法实践，主要体现为三种模式：第一，以美国为代表，在版权立法中确立反规避的例外规定，即通过法律限制过度或非法使用的技术保护措施；第二，以德国为代表，在著作权立法规定中强制执行提供和标示义务模式；第三，以法国为代表，直接在著作权法中确立著作权技术保护措施的信息安全遵从义务。

5.1 反规避条款的信息安全例外实践模式

按照 WIPO 的条约规定，在满足以下三方面内容时，可对专有权利规定相应的限制和例外，即应仅关注特殊情况；不与作品的正常利用相冲突；不会不合理地损害权利持有人的合法权益。为平衡各主体利益，也为确保著作权技术保护措施的合理使用，立法上在规定反规避条款的同时，确立了反规避例外条款①对著作权技术保护措施予以限制。这些限制措施一方面确保智力成果创造者的权益，保障权利人通过权利的支配和行使收回智力创造活动的投资并取得应有的利益，以此达到激励技术创新、作品创作之目的；另一方面又可协调权利人和社会公众之间的利益关系，保障新的技术、思想的传播，最终促进社会、经济的发展和进步。

① 反规避例外条款：目前大多通过列举的方式规定，在列举范围内，使用者可以规避技术保护措施，并不因此而承担违法或侵权责任。

美国、欧盟、加拿大、澳大利亚、日本等国家为应对信息社会数字技术的出现对版权保护的冲击，也为执行国际公约关于著作权技术保护措施的规定，通过修订原有版权立法内容明确了著作权技术保护措施的法律地位，并通过反规避条款禁止对技术保护措施的规避。但是法律并非禁止所有的规避行为，而是仅仅对那些未得到法律或版权人许可的行为、构成版权侵犯行为予以禁止。按照联合国科教文组织(UNESCO)报告，学者普遍认为数字环境下权利的例外必须保留，以保持版权法中确定的根本平衡。① 因此，为防止技术保护措施破坏著作权人与使用者之间的平衡，各国立法大多通过反规避条款例外模式②，以列举方式规定了反规避的例外情形。这些例外规定关注技术保护措施的兼容性与互通性，以及对个人身份信息等消费者隐私权保护的问题，其中国家安全行为、公共利益及安全、计算机系统运行安全测试的例外规定成为关注信息安全的主要内容。

5.1.1 美国《数字千年版权法案》

美国 DMCA 法案体现了技术保护措施反规避条例例外规定的典型。对于反规避条款例外规定主要体现在两个方面：一方面是 DMCA 法案规定的 7 种一般例外，另一方面是基于一种定期评估机制由国会图书馆每三年公布的列举式例外。

1)美国数字千年版权法案的一般例外

美国 DMCA 在第 1201 条规定了禁止规避访问控制措施的同时也明确规定了 7 种具体例外：(1)非营利图书馆、档案和教育机构使用例外(section1201(d)；(2)执法、信息或其他政府活动例外；(3)反向工程(1201(f))，在符合版权法所允许的行为条件下，合法获得计算机程序使用权的使用者可以规避，前提是基于使该程序实现与其他程序兼容的目的；(4)加密研究(1201(g))，这一例外

---

① S Sebastian. 'Copyright World' and Access to Information: Conjoined via the Internet[J]. Journal of Intellectual Property Rights, 2012, 17(5): 235-236.

② 类似版权法上合理使用的规定。

允许访问控制的规避是为了识别加密技术的缺陷和漏洞；(5)未成年保护(h)，这一例外是为了阻止未成年在网络上对一些材料的接触；(6)保护个人身份信息(1201(i))，该例外规定基于保护个人身份信息隐私权需要，允许对技术保护措施规避。前提是该技术保护措施或它保护的作品收集和散布使用者在线活动的个人身份信息。这一规定的出发点在于由于某些受技术保护措施保护的作品具有追踪、激励试图访问该作品的使用者的个人信息，侵犯使用者隐私的现象，因此“如果访问者事前没有获得明确的通知，并且也无法阻止这种收集或传播活动时”①，可以基于上述理由规避该技术保护措施。当然这种规避仅仅限于阻止上述功能的运行，而不能影响他人访问作品的能力，否则可能构成对受保护作品的侵权；(7)安全测试(1201(j))，即基于所有者或操作者的授权可以为了测试计算机、计算系统或计算机网络的安全性而规避访问控制措施。

从这些例外规定来看，其中 g、h 主要基于阻止技术保护措施对公共秩序的破坏，第 i 款基于保护消费者隐私权需要，第 j 款基于运行环境的安全性维护。这些条款在保障使用者信息系统功能和信息内容秘密性、完整性和可靠性方面发挥重要作用，可在平衡权利人与使用人利益关系同时规范技术保护措施的合理应用，阻止技术保护措施应用对计算机、计算机系统、计算机网络硬件、软件和相关数据和内容免受破坏、更改及泄露。

2)美国定期评估机制反应著作权技术保护措施的变化实践

定期评估机制是美国 DMCA 反规避条款例外规定的创新模式，按照这一机制，除 DMCA 法案确定的一般例外之外，基于技术保护措施的技术变化性特性，美国 DMCA 法案通过定期评估机制，以列举方式，由美国会图书馆每三年公布一次例外。② 这些例外发布建议首先通过面向公众的著作权注册处提交，在经过听证和公共

① 王迁．知识产权法教程[M]．第 2 版．北京：中国人民大学出版社，2009：269.

② 美国国会图书馆目前为止于发布的五次例外为：2001、2003、2006、2010、2012、2015，目前例外适用的是 2015 年 10 月 28 日发布的。

意见程序后，最终规则由注册处建议并由国会图书馆发布。三年后例外到期，必须在下一次规则制定时被重新提交。这些例外发布主要考虑以下几个方面的因素："使用著作权作品的可能性；为非营利目的存储、使用的可能性；禁止规避规定对批评、评论、新闻报道、教学或学术研究的影响；其他"。① 比较这些例外演变的过程（表 5-1），信息安全的遵从正逐步走入立法者的视野。

表 5-1 **美国国会图书馆定期评估发布的免责例外规定②**

年份 \ 例外规定	例外规定 （※代表每次新增加的内容）
2001 年	1. 破解使用过滤软件封锁网站编辑的网站名单。 2. 许可控制系统保护的文字作品，包括计算机软件和资料库，由于故障、破坏或落后淘汰导致资料无法存取时进行的规避。
2003 年	1. 网址过滤。指以商业性的过滤应用软件接触网址、网站或网站一部分内容的网址编辑，不包括专为防止对于计算机、计算机网络造成损害，而以应用软件过滤的网址编辑，也不包括专为阻挡电子邮件，而以应用软件过滤的网址编辑。
	※2. 计算机程序因硬件锁发生故障、破坏或过时时导致无法存取时的破解。
	※3. 计算机程序或游戏版本已经过时，需要使用原有媒体或硬件才能读取时的规避。
	※4. 对以电子书形式发行的文学著作，将其转换为有声阅读和屏幕阅读格式的破解。

① 王迁．网络版权法[M]．北京：中国人民大学出版社，2008：374.
② 资料来源：依据美国版权办公室发布的例外整理而成。

续表

年份＼例外规定	例外规定 （※代表每次新增加的内容）
2006年	※1. 基于大学影视教学，规避是为了截取视听作品部分内容进行课程教室内的教学使用。
	2. 对于淘汰格式发行的计算机程序作品或游戏软件，需要以原有媒介或硬件才能接触，规避为了图书馆或档案机构保存之目的进行的重制。
	3. 计算机程序因硬件锁发生故障、破坏或过时导致无法存取时的破解。
	4. 对以电子书形式发行的文学著作，将其转换为有声阅读和屏幕阅读格式的破解。
	※5. 可供无线手机联机到无线电话通信网络实体中的的计算机程序，其规避是专为合法联机到无线电话通讯网络之目的。
	※6. 录音著作及附有录音著作的视听著作，以光盘格式散布，而在合法版本所附的控制接触的技术保护措施，会损及个人计算机的安全性，其规避是专为纠错或改正该项缺陷的善意目的。
2010年	※1. 被内容干扰系统合法保护和获得的DVDs的移动图片，当规避被获得仅仅为了使图片能够融入新的网络为了评论或批判的目的，从事规避行为的人相信和有合理基础相信规避是必要的对于完成接下来使用的目的：(1)被大学和学院教授、学院和大学机构和媒体研究学生教育性的使用；(2)档案记录；(3)非营利的视频。

续表

例外规定 年份	例外规定 （※代表每次新增加的内容）
2010年	※2. 手机解锁的免责条款；智能手机兼容性破解的免责规定；转换型、非商业作品中使用视频片段的免责条款。其中“解锁”的规定指手机所有者可以为了解除现有手机网络绑定，自主选择网络服务商而对手机重新设定。
	3. 使无线电话手机去执行软件适用的计算机程序，破解计算机程式是为了使软件适用兼容，这时是合法的获得。计算机程序，以防火墙形式或软件形式使使用的无线电话手机联系无线通信网络，当计算机程序拷贝拥有者规避该程序仅仅为了连接无线通信网络和访问网络运营商授权的网络访问。这是可以免责的。
	※4. 对计算机游戏技术保护措施的破解，如果是为了善意的测试、研究、或修改安全缺陷或漏洞，也不违反DMCA。只要测试所得信息，只提供给计算机、计算机系统或计算机网络的所有人或经营者以促进其安全性；以及该信息以不会造成著作权侵权或违反法律的方式，来使用或保存。
	5. 被安全锁保护的计算机程序，阻止由于故障或伤害侵入计算机程序，它是过时的。一个硬件锁应该被考虑过时，如果它不再被制造或者如果一个替代或者修理在商业市场上不再合理可提供。规避是允许的。
	6. 对于电子书发布的作品，当其所有存在的数字版本（含授权获得的）包含许可控制阻止使书的阅读功能或者屏幕阅读器成为一个专门的格式。

续表

例外规定 年份	例外规定 (※代表每次新增加的内容)
2012 年	1. 电子形式传播的文字作品包含受阻止出声朗读功能或干扰屏幕阅读器的技术措施，当盲人或其他视障人士合法取得时，可规避。
	2. 无线电话手机——兼容性规定。为了使合法取得的软件应用程序的计算机程序在无线电话中执行，规避措施是为了实现应用程序与手机中计算机程序的兼容。但 2013 年 1 月 26 日以后购买的手机需取得原有运营商授权才能解锁。
	※3. 规避是为了使以固件或软件形式存在的计算机程序，能使最初从无线电信网络运营商或零售商处购买的无线电话手机，在不超过 90 天内与其他无线网络连接。
	※4. 有理由相信规避是必要的，其他规避例外措施不足以满足评论、批评和教育目的而使用电影片段。
	※5. 规避仅仅是为了制作字幕及解说性音频，从而使购买此类作品的盲人、视障人士、聋人以及听力智障的人能够感知该作品。
2015 年	1. 基于对视听作品的教育性以及相关性使用。
	2. 规避是为了使残障人士可以朗读和阅读合法获得的电子文字作品(非戏剧文字作品)。
	※3. 基于将使用过的设备链接到另一个无线授权的电信网络而规避无线设备。
	※4. 规避是基于能在移动设备上运行合法获得的软件应用程序，实现程序间的互操作性(兼容性)。

续表

例外规定 / 年份	例外规定（※代表每次新增加的内容）
2015年	※5. 规避是基于使智能电视运行合法获得的软件应用程序，实现智能电视与软件应用间的兼容性。
	6. 规避是基于对汽车软件的诊断、修理和改良。
	※7. 规避是基于善意的安全研究为目的，包括针对投票机、陆地机动车、医疗设备等设备机器的安全性。
	8. 规避是基于对过期游戏的破解。
	9. 规避是基于为了使3D打印机使用其他的给料，而非为了获取软件设计、设计文件及其他专有数据。
	10. 规避是为了获取联网中医疗设备上的病人数据。

从美国国会图书馆定期评估发布的免责例外规定可反映出技术保护措施立法在保护信息安全方面的变迁，其中2000年、2003年技术保护措施应用的初步阶段，立法者对于技术保护措施负面影响的关注主要集中在对教学、残疾人权益保护、被淘汰计算机程序作品的存取上面。然而，普林斯顿大学计算机科学教授Edward Felten与录音业者RIAA（美国唱片业协会，Recording industry association of america）案件，以及Sony BMG公司的CD案件最终影响产生了2006年发布的第6项例外规定。该项提案由普林斯顿教授Edward Felten所推动。在2001年其曾因学术研究而破解录音业者在光盘上锁植入的防复制软件，并拟在一个科技会议上发表，结果引发与RIAA法律诉讼，录音业者起诉其发表将违背DMCA法案，法院最终认定可以在科技会议上发表有关译码技术的学术演讲。① Edward Felten对这一例外规定的提议主要希望通过允许消费者有机会的规

① Harper, Tieffa. Does the Digital Millennium Copyright Act Impede Scientific Expression[J]. Entertainment and Sports Lawyer, 2002, 19(4): 1-6.

避，解决录音作品上所附的技术保护措施对计算机所造成的损害，即进行纠错或避免对计算机造成的伤害。而 2005 年索尼 CD 案件的发生证实了技术保护措施对计算机所造成的严重损害，这更坚定了 Edward Felten 教授对此例外规定的诉求。虽然著作权人抗辩认为 DMCA 法案中关于计算机网络系统安全目的例外可以解决此问题，但这一提议还是最终获得了版权局局长的同意。2010 年发布的六项例外中，第(1)条，第(2)条和第(4)条是新增的条款。这些条款进一步体现对信息安全的维护，信息安全问题也被逐步关注。2012 年 11 月以及 2015 年 10 月 28 日发布的例外规定，更多关注了关于技术保护措施与其他计算机软件程序和网络的兼容性问题。

首先，对技术保护措施兼容性和互操作性的反规避例外规定。其中，按照 2010 年例外规定修订内容第(2)条规定，使用无线电话手机去执行软件适用的计算机程序，破解计算机程式是为了使软件适用具有兼容性时，规避即是合法的获得。这一免责条款也是 2010 年新增加的例外。尽管这一例外在 2012 年修订的例外规定中未被延续①，但在超过 10 万美国人请愿白宫后，白宫互联网、创新和隐私高级顾问代表白宫正式回应消费者应予解锁手机，而不必面临刑事处罚或其他处罚。按照 2010 年修订内容第(3)条的规定，计算机程序，以防火墙形式或软件形式使使用的无线电话手机联系无线通信网络，当计算机程序拷贝拥有者规避该程序仅仅为了连接无线通信网络和访问网络运营商授权的网络访问，可以规避。这一内容在 2012 年的例外规定以及 2015 年中被进一步强化，其中 2015 年例外规定中增加了“移动设备越狱”和“智能电视越狱”的例外规定中，均明确规定，规避技术保护措施是基于使智能手机、智能电

① 2012 年美国国会发布的例外规定中却对手机解锁的规定进行了严格的限制。2013 年 1 月 26 日之后，消费者解除手机运营商网络限制将成为违法行为。按照版权局局长的解释：联邦法院在 2010 年 Vernor v. Autodesk 案的判决认定，消费者并没有买到所有权，而仅是取得授权，所以破解程序属合理使用的抗辩理由无法成立。2013 年 2 月美国已有 10 万人签名请愿，要求取消手机运营商的解锁禁令。白宫的正式回应显示政府将通过将支持通过一系列的方法来解决这个问题。

视或者设备上运行的合法获得的软件应用与计算机程序间实现互操作性(兼容性)，那么这一规避行为是被允许的。技术保护措施的兼容性和互操作性是技术发展以后必然面临的问题，若不予以明确限制，技术保护措施的应用将阻碍技术的创新，并更易于使系统和数据遭受安全攻击，产生信息安全风险。对政府而言，兼容性和互操作性的肯定不仅考虑智能手机的创新问题，这符合法律保护有效的技术保护措施的宗旨，也有助于避免因技术保护措施不兼容而产生的信息安全问题。

第二，安全测试和安全研究的例外规定。具体规定为：在个人计算机上的视频游戏和被技术保护措施保护控制合法接触获得的作品，当规避被完成仅仅为了合理测试目的，为调查、或更正潜在的或实际发生的安全缺陷、脆弱性，如果来自安全测试的信息被主要使用促进计算机、计算机系统和计算机网络拥有者和运营商的安全；而且这一信息以不使著作权侵权或违背可适用法律的方式被使用或维持，这一例外规定也是2010年新发布的例外。按照这一规定，实施规避的目的可给予安全测试、研究或者修正安全漏洞或者缺陷。这也反映出立法者已经注意到了技术保护措施对于信息安全所产生的否定性的影响。2015年例外规定中进一步强调关于软件安全研究规避例外的规定，即若规避是基于善意的安全研究需要，规避合法获得的设备或机器上运行的计算机程序技术保护措施是被允许的。这一安全研究的例外规定仅基于研究供消费者使用的设备、机器、陆地机动车和医疗设备，而不能被用于促进版权侵权行为。显然，这些内容的规定一定上可化解版权保护与技术安全研究之间的冲突。

第三，技术保护措施时效例外规定。这是2006年发布的反规避条款例外规定的一个更新，即被安全锁(dongles)①保护的计算机程序，若由于故障或损坏阻止访问受保护作品，如果它已经过时，应不再被制造或者如果它在商业市场上不再可能被合理地提供一个

① 加密狗(dongles)是硬件保护，它是一个可被附加在计算机并口、串口或USB上的小插件，它包含厂家烧制的EPROM和定制的专用集成电路。

替代或者修理，那么这一个硬件锁的技术保护措施应该被考虑淘汰，对它的规避也就被允许。当受保护技术措施在市场中已被淘汰不能发挥保护作品功能时，规避该技术保护措施行为应当是允许的，否则将有失公允。技术保护措施的技术性表明，受保护的技术措施本身是发展变化的，若法律制度不对技术措施的时效性做出规定，将不合理的扩张著作权人对作品的控制力，这是违背技术发展变化规律的。这一例外规定反应了法律制度对技术保护措施变化特性的适用性，其背后的理论依据值得深思。

技术保护措施变化特性决定其对创新与安全方面的负面影响亦是动态的。美国每三年发布的技术保护措施反规避的列举式例外实际上是对技术保护措施应用的一个定期评估机制，这一评估机制实践在一定程度上起到实时规制技术保护措施的作用，也凸显了技术保护措施制度的变革。与此同时，例外规定中涉及信息安全例外实践的内容进一步扩大，这些例外规定在协调著作权与信息安全方面发挥积极作用，证实了规范技术保护措施对信息安全冲击的必要。但是，这一机制并未从本质上改变技术保护措施反规避例外规定的列举式模式。多数学者也认为，DMCA 例外规定的范围太窄，以致无法在将来为消费者提供足够保护，一些滥用技术保护措施的行为依然无法得到制约。①

5.1.2 欧盟相关指令

欧盟对技术保护措施例外规定主要体现在《欧盟信息社会版权指令》中。按照欧盟 2001 年的《欧盟信息社会版权指令》前言第 51 段规定，技术保护措施不能损害第 5 条所揭示的公共利益(即合理使用)及安全，并要求各会员国应立法鼓励著作权人，自愿地提供达到这些例外与限制目的之机制，若经过一段合理期间，著作权人仍未提供，各国就应采取必要的作法，促使著作权人落实这项

① FV Lohmann. Measuring the Digital Millennium Copyright Act Against the Darknet: Implicaitons for the Regulation of Technological Proteciton Measures[J]. Loyola of Los Angeles Entertainment Law Review, 2004(24): 635-637.

工作。

欧盟《信息社会版权指令》的第 6 条(4)规定“当权利人没有采取自愿措施时，成员国应当确保对权利人采取适当的例外或限制措施，用以使受益人能够从这些措施中获益。这些例外或限制措施的具体规定应当符合第 5 条第 2 款中的(a)(c)(d)(e)项，以及第 3 款中第(a)(b)(e)项要求。其中，例外或限制措施需满足收益人获益的必要程度，确保受益人对作品的合法访问权”。欧盟《信息社会版权指令》例外规定是以平衡技术保护措施的保护与社会公共利益的保护相平衡为价值取向的，虽然并未有针对技术保护措施的直接限制与例外，但它所设定的对技术保护措施合理应用的要求体现了对技术保护措施保护限制的思想。按照指令要求，它首先要求权利人自愿采取限制权利的措施，如果权利人没有采取自愿措施，那么各成员国需要通过国内立法提供相应例外和限制措施，确保受益人权利。指令要求的 7 种例外和限制①中，公共安全被明确提及。依据指令前言的规定，这里的公共安全是与合理使用不相同的概念，但遗憾的是指令并未明确公共安全的定义，也未就技术保护措施的公共安全问题予以论述。但是，从各国对指令的转化适用情况来看，典型如法国的《信息社会著作权与邻接权法》(Law No. 2006-961 on copyright and related rights in the information society)显然是注意到指令的这一规定。

5.1.3 澳大利亚《数字议程法案》

为适应网络环境对著作权保护的需要，澳大利亚 2000 年通过了《数字议程法案》，作为对著作权法的修订。基于美国澳大利亚自由贸易协定的要求，2006 年，澳大利亚通过了 2006 年版权修改法案(The Copyright Amendment Act 2006)。按照该法案，技术保护

① 7 种例外和限制包括：复制；图书馆、公共教育机构、博物馆和档案馆所从事的某些复制；广播组织所制作的某些临时录制和存档副本；某些社会组织所复制的广播节目；为了教学和科学研究的某些使用；为了残疾人的某些使用；为了公共安全和立法、行政、司法程序的使用。

措施主要是指一种访问控制技术保护措施，即一种设备，产品，技术或组成部分(包含计算机程序)，基于作品或别的相关客体所有者或者专有被许可者的同意，被澳大利亚或有资格的国家使用，在它的通常操作中阻止、禁止或限制对作品和相关客体的访问，但不包括如此设备、产品、技术或部件本身；如果作品或别的客体是影片或计算机程序(包括计算机游戏)——控制区域市场分割通过阻止被要求在澳大利亚之外的非侵权复制在澳大利亚的重放如果作品是嵌入在机器或设备中的计算机程序——限制联系这个机器或设计的物品或物品的使用。与美国 DMCA 和欧盟《信息社会版权指令》不同，数字议程法案不禁止直接规避技术保护措施的行为，仅禁止为了制造、提供用于规避技术保护措施的设备和服务的辅助规避行为。①

澳大利亚立法设置的例外情形为：(1)不适用于获得版权所有人或专有被许可人同意的人；(2)合法目的向个人提供规避装置或服务的行为，因强制许可使用目的所为的行为；② 密码研究；(3)基于兼容性目的，即不是一个侵权复制，不会侵犯源程序的版权，当规避发生是为了紧急获得与源程序或别的程序独立创造的计算机程序相兼容；(4)计算机安全测试，主要指计算机安全测试，即规避许可控制技术保护措施不联系计算机程序的侵权复制，不侵犯计算机中的版权，仅是基于计算机、计算计程序和计算机网络所有者的允许进行测试、调查或纠正安全性的测试；(5)在线隐私，即规避不是侵权的复制，不侵犯版权，仅仅为确认和阻止不去披露、收集或散布关于自然人在线活动的个人身份信息，不影响这个人或别的任何人获得对作品或别的作品的访问；(6)基于官方授权的法律执行、国家安全或执行强制的行动、权力或责任，等等。③ 这些例

① 黄鹏翔．数字时代技术措施的法律保护比较研究[D]．上海：华东政法大学，2008.

② 黄鹏翔．数字时代技术措施的法律保护比较研究[D]．上海：华东政法大学，2008.

③ Australia：Copyright Amendment Act 2006（NO. 158，2006），Section 116A.

外在诉讼中由被告承担不侵权的举证责任。

从澳大利亚对著作权技术保护措施的法律规定来看，涉及信息安全的反规避例外情形应基于以下安全目的：为了实现紧急状况下兼容性目的、在线隐私保护、计算机安全测试和国家安全维护。这些例外规定在一定程度上能够规范技术保护措施对信息安全的威胁，其中兼容性要求和安全测试例外一方面可以确保受保护技术保护措施的功能安全性，另一方面也有助于确保整个运行平台以及使用者信息系统的安全，并有助于推动信息安全技术研究的发展；在线隐私例外规定则有助于直接维护使用者的隐私权，从而阻止技术保护措施对隐私权利的侵犯，个人隐私信息的维护是信息安全保障的重要内容之一，这一例外规定有助于协调技术保护措施与个人隐私保护间的冲突，是值得我国立法所借鉴的。国家安全的例外规定则体现了立法者已经注意到技术保护措施的不当应用对安全的威胁，尤其是国家安全，因此设置基于国家安全的规避例外则是非常必要的。显然，澳大利亚的技术保护措施规避例外规定已经考虑到技术保护措施应用对信息安全的一些冲击，它的例外规定在一定程度上可以成为对不当技术保护措施应用的有效规制的重要依据。

5.1.4 法国《信息社会著作权与邻接权法》

1) 法国《信息社会著作权与邻接权法》对著作权技术保护措施例外限制

随着世界知识产权组织和欧盟《信息社会版权指令》对著作权技术保护措施法律地位的认可，各国纷纷在欧盟信息社会版权指令转化过程中对著作权技术保护措施的应用予以规定。于是，2006年8月1日，法国议会通过了《信息社会著作权与邻接权法》以执行欧洲版权指令，并于2009年进行了修订。

该法案遵从欧盟规定认可著作权技术保护措施使用的法律地位，为技术保护措施应用提供法律保护。法案第13条指出："有效的技术保护措施是为了阻止或限制他人未经版权人或邻接权人许可而对除软件外的作品、表演、唱片、录像或节目的使用所采取的有效技术保护措施，在本章条件下受到保护”。① 这里的技术保护措施包含为实现上述目的而采取的相应技术、装置和组成，如加密、水印或任何别的阻止改变的复制控制技术。按照法案的规定，受法律保护时那些有效的技术保护措施，这也是国际社会立法规定所明确认可的。

与此同时，为了平衡版权人与其他利益主体之间关系，防止技术保护措施的不当扩张和应用，各国规定了相应的例外以规范技术保护措施在版权领域的合理应用。法国《信息社会著作权与邻接权法》对著作权技术保护措施的限制规定主要体现在第 13 条、第 14 条、第 15 条、第 16 条、第 22 条等条款中，这些条款规定技术保护措施的采取不得阻止使用者在法案规定的或权利人允许的限制内对作品的自由使用，并且技术保护措施应当保障与现有系统和服务的兼容性，不得违背自由竞争或计算机安全要求。

2）兼容性具体规定

法国立法者发现不同的著作权技术保护措施与对应的播放载体通常是不同的，而它们又是不兼容的，结果可能阻止作品的传播和对作品的平等接触，这损害了消费者的合法权益。为限制著作权技术保护措施应用对消费者权益的损害，法国立法者在规范著作权技术保护措施操作方式规定中提出了兼容性强制遵从的要求，即著作权技术保护措施的应用不得妨碍有效兼容性的效果，而且在法律规定条件下，当事人可请求取得与兼容性实质重要的信息。显然，兼容性要求立法的目的在于防范著作权技术保护措施对文化的传播和阻碍对受保护作品的平等接触，但是有学者认为这一规定并未就请求兼容性提供的主体以及承担披露信息的义务主体、披露形式做出明确规定，② 这实质上阻碍了立法措施在具体实践中的实施效果。尽管兼容性的提出并非基于信息安全维护的目的，但是实现著作权

---

① Law No. 2006-961 on copyright and related rights in the information society, Article 13.

② J Litman. Real Copyright Reform[J]. Iowa Law Review, 2010, 96(1): 54-56.

技术保护措施与其他系统的兼容却在一定程度上可保障著作权技术保护措施的安全性，因为不兼容的系统更容易导致风险产生，使得其更易于受病毒攻击、非法改写等其他方面的安全攻击。因此，重视著作权技术保护措施的兼容性发展，有助于加强对相互作用的安全性的全面研究和关注，从而防范其安全风险的产生。

5.2 标签和披露义务模式

从现有规定来看，无论国际条约还是各国关于著作权技术保护措施的法律保护规定，均给予著作权技术保护措施强势保护的态度，但是却并未规定著作权人因此而应承担的相应义务。以美国《数字千年版权法案》为代表的反规避列举式例外规定并未能有效防范技术保护措施的负面影响和满足消费者权益保护的需求。于是，一些国家开始关注著作权技术保护措施透明度问题，规定了著作权技术保护措施的标签和披露义务，从而形成了对著作权技术保护措施规范的新模式。

5.2.1 德国《著作权法》提供和标示义务规定

为执行欧盟《信息社会版权指令》条款和 WCT 第 11 条款的要求，也为适应现代社会数字网络技术的发展，德国 2003 年 9 月修订发布《信息社会著作权规制法》(Law on the Regulation of Copyright in the Information Society)，之后 2008 年又进行了修订。其中关键的条款已经被纳入德国著作权法中。按照修订的著作权法规定了技术措施的法律保护，著作权人有权对作品实施“有效技术保护措施”，阻止未经权利人授权对技术保护措施的规避和破解。德国著作权法规定的技术保护措施是指技术、设备和组成部件，采取加密、干扰或别的改变或复制控制机制，在通常的操作中被设计去阻止或限制他人未经权利人授权对著作权法保护的作品或别的受保护客体的行动。① 值得注意的是，德国著作权法除执行国际公约及欧

① Germany: Law on Copyright and Neighboring Rights (Copyright Law 2008) 95a(2).

盟信息社会指令保护技术措施条款要求外，为防止著作权技术保护措施的滥用，该法 95b，95d 条款针对著作权人确立了强制执行的限制，课以著作权人在技术保护措施采取上标签义务。这是德国著作权法颇具特色的规定。

1) 明确提供规避著作权技术保护措施必要手段义务

德国著作权法对著作权人采取的保护受保护作品的有效技术措施提供法律保护，禁止基于商业目的、有限商业目的或者主要以规避有效技术保护措施为目的对技术措施的规避，这与欧盟信息社会版权指令的内容是一致的。按照 95a(4) 条的规定，技术保护措施的规避限制不适用于基于公共安全保护目的的政府授权或者刑事法律的执行。这一条款明确提出了技术保护措施应用对公共安全保护的遵从。为了实践著作权技术保护措施合理应用，德国著作权立法 95b 条规定了著作权技术保护措施例外与限制的执行，这些例外规定内容与传统著作权法的合理使用例外规定相一致。按照德国著作权法的规定，作为技术保护措施的权利人，基于公共与安全管理；残疾人士；除了宗教外的学校或教学使用；学校广播；可用于教学和科研；私营部门或其他个人用途的复制；没有商业或科学目的的个人学术使用，在一个广播作品中涉及使用者目前的个人信息；广播组织的短暂再现等方面使用包含技术保护措施的作品，若取得受保护作品或相关客体有合法许可，他有义务提供必要的手段以使技术保护措施规避例外覆盖的使用人能够获得规避技术保护措施的必要手段。①因此，不同于其他国家著作权立法对技术保护措施的例外和限制规定，德国著作权法规定权利人需承担提供规避技术保护措施的必要手段的义务。

著作权技术保护措施是一种具有技术特征的技术、设备或组成部件，如果仅仅规定可以规避的例外但却要依赖于规避人本身的技能才能实现，那么对于那些不具备规避技能的使用者而言，这些例外规定无疑等同于纸上谈兵。与此同时，德国著作权法给予例外受益人要求权利人提供规避手段的请求权。这一请求权的确立落实了

① Germany：Law on Copyright and Neighboring Rights (Copyright Law 2008) §44-50 、§95b(1).

受益人的权利。显然，德国的这一规定弥补了美国等国家对反规避的例外规定的不足，通过赋予著作权人提供之义务使得对著作权技术保护措施的规制在实践中更具有可操作性，这也是值得我国著作权立法所效仿的。

2)规定著作权技术保护措施标签义务

按照德国著作权法第95d条的规定，著作权人对采取的技术保护措施及其特征、技术保护措施使用限制承担标签义务。同时，标签规定受益人享有提供必要手段的请求权，当受益人提出请求时，著作权人有义务提供所需的信息。德国著作权法因此而确立了著作权人对受保护技术措施的标签义务。按照95d条的具体规定，首先，著作权人应以清楚的看得见的方式对被技术保护措施保护的作品和别的客体予以标记，并标记技术保护措施的特征；其次，标签例外规定受益人行使提请求权时需要提供的信息，例如受保护作品和其他客体的著作权人姓名、商号及地址。① 显然，这一义务的设定有助于加速受益人自例外规定获益。

德国著作权法确立的标签义务规定关注到著作权人与使用者之间在著作权技术保护措施应用上的信息不对等问题，这是其他国家对著作权技术保护措施应用规范中所未能关注的，是德国著作权技术保护措施的法律规定的特色之一。通过这一规定，著作权技术保护措施应用信息的透明度将提高，著作权技术保护措施权利人与使用者间的信息将对等，从而有助于提升交易内容的透明、保护消费者权益以及维护市场的正当竞争秩序，这对于从根本上规制著作权技术保护措施应用对信息安全的负面影响是有效的。这是德国著作权技术保护措施法律实践的成功，也是值得我国著作权技术保护措施法律制度所借鉴的。

5.2.2 欧盟《消费者权利指令》等相关指令的披露义务规定

欧洲议会和欧盟理事会2002/58/EC指令(Directive 2002/58/

① Germany: Law on Copyright and Neighboring Rights (Copyright Law 2008) §95d.

EC of the European Parliament and of the Council of 12 July 2002 on privacy and electronic communications）旨在使各成员国保证电子通信领域个人数据处理中对基本权利和自由尤其是隐私权提供同等保护的规定，以及保证这些数据和电子通信设备和服务在共同体内自由活动的规定之间协调一致。2009 年该指令被修订，这个修订确立了第一个强制的安全违背披露制度，该制度仅仅约束公共电子通信服务供应商，但是对于适用于别的个人数据持有者而言可能是一个基础框架。

欧洲联盟委员会 2008 年表示使用技术保护措施构成著作权保护范式转变。但是，这也可能损害消费者利益，因为消费者并不一定完全知道他们个人数据的使用或应用的使用限制，这被认为已经严重影响使用者的利益。① 为此，2011 年 10 月欧盟针对技术变化以及数字产品市场的发展，修改了原有消费者保护方面的指令，理事会正式通过了新的消费者权利指令，即欧盟消费者权利指令（2011 EU Consumer Rights Directive）。该指令第 6 条明确规定：在贸易中，贸易者应以清楚而易理解的方式告知消费者关于数字内容的功能，适用的技术保护措施措施，包括使用的区域限制、追踪和监控技术。在贸易者意识到或被合理期望能意识的情况下，消费者有权向贸易提供者获知数字内容与软硬件的任何兼容性信息。② 显然，新的欧盟消费者权利指令已经意识到随着数字内容产品在网络环境下的广泛传播，消费者的知情权等合法权利的实现受到挑战。这一披露义务的要求反映了消费者对网络空间包含著作权技术保护措施的数字产品透明度和兼容性的要求③，有助于消费者知情权的实现以及数字内容产品传播中消费者合法权益的维护，也有助于著

① E Cartwright. Consumer-friendly DRM：the Quest for Transparency and Interoperability in a Single European Information Space[J]. International Journal of Liability and Scientific Enquiry，2010，3(3)：238.

② 2011《EU Consumer Rights Directive》Article 6，1(r)(s).

③ E Cartwright. Consumer-friendly DRM：the Quest for Transparency and Interoperability in a Single European Information Space[J]. International Journal of Liability and Scientific Enquiry，2010，3(3)：238.

作权相关问题与消费者权益保护间的协调。

5.2.3 美国相关法案的通知和披露的规定

美国最早在2003年由Rep. Rick Boucher's bill表达了对著作权技术保护措施充分通知问题，之后Wyden bill(数字消费者权利通知法案，Digital Consumer Right to Know Act)进一步表达了关于技术保护的作品披露的问题。按照Wyden bill，著作权技术保护措施有限制消费者基于合理使用目的对作品自由使用和控制的负面影响，妨碍消费者对已经合法获得的数字产品使用和控制的知情权的行使，结果这将使权利人专有权的控制力扩张，并可能限制竞争，导致对数字作品的合法的二次销售和分配。① 因此，Wyden bill号召联邦贸易委员会(FTC)去进行立法规制，执行如下披露要求：为不同类型内容和不同传播渠道制定不同的披露方式。② 这一建议显示，对于著作权技术保护措施的披露应当体现合法的目的，对于应对著作权技术保护措施负面影响有确定的意义，也对独立规范著作权技术保护措施的披露义务提供借鉴，但是显然法案对于披露机制的具体设计缺乏详细规定。

5.3 优先申明和报告义务模式

5.3.1 法国《信息社会著作权和邻接权法》的规定

法国《信息社会著作权和邻接权法》法案在出台过程中关于私人复制、互用性和技术保护措施等条款曾引起了议会支持者和反对者的广泛争论，但对于娱乐公司的信息技术提供产业有着重要影响

① S Pamela, S Jason. Should Copyright Owners Have to Give Notice of Their Use of Technical Protection Measures? [J]. Journal on Telecommunications and High Technology Law, 2007(6): 42-59.

② S Pamela, S Jason. Should Copyright Owners Have to Give Notice of Their Use of Technical Protection Measures? [J]. Journal on Telecommunications and High Technology Law, 2007(6): 42-59.

的法案第 15 条内容却未引起足够的重视。① 然而，随着数字时代技术的不断创新，著作权人所采取的技术保护措施亦不断升级换代以阻止破解和规避，技术保护措施安全性隐患显现。为此，从信息安全这一全新视角审视《信息社会著作权与邻接权法》第 15 条对著作权技术保护措施的规制可为完善我国著作权技术保护措施的规制提供有益借鉴。

该条款的引入受到 2005 年索尼 BMG(Bertelsmann Music Group) CD 丑闻案件（文章下称索尼案件）的影响。② 索尼案件显现了著作权技术保护措施对信息安全的负面影响，也证实了著作权与信息安全间的紧张关系。法国立法者显然注意到著作权技术保护措施所带来的这一负面影响，为了限制著作权技术保护措施的负面影响，进而出台了《信息社会著作权和邻接权法》第 15 条的规定。这一条款的出台显示了法国严格审视著作权技术保护措施应用的态度，对于平衡著作权技术保护措施与使用者利益损害间的风险具有深远影响。

5.3.2 优先申明和报告义务规定

法国《信息社会著作权和邻接权法》第 15 条针对著作权技术保护措施的应用问题向相关利益主体提出了一项新的义务，该条第 1 款规定"包含能去直接或间接远程控制一个或几个系统或者访问个人数据功能的软件产品在进口、从欧盟一个成员国转让、提供或编辑处理时，应服从国家信息系统安全要求，对州管理信息系统安全的行政机关优先申明。提供者、出版者和影响在欧盟内进出口的人必须向州安全管理机关提供质疑中的软件的详细说明书和源代码，能自由处理时的图书馆使用的编码来源，也包括允许从提供的源代

① L Szuskin, J Szczygiel, C Kevin. et al. When Information Security Meets Intellectual Property in France and in the United States: Requirement Applicable to Certain DRMs[J]. Privacy and Data Security Law Journal, 2008(2): 157-158.

② L Szuskin, J Szczygiel, C Kevin. et al. When Information Security Meets Intellectual Property in France and in the United States: Requirement Applicable to Certain DRMs[J]. Privacy and Data Security Law Journal, 2008(2): 157-158.

码中获得如此软件的所有工具和方法。如果软件是基于第三方进口或构想的图书馆查询系统或者别的组成软件，负责信息系统安全管理的州行政机关可以要求第三方提供上述要求的材料。州委员会发布的法令规定申明被归档和上述提到的技术信息被提供的具体条件”。① 从该条规定来看，法案对著作权技术保护措施提供者、出版者和影响在欧盟内进口的人提出了一项信息安全遵从义务，而这一义务的确立也使得著作权技术保护措施的采取应当符合安全性的要求。

《信息社会著作权和邻接权法》第 15 条第 2 款规定“第 1 款涉及的软件应该是在遵从 1978 年 1 月 6 日关于数据保护法案条款基础上和在不会对法律保护的秘密和公共利益造成损害的条件时，该软件才能被应用在对数据进行自动处理的系统上，同时该系统的实行应以保障作品的权利为必要”。② 这一条款实际对第 1 款所规定的软件进行了进一步的解释，即要求提供相关信息的仅仅是那些直接连接自动运行的著作权技术保护措施的软件。

《信息社会著作权和邻接权法》第 15 条第 3 款规定，“第 1 款中提到的软件在符合政府确定的具体适用条件下，基于必要的重要性安装，可能被使用在国家和地方政府机关、公共设施管理或私人组织中的自动处理系统中为收集恐怖主义活动、维护国家安全和国家重大利益方面”。③ 至于该法条款适用的条件和适用的自动处理系统本质则需另外做出详细的解释。

按照法国《信息社会著作权和邻接权法案》第 15 条的规定，任何具有远程控制功能或控制个人数据的包含技术保护措施的软件权利人都必须提出申明，并向法国政府的安全管理部门披露它的源代码。显然这一条款的规定是为了平衡有效的著作权技术保护措施由

---

① Law No. 2006-961 on copyright and related rights in the information society, Article 15 (1).

② Law No. 2006-961 on copyright and related rights in the information society, Article 15 (2).

③ Law No. 2006-961 on copyright and related rights in the information society, Article 15 (3).

此带来的安全威胁。这一安全威胁的产生主要源于远程控制计算机系统功能和远程控制个人数据的这些数字权利管理系统的执行，是为了保护执行过程中自然人、法人和政府的数据安全。这一条款的通过可有效规范那些可能危及计算机系统功能的著作权技术保护措施，进而阻止那些窃取或破坏数据以及其他损害系统的行为。

因此，法国《信息社会著作权和邻接权法》第15条提出的优先申明和说明义务规定，可阻止著作权技术保护措施在数据窃取、破坏、监视、使系统瘫痪等方面的不合理使用，可防止类似索尼案件的出现，并有效平衡著作权技术保护措施需要与使用者(包括自然人、公司和政府行政机关)信息安全之间的利益关系，以规范具有远程控制和远程访问功能的著作权技术保护措施的应用。

5.4 著作权技术保护措施法律制度实践的评鉴

有研究认为著作权技术保护措施保护应以正当性为核心构建①，而能够遵从信息安全的技术保护措施将是网络信息技术日新月异时代所应考量的重要因素。按照昂格尔的《现代社会中的法律》中的观点，现代社会的法律是需要不断反思的，这需要制度上的不断创新以适应法律和社会发展的需求。② 以“信息安全”为核心，比较国际社会中著作权技术保护措施法律制度实践发现：

5.4.1 反规避条款例外规定是主要模式

各国对著作权技术保护措施反规避条款的一般例外规定显示，虽然各国列举的内容存在差异，但列举式例外条款已成为目前有效规制著作权技术保护措施应用的主要方式，也是协调著作权技术保护措施与信息安全冲突的主要模式。基于安全目的而设置对著作权

① 谷川．法理学视域下技术措施法律保护研究[J]．河北法学，2014(3)：161-162.

② [美]罗伯托·曼加贝拉·昂格尔．现代社会中的法律[M]．吴玉章、周汉华译．北京：译林出版社，2001：230.

技术保护措施规避的兼容性、在线隐私、安全测试和国家安全维护的例外情形已考虑到了著作权技术保护措施对信息安全的影响，这些例外规定在一定程度上能够规范著作权技术保护措施对信息安全的威胁。

著作权技术保护措施安全风险产生的实践显示，技术保护措施的兼容性和互通性不足是造成安全威胁的主要因素之一，加拿大著作权法修订的 C-32 法案、澳大利亚 2006 年通过的著作权修改法案、法国 2006 年的《信息社会著作权和邻接权法案》对技术保护措施兼容性要求，有助于预防著作权技术保护措施的安全隐患，从而确保著作权技术保护措施的安全运行。

传统理论上著作权制度并不对个人使用和获取信息进行限制，而当著作权人利益与使用者个人隐私利益发生冲突时，往往通过其他方式来处理，即向复制媒介征收版权特别费制度；或者要求提供复制产品的制造商承担侵权责任，这些措施均避免了版权人与使用者间的直接冲突。然而，当著作权技术保护措施应用与用户隐私权的冲突成为著作权技术保护措施冲击信息安全的主要表现形式时，上述解决方法将无法实现著作权人利益与个人隐私等利益间的协调。然而，随着数字网络环境下知识产权保护的加强，知识产权与隐私权冲突引起了立法者的关注。美国 DMCA 第 1201(i) 保护个人身份信息的例外、澳大利亚 2006 年著作权修正法案在线隐私例外规定实践了这一关注。然而，这一问题并非引起了所有国家关注，加拿大政府在起草反规避条款时就忽略了著作权技术保护措施对隐私权的影响，甚至有联邦上诉法院在 BMG Canada Inc. v. JohnDoe 案件①中认为“当知识产权受到侵权或侵权威胁时，隐私权应当让位于保护知识产权的公共考量”。② 这一观点并未获得认可，但 C-

① BMG Canada Inc. v. JohnDoe 案件：原告起诉被告通过共享软件而下载大量原告歌曲到家用计算机上，原告因此要求网络服务商披露这些用户的名字和 IP 地址，此举引起分歧，其中涉及隐私权的违背被提出，法院最终认定个人使用而不构成侵权。

② [加]迈克尔·盖斯特主编．为了公共利益——加拿大版权法的未来[M]．李静译．北京：知识产权出版社，2008：122，133.

32 法案在著作权技术保护措施例外条款中并没有设置反措施来限制著作权技术保护措施收集、监控涉及个人定位信息的情形。

尽管列举式反规避条款例外规定是体现著作权技术保护措施信息安全遵从实践的主要模式，但是，列举式例外模式的不足是显而易见的。首先，它并不可能涵盖所有免责情形，尽管美国的定期评估机制独树一帜可以反映技术变化的特性，但是实践显示这些例外并不足以有效保护消费者的合法权益。其次，这些例外规定并不能排除当事人基于合同约定而对这些例外的排除适用。欧盟 2001 年的 EUCD 第 6 条第 4 项及前言第 53 段明确地允许著作权人与利用人间的契约，使得著作权技术保护措施的例外条款可以被放弃。①第三，例外情形对著作权技术保护措施安全性的关注不足。例外规定没有关于著作权技术措施本身安全性的直接规定，仅规定基于基于计算机安全测试需要可以规避技术保护措施，以此希望著作权技术措施的保护不会妨碍计算机安全，但是，这一规定无法有效解决著作权技术保护措施对信息安全保护的需要，甚至不能有效保护安全学者们关于技术安全研究的需要。

5.4.2 著作权人强制的独立义务是变革趋势

从现有规定来看，无论国际条约还是各国关于著作权技术保护措施的法律保护规定，给予著作权技术保护措施强势保护的态度，但却并未规定著作权人因此而应承担的相应义务。反规避列举式例外规定无法有效防范著作权技术保护措施的负面影响和满足消费者权益保护的需求。德国、法国对著作权人独立义务模式无疑为著作权技术保护措施的法律规制提供了较好的借鉴模式。

① EUCD article 6(4)"(53) The protection of technological measures should ensure a secure environment for the provision of interactive on-demand services, in such a way that members of the public may access works or other subject-matter from a place and at a time individually chosen by them. Where such services are governed by contractual arrangements, the first and second subparagraphs of Article 6(4) should not apply. Non-interactive forms of online use should remain subject to those provisions."

首先，强制权利人承担提供著作权技术保护措施信息的独立义务。著作权技术保护措施是一种具有技术特征的技术、设备或组成部件，如果仅仅规定可以规避的例外但是却要依赖于规避人本身的技能才能实现，那么对于那些不具备规避技能的使用者而言，这些例外规定无疑等同于纸上谈兵。而赋予使用者对权利人提供义务的请求权又进一步确保了这一义务的遵从，符合权利义务的一致性要求。显然，德国的这一规定弥补了美国等国家对反规避的例外规定的不足，通过赋予权利人提供之义务使得对著作权技术保护措施的规制在实践中更具有可操作性。

其次，明确的标签义务要求尊重了消费者的知情权。事实证明，著作权人采取技术保护措施保护其智力创作成果加强了数字网络环境下著作权人对作品的控制力，保护了作品的传播与利用。但是，技术措施的保护使著作权人与使用者之间对著作权技术保护措施应用信息处于不对等状态。作为普通消费者他们不可能知悉著作权技术保护措施本身的特征，这在一定程度上妨碍了消费者知情权和选择权的行使。由于著作权技术保护措施信息的不透明，他们无从知悉著作权技术保护措施对其信息系统功能和信息内容的伤害，也无法在面对著作权技术保护措施信息安全风险时有效行使知情权和选择权。著作权技术保护措施的标示或披露义务规定，尤其是使用限制的标示一方面可以充分尊重使用者知情权和选择权，使理性消费者针对著作权技术保护措施的服务做出合理的选择，从而避免不当使用导致安全风险的产生；另一方面充分的信息披露也有助于提高权利人与使用者之间的信息对等，避免由于信息不对称而引发的信息安全问题。

最后，独立条款提出安全遵从义务将有助于从根本上确保著作权技术保护措施的安全性。

事实上，随着技术的不断创新，著作权人所采取的著作权技术保护措施亦不断升级换代以阻止破解和规避，在立法关注维护版权人利益的同时，著作权技术保护措施安全性隐患却未引起立法者和学者的足够关注。法国《信息社会著作权与邻接权法》第 15 条事实上确立了一种权利人的信息安全遵从义务。仔细分析该条内容发现，它所提出的新的安全遵从义务对著作权技术保护措施提供者和著作权人提出了较高的要求，增加了著作权人保护作品(尤其是数字作品)的成本，这在其他国家的版权制度中是比较少见的。这种通过独立条款提出著作权技术保护措施创造者和操作者对技术保护措施信息安全遵从义务的确立将为解决知识产权与信息安全间的冲突提供新的路径，但同时也为著作权技术保护措施提供者和著作权人提出了较高的要求。因此，借鉴法国《信息社会著作权与邻接权法》的规定，对于完善我国立法上对著作权技术保护措施有效性规定以及著作权技术保护措施的合理应用，防范著作权技术保护措施对信息安全的负面影响具有重要意义。

5.4.3 预防与控制是遵从信息安全的最优选择

纵观国外目前对著作权技术保护措施法律规范实践，比较分析著作权技术保护措施信息安全遵从法律规范的三种模式(表5-2)，每种模式反映出在规范技术保护措施方面的优势与不足。随着著作权技术保护措施对信息安全冲击的凸显，一些国家著作权技术保护措施立法已体现了对信息安全的遵从，但是面对著作权技术保护措施信息安全风险的动态性特征，现有立法实践还尚未形成系统控制著作权技术保护措施的有效机制，对于著作权技术保护措施信息安全风险的预防和控制还存在诸多不足。有鉴于此，我国著作权技术保护措施法律制度立法应确立以“预防与控制”理念为核心的信息安全遵从机制：

首先，著作权法律体系内完善技术保护措施法律规定有助于实现对著作权技术保护措施的系统化控制。著作权技术保护措施是为保护著作权作品而采取的，现行著作权技术保护措施的立法规定现状显示，对技术保护措施的法律规定主要体现在著作权法律制度中。著作权法律制度是确认著作权技术保护措施法律属性的源头。因此，选择在著作权体系内完善技术保护措施法律规定有助于著作权技术保护措施规制体系的确立以及著作权制度的完善，这也是目前规范著作权技术保护措施的主要模式。面对被著作权制度所保护的技术保护措施，现行信息安全领域法律规定并未作出直接规定，

表 5-2 **著作权技术保护措施信息安全遵从实践比较**

模式	国家和地区	主要规定	优势	不足	选择
反规避条款例外模式	美国、欧盟、法国、澳大利亚、台湾地区	涉及信息安全维护的反规避例外规定主要包括：国家安全维护、加密研究、保护个人身份信息、在线隐私、安全测试等方面	是侵权抗辩的主要依据，也是各国目前限制技术保护措施危害信息安全的主要模式。	1. 列举式例外的范围较窄，无法满足信息安全保障的全部诉求； 2. 多数国家缺乏定期评估机制，无法应对技术保护措施变化对信息安全的挑战	现有模式对于技术保护措施信息安全风险的动态控制不足，在我国立法中应选择： 1. 列举式反规避条款例外依然是现行著作权制度框架下实现信息安全遵从的主要模式。 2. 为了解决技术保护措施与信息安全间的冲突，要求权利人承担标签义务和披露义务是必要的，这有助于实现对技术保护措施的过程控制。
标签和披露义务模式	德国 欧盟	强制权利人提供规避技术保护措施之必要手段，并标示技术保护措施特征和限制标示和披露	强制性执行措施能够使技术保护措施权利人承担相应义务，满足权利义务一致性要求，以及著作权人与使用者间信息对等需求	1. 强制性执行措施将增加著作权人采取技术保护措施的成本； 2. 需要具体提供义务和使用者请求权行使的具体条件	
优先申明和报告模式	法国	远程控制功能技术保护措施的优先申明和报告技术保护措施软件详细说明书和源代码义务，接受州信息安全管理机构的监管。	1. 优先申明和报告要求能够有效的防范技术保护措施对信息安全的影响； 2. 有助于信息安全管理部门安全监管职能的行使	1. 强制说明和报告义务增加著作权人成本； 2. 信息安全管理部门与著作权管理部门之间职能的冲突协调问题；	

在司法实践中同样面临适用困惑，而且信息安全立法涉及层面多、范围广，很难对著作权技术保护措施的法律规制做出体系化的规定，这也是文章选择通过完善著作权相关立法对著作权技术保护措施的法律规定的重要因素。但是，著作权法律制度主要关注著作权技术保护措施对著作权人权益的保护，当著作权技术保护措施造成信息安全损害时，现有著作权制度的规制的控制力是不足的。

其次，列举式反规避条款例外依然是现行著作权制度框架下实现信息安全遵从的主要模式。正如表 5-2 所示，列举式反规避条款例外在规范著作权技术保护措施合理应用方面的优势是明显的，它是侵权抗辩的主要依据，也是各国目前限制著作权技术保护措施危害信息安全的主要模式。在加拿大著作权立法改革法案建议中，有学者提出反规避条款应注重对著作权技术保护措施限制的规定以保护人民免受过度或非法使用技术的侵害①，在对以侵权为目的的破解著作权技术保护措施的行为予以禁止时，为了实现合适平衡的目的，就需要相应的反措施以明确禁止使用著作权技术保护措施规避加拿大隐私权法保护的行为。② 因此，在我国的立法实践中，进一步完善反规避条款的例外规定依然是主要选择。

第三，著作权技术保护措施定期评估机制是实现对技术保护措施安全风险预防控制的重要途径。随着网络、通信和信息技术的不断发展，著作权技术保护措施作为一种保护作品的方法和手段，也将不断升级换代。通过定期评估机制，著作权技术保护措施权利人一方面可以确保著作权技术保护措施功能的安全性，预防信息安全风险的产生；另一方面也是著作权人及其相关主体应对信息安全威胁时一种自我管理模式，进而可完善信息安全内部管理机制，这正是我国现行市场所缺乏的。比较目前各国立法实践，定期评估机制并未普及，也是我国目前立法所缺乏的。因此，面对数字环境的深

① [加]迈克尔·盖斯特主编．为了公共利益——加拿大版权法的未来[M]．李静译．北京：知识产权出版社，2008：145.

② [加]迈克尔·盖斯特主编．为了公共利益——加拿大版权法的未来[M]．李静译．北京：知识产权出版社，2008：135.

入发展，著作权技术保护措施对信息安全的否定影响也将凸显，借鉴美国定期评估机制规定，确立和完善我国著作权技术保护措施定期评估机制就是必要的。

第四，著作权立法中引入强制的信息安全遵从义务将有助于确保著作权技术保护措施权利人和使用者之间的利益平衡。为实践信息安全遵从义务，要求权利人承担标签义务和披露义务将有效解决著作权技术保护措施与信息安全间的冲突。目前的立法实践显示，虽然有些国家已对著作权技术保护措施的披露问题予以关注，但是还缺乏针对著作权技术保护措施信息披露的详细机制，这将为司法实务的操作带来的困惑。因此，这就需要立法上进一步完善对著作权技术保护措施信息披露机制，形成系统的过程控制。现行著作权法律制度实践显示了对著作权技术保护措施信息安全遵从规定的不足。德国、法国通过修订相应著作权法律制度规定著作权技术保护措施权利人承担相应义务，适应数字时代著作权技术保护措施安全应用的需求，也显示了完善著作权技术保护措施法律规制制度的立法趋势，这也为协调著作权技术保护措施与信息安全紧张关系提供了有益借鉴。

6 我国著作权技术保护措施信息安全遵从机制的建构

按照德沃金的观点“如果政府不能够认真对待权利，那么也不能够认真对待法律”。① 中国于2007年正式加入了WIPO两个互联网公约，现行立法关于著作权技术保护措施的法律保护已基本与国际公约规定接轨。然而，在著作权法律制度对技术措施提供法律保护之时，中国信息化程度还不高，网络市场尚不成熟，著作权技术保护措施的应用有限，著作权技术保护措施对信息安全的负面影响并未引起足够关注。对此，中国需要在接受国际社会普通规制同时，根据著作权技术保护措施和网络发展的客观规律，依据信息安全预防与控制理念设计和改进我国现行著作权技术保护措施法律制度，实行适合于中国的制度创新，构建著作权技术保护措施应用过程中信息安全遵从的规范，以适应技术保护措施应用下协调著作权与信息安全冲突的需求。

6.1 我国著作权技术保护措施法律制度的评价

6.1.1 我国著作权技术保护措施法律制度现状

《信息网络传播权保护条例》第26条规定，技术保护措施是有效防止、限制受保护作品、表演和录音录像制品未经许可可被公众浏

---

① [美]罗纳德·德沃金，信春鹰．认真对待权利[M]．吴玉章译．北京：中国大百科全书出版社，1998：73-74.

览、欣赏或者通过网络传播提供而采取的有效的技术、装置或部件。① 在网络时代，面临技术的不断变化以及由此产生的对法律制度的负面影响，立法上通常通过对技术保护措施的直接规制而实现对行为的规制。在我国著作权制度中涉及技术保护措施的直接规定主要体现在《著作权法》《信息网络传播权保护条例》《计算机软件保护条例》《最高人民法院关于审理涉及计算机网络著作权纠纷案件适用法律若干问题的解释》等法律规范中(表 6-1)。

表 6-1　**著作权制度对技术保护措施的直接规定**

	法律名称	具体条款
法律	2001 年修订的《著作权法》	第 47 条(故意避开和破坏技术保护措施的法律责任)
	2010 年修订的《著作权法》	第 48 条(故意避开和破坏技术保护措施的法律责任)； 第 22 条(合理使用)；第 23 条(法定许可)
行政法规	2006 年《信息网络传播权保护条例》	第 4 条(确认了权利人采取技术保护措施的权利)；第 26 条(技术保护措施概念)；第 12 条(反规避的例外情形)；第 18 条(侵权行为)；
	2001 年《计算机软件保护条例》	第 24 条(禁止故意避开或破坏保护软件著作权的技术保护措施)

① 《中华人民共和国信息网络传播权保护条例》第 26 条“技术保护措施，是指用于防止、限制未经权利人许可浏览、欣赏作品、表演、录音录像制品的或者通过信息网络向公众提供作品、表演、录音录像制品的有效技术、装置或者部件”。

续表

	法律名称	具体条款
司法解释	《最高人民法院关于审理涉及计算机网络著作权纠纷案件适用法律若干问题的解释》	第6条(网络服务提供者对受保护技术保护措施的民事侵权责任)
其他	2012年3月《著作权法》(修改草案)	第六章第64条(概念)、第65条(反规避规定)、第67条(反规避例外)、第七章第74条(规避的法律责任)

2001年修订的《著作权法》第47条、2001年《计算机软件保护条例》第24条明确了技术保护措施的法律地位，规定故意避开或破坏权利人为保护著作权和邻接权采取的技术保护措施行为应承担相应法律责任。① 而对技术保护措施概念的明确规定最早见于2006年颁布实施的《信息网络传播权保护条例》，该条例第4条赋予了权利人因“保护信息网络传播权采取技术保护措施的权利”，并且禁止任何组织或个人故意规避或破坏受保护技术保护措施，并禁止制造、进口或向公众提供规避或破坏技术保护措施的相关装置或部件，以及提供相应技术服务。② 否则，故意避开或者破坏技术保护措施行为可承担民事、行政和刑事责任。③ 至此，依据WIPO的要求，我国著作权立法已技术保护措施的法律地位，著作权人及

① 中华人民共和国国务院令第339号.《计算机软件保护条例》第24条“故意避开或者破坏著作权人为保护其软件著作权而采取的技术措施的”可承担民事、行政和刑事责任。

② 中华人民共和国国务院令第468号.《信息网络传播权保护条例》第4条“为了保护信息网络传播权，权利人可以采取技术措施。任何组织或者个人不得故意避开或者破坏技术措施，不得故意制造、进口或者向公众提供主要用于避开或者破坏技术措施的装置或者部件，不得故意为他人避开或者破坏技术措施提供技术服务。但是，法律、行政法规规定可以避开的除外”。

③ 中华人民共和国国务院令第468号.《信息网络传播权保护条例》第18条“故意避开或者破坏技术措施的”可承担民事、行政和刑事责任。

相关主体有权运用技术保护措施保护其著作权和邻接权。但是，对于技术保护措施有效的条件和标准并未做出明确规定，这也为司法实践中界定技术保护措施的有效性带来困惑。

之后，2010 年修订的《著作权法》第 48 条进一步确认了技术保护措施的法律地位，同样规定了故意规避(避开或破坏)技术保护措施行为的法律责任承担。① 对于著作权技术保护措施合理使用的限度方面，主要体现在《著作权法》第 22 条、第 23 条对于权利限制的规定。此外《信息网络传播权保护条例》第 12 条规定的 4 种禁止故意规避技术保护措施的行为例外情形，包括：为学校课堂教学或者科学研究；不以营利为目的，通过信息网络向盲人提供已发表的作品；国家机关执行公务；对计算机及其系统或者网络的安全性能进行测试。② 这一例外的规定不同于合理使用，它是专门针对技术保护措施的反规避问题而规定的，它比合理使用的范围要窄。这一例外规定也在一定程度上限制了著作权人对技术保护措施的控制权利范围。虽然为了适应网络传播的需要以及国际社会对技术保护措施法律地位的认可，我国的著作权法律制度也做出了符合国际条约的规定，但是，这些针对技术保护措施的限制与例外还缺乏详细规定，而 4 种例外情形也被普遍认为范围是过于狭窄的。

此外，司法解释《最高人民法院关于审理涉及计算机网络著作

---

① 2010 年《中华人民共和国著作权法》第 48 条“未经著作权人或相关权利人许可故意规避(避开或破坏)权利人为保护其作品、录音录像制品等著作权或邻接权而采取的技术保护措施行为”可构成侵权行为，需要承担民事责任；损害公共利益的，承担行政责任；构成犯罪的，依法追究刑事责任。

② 中华人民共和国国务院令第 468 号.《信息网络传播权保护条例》第 12 条“属于下列情形的，可以避开技术措施，但不得向他人提供避开技术措施的技术、装置或者部件，不得侵犯权利人依法享有的其他权利：(一)为学校课堂教学或者科学研究，通过信息网络向少数教学、科研人员提供已经发表的作品、表演、录音录像制品，而该作品、表演、录音录像制品只能通过信息网络获取；(二)不以营利为目的，通过信息网络以盲人能够感知的独特方式向盲人提供已经发表的文字作品，而该作品只能通过信息网络获取；(三)国家机关依照行政、司法程序执行公务；(四)在信息网络上对计算机及其系统或者网络的安全性能进行测试”。

权纠纷案件适用法律若干问题的解释》第六条规定了网络服务提供者对受保护技术保护措施的民事侵权责任。① 网络服务提供者是网络空间的重要参与者，应当承担维护互联网安全和发展职责。实践中，通过网络上载、传播和提供规避著作权技术保护措施的方法、设备或材料成为规避技术保护措施的重要途径，因此网络服务提供者作为提供网络服务的主体应对此承担相应的注意义务。当明知存在故意避开或者破坏受保护技术保护措施的行为时还提供上载、传播和提供服务时，应采取措施阻止规避技术保护措施的上载、传播和提供服务，否则将间接帮助规避著作权技术保护措施行为的发生，不符合著作权法对技术保护措施的法律规定。因此，明确网络服务提供者的民事侵权责任是非常有必要的，也有助于对技术保护措施法律保护。

2012 年 3 月 31 日，国家版权局发布了《著作权法》(修改草案)，7 月 6 日发布修改草案第二稿，按照发布的著作权法修改草案第二稿，修订的著作权法专章规定了技术保护措施和权利管理信息的内容，具体涉及技术保护措施的定义②、技术保护措施反规避的规定、技术保护措施反规避的例外，并在权利保护中规定规避技术保护措施的法律责任。至此，对于技术保护措施的保护不再局限于网络环境下，亦保护非网络环境下的应用。技术保护措施反规避例外的规定法律框架和内容与《信息网络传播权保护条例》中的例外条款是一致的，并未有新的突破。学者霍姆斯认为，所有的法律

① 《最高人民法院关于审理涉及计算机网络著作权纠纷案件适用法律若干问题的解释》第六条："网络服务提供者明知专门用于故意避开或者破坏他人著作权技术保护措施的方法、设备或者材料，而上载、传播、提供的，人民法院应当根据当事人的诉讼请求和具体案情，依照著作权法第四十七条第(六)项的规定，追究网络服务提供者的民事侵权责任"。

② 2012 年 3 月 31 日国家版权局发布《中华人民共和国著作权法》(修改草案)第 64 条"技术保护措施是指权利人为防止、限制其作品、表演、录音制品或者计算机程序被复制、浏览、欣赏、运行或者通过信息网络传播而采取的有效技术、装置或者部件"。

都是针对事物能被感知的状况①，有学者认为我国此次对技术保护措施的修订超出了 WPT 和 WPPT 的最低要求②，但显然此次新一轮的著作权法修订中关于技术保护措施的法律规定主要是基于与互联网国际公约的一致性，对于技术保护措施引发的信息安全问题并未有能够感知并形成规范准则。然而，随着技术保护措施的广泛应用，它对信息安全的问题将逐步凸显，完善技术保护措施的法律制度就显得极为必要。

6.1.2 我国著作权技术保护措施法律制度的改进需求

著作权技术保护措施为应对著作权侵权而产生，是一种事前预防措施③，但法律对著作权技术保护措施的法律保护(禁止未经许可和法律规定对著作权技术保护措施破解或破坏)才使得著作权技术保护措施能够真正实现维护著作权人合法权益的功能。然而，当著作权技术保护措施应用超出法律所保护范围，使用者失去对自身计算机的控制，计算机系统瘫痪，数据被窃取和使用，国家关键基础设施被攻击等一系列信息安全问题产生时，为防范著作权技术保护措施的滥用，就需要通过法律制度对著作权技术保护措施的直接规制而实现对行为的规制，以确保著作权技术保护措施的合理应用。

总体而言，面对著作权技术保护措施对信息安全的冲击，我国现有立法规范是不足的：一方面现有制度并未对著作权技术保护措施的有效性条件和标准做出明确界定；另一方面我国对著作权技术保护措施限制的规定主要采取列举方式，这些列举内容范围涉及面窄，并且缺乏变化，无法适应著作权技术保护措施发展变化带来的负面影响。具体而言：

---

① ［美］小奥利弗·温德尔·霍姆斯．霍姆斯读本 论文与公共演讲选集［M］．刘思达译．上海：上海三联书店，2009：121.

② 左玉茹．《著作权法》第三次修改草案述评［J］．电子知识产权，2012(4)：23.

③ 王迁．网络版权法［M］．北京：中国人民大学出版社，2008：323.

1）著作权技术保护措施对隐私权和数据保护的负面影响被忽略

当技术变化使原有形态发生变化时，新型技术发展推动新的权利需求，产生新的行为形式，进而对权利平等享有、隐私保障、权益维护带来新的冲击。但权利需求、行为规范、责任承担等方面却面临制度缺乏的困境，如传统的隐私规则主要保护身份利益为目标，面临网络技术的发展，现行法律不能为身份利益提供有效保护时，不能足以保障隐私。技术保护措施应用实践显示：随着数字技术的不断发展，著作权技术保护措施的负面影响已经凸显。消费者失去他们对自己计算机的使用和控制，面临计算机系统瘫痪、数据被窃取和使用、个人隐私被侵犯的信息安全风险。

与此同时，纵观现行立法，尚未形成系统的隐私和数据保护法律制度。隐私权概念首见于2007年发布实施的《侵权责任法》，此前隐私权一直归于名誉权保护，使得侵权的界定变得困难，虽然《侵权责任法》的出台确定了隐私权的民事法律地位，但是对于隐私权的维护，尤其是网络环境下隐私权的主体、隐私权的内容、隐私权的侵权界定等内容还未形成体系化的规定。至于数据保护方面，我国没有形成专门的数据保护方面基本法律，对于数据保护的问题散见于1982年的《宪法》、1986年的《民法通则》、1991年的《民事诉讼法》、2004年《身份证法》（2011年修正）、1997年《刑法》（2011年修正）、2000年《全国人大常委会关于维护互联网安全的决定》、1994年《计算机信息系统安全保护条例》、1997年《计算机信息网络国际联网安全保护管理办法》、2000年《计算机病毒防治管理办法》、2000年国家保密局《计算机信息系统国际联网保密管理规定》、2000年信息产业部第三号令《互联网电子公告服务管理规定》、2012年全国人民代表大会常务委员会《关于加强网络信息保护决定》等法律法规和规范性文件中。

技术保护措施的出现在一定程度上保障了数字作品的传播，立法对技术保护措施保护也明显集中在维护著作权人的著作权权益，显然是忽视了技术保护措施下消费者隐私和数据保护的需求。虽然也针对技术保护措施使用限制通过例外方式予以规定，但立法针对技术保护措施的例外限制并未对技术保护措施应用下隐私与数据保护遵从做出明确规定，使社会整体利益平衡面临冲击。台湾地区在规定著作权技术保护措施的限制中，除合理使用条款之外，增设了地区安全、保护未成年人与保护个人数据等法定事项。虽然立法上并未进一步就上述内容予以详细界定，也未能将计算机或网络进行安全测试的例外相区分，但这一内容亦显示出立法者对著作权技术保护措施冲击信息安全否定性影响的关注。

2) 列举式反规避法定例外模式缺乏灵活性

技术作为对人类社会的认知手段，日新月异，而作为规范性的法律制度并未能与技术同步而为，并不能针对具体的技术发展问题实时做出反应，这样在具体规范新型技术问题时即存在法律适用的不确定性及模糊性。这里的不确定性包括：是否一个新的实体、活动或联系在一个存在的类别中可能是不清楚的；一个新的实体、活动或联系可能陷入不止一个类别，引起不一致的规则；存在的规则在涉及新的可能性时可能变得模糊。① 例如：虚拟物品的保护问题；新型科技活动所造成的权益损害如何界定责任及赔偿问题；网络侵权、网络犯罪等问题是否能依据现行制度予以规范和适用即在司法实践中存在不确定。

对于著作权技术保护措施规制而言，我们没有美国立法上针对技术保护措施的定期评估制度，仅仅通过列举式例外方式对技术保护措施进行了限制性规定，但这显然不能适应技术保护措施不断发展变化的技术特性。实践显示，定期的评估机制可反映技术变化过程，决定技术保护措施有效性、安全性、正确性使用的过程，能增加法律制度的效力，确保技术应用的健康和安全。因此，美国关于技术保护措施的定期评估制度做法是值得我们借鉴的，这一机制有助于解决现行制度在技术变化语境下法律适用的不确定性困境。有学者提出可因此而通过授权最高人民法院或者国家版权局发布定期

① NG Alina. Rights, Privileges, and Access to Information [J]. Loyola University Chicago Law Journal, 2010, 42(1): 89-91.

调整、修正的规避例外规定①。

3）著作权技术保护措施应用过程的规范机制尚未形成

"信息安全风险的预防与控制"理念的实践要求法律对策应当反映预防、控制安全风险的客观需求，重视对著作权技术保护措施应用的过程控制，形成对著作权技术保护措施规制的一种过程基础的控制机制。纵观现行著作权立法对技术保护措施的规制，主要集中于对著作权人权益的维护，并没有形成过程基础的一种规范技术保护措施合理应用的有效机制。具体而言，现行立法缺乏认定著作权技术保护措施有效性的条件规定，尤其未能明确著作权技术保护措施安全性要求和产品安全的检测性义务；也没能确立对著作权技术保护措施信息及安全风险的信息披露机制；没有形成要求著作权技术保护措施的权利人承担信息安全危害的及时修复义务和造成损害的责任机制。因此，目前著作权制度对于技术保护措施的法律规制不能适应对技术保护措施变化发展的特性，也不能应对信息安全风险动态性的挑战，不能实现对技术保护措施安全事件的动态控制，有效防范著作权技术保护措施对信息安全产生的负面影响。

（1）缺乏著作权技术保护措施安全风险控制的预防性措施

著作权法的基本目的在于通过激励创造和智力作品的传播而促进社会文化的提高，当著作权法赋予权利人合法垄断的优先权时，它需要平衡激励作者与许可公众间的利益关系，例如通过表达、原创性、公有领域和合理使用等制度适度限制作者的垄断权和范围。然而信息技术、网络技术的发展不断改变着著作权的实践，音乐、软件、图书等极易通过以数字形式复制，并可以通过网络在全世界传播。由于数字时代的复制成本低、操作容易、传播快、损害大，著作权人求助于技术措施控制作品被接触和使用，但是这些技术措施极易被规避和破解。著作权人因此而认为单纯技术保护措施不足以对付侵权，于是技术保护措施的法律保护应运而生，其中"有效性"是技术保护措施受法律保护的前提。然而，我国立法上对技术

① 郭鹏．我国技术保护措施及其例外的法律构架完善——对《著作权法修改草案》的不修改质疑［J］．暨南学报（哲学社会科学版），2012（10）：115.

保护措施有效性判定条件未作出明确界定，这为司法实践中判定有效性技术保护措施进而判断侵权带来困惑。因此，技术保护措施有效性标准应满足怎样的标准就成为折射激励创造与利益平衡的关键因素。而有效性标准的明确有助于确保著作权技术保护措施在应用前的安全性，从而预防著作权技术保护措施冲击信息安全的产生。

(2)缺乏对著作权技术保护措施运行过程的规范

有学者指出由于消费者对于计算机系统内秘密存在的技术保护措施软件的侵入和伤害无法知道结果，导致了这些软件造成的安全损害扩大，而部分使用者即使知道了这些损害的存在，但对于是否有追索权也不知道，或者认为没有必要诉诸法律或者不值得去因此而得罪冒犯内容提供者。① 对于采取技术保护措施的著作权人或者技术保护措施供应商而言，他们知道技术保护措施对于消费者而言是不受欢迎的，因此他们选择不去预先披露技术保护措施的使用。② 由于市场运作是基于不完备信息的，越是不能适当有效披露技术保护措施相关信息，标示这些措施强加的限制，通知和警示存在的威胁和风险，越是容易加剧两者之间的紧张关系。技术保护措施的技术特性，以及其应用系统的动态变化都彰显了技术保护措施的动态性特征，这需要法律规制措施能够实现对技术保护措施运行过程的控制，其中信息披露机制即是有一种有效的选择。然而，现行著作权技术保护措施法律制度并未涉及技术保护措施信息披露方面的具体规定。因此，德国著作权立法要求技术保护措施权利人提供规避技术保护措施的必要手段以及标示技术保护措施信息规定显然为填补我国著作权立法这一空白提供了借鉴。

(3)缺乏对著作权技术保护措施损害信息安全的惩罚机制

---

① J Stanley. Managing Anaging Digital Rights Management: Effectively Protecting Intellectual Property and Consumer Rights in the Wake of the Sony CD Copy Protction Scandal[J]. A Journal of Law and Policy for the Information Society, 2008, 4(1): 157-160.

② S Pamela, S Jason. Should Copyright Owners Have to Give Notice of Their Use of Technical Protection Measures? [J]. Journal on Telecommunications and High Technology Law, 2007(6): 42-59.

博登海默认为，对于一个法律制度而言，如果没有可强制实施的惩罚手段，就会被证明无力限制不合作的、反社会的和犯罪的因素，自然也就无法实现其在社会中维持秩序与正义的基本职能。① 法律责任的承担是一种制裁，目的在于保证法律命令得到遵守与执行，强迫行为符合已经确立的秩序，制裁的作用被认为比其他手段更能促使人们有效遵守与执行法律命令。② 埃德温·W. 帕特森(Edwin W. Patterson)就认为“制裁是每一法律体系和每一项法律规定的必要特征”。③

实践表明，由于没有相应法律制度规定技术保护措施及时修复问题，因此，一些著作权技术保护措施并未形成实时漏洞修复机制。当著作权技术保护措施冲击信息安全时，技术保护措施创造者和操作者通常在事件发生后通知使用者，使用者在技术保护措施使用过程中的伤害被忽略。因此，确立著作权技术保护措施问题的立即修复机制，明确著作权技术保护措施使使用者面临风险时权利人的修复义务和损害责任，有助于满足使用者对于攻击状况信息的要求，从而减轻使用者使用技术保护措施的风险。

鉴于著作权技术保护措施对信息安全的冲击，我国现有著作权技术保护措施法律制度的不足无法有效协调著作权与信息安全日益凸显的冲突，这就亟需引入新的理念设计完善现行著作权技术保护措施法律制度，探寻协调创新与安全有效路径，防止类似索尼案件在我国的发生。因此，引入信息安全风险预防与控制理念完善我国现行著作权技术保护措施法律制度是必要的，这需要完善著作权技术保护措施的有效性标准、披露义务、监管措施与责任承担机制，实现对技术保护措施应用过程的规范，预防和控制著作权技术保护

① [美]E. 博登海默著，邓正来译．法理学：法律哲学与法律方法[M]. 北京：中国政法大学出版社，1999：364.

② [美]E. 博登海默著，邓正来译．法理学：法律哲学与法律方法[M]. 北京：中国政法大学出版社，1999：360-361.

③ [美]E. 博登海默著，邓正来译．法理学：法律哲学与法律方法[M]. 北京：中国政法大学出版社，1999：361. 原载于 Jurisprudence：Men and Ideas of the Law(Brooklyn，1953)，p. 169.

措施产生的信息安全风险，这有助于从根本上协调数字网络环境下技术保护措施应用所引发的著作权与信息安全间的冲突。

总而言之，我国应在著作权技术保护措施法律规范调整中，确立技术保护措施的采取者(包括版权人和邻接权人)、提供者强制的最低信息安全注意义务或者安全遵从义务，构建以预防与控制为核心理念的著作权技术保护措施安全遵从机制。首先，无论基于商业或非商业动机，安全遵从机制适用于所有内容创造者或操作者；其次，立法中应将遵从隐私权和数据保护方面的法律纳入技术保护措施反规避条款例外规定中，违反规定的技术保护措施许可也是无效的。这一要求对于创造者或者操作者(尤其是那些小型的创造者)而言无疑增加他们信息安全风险管理成本，需要他们对技术保护措施的安全性进行仔细评估，然后仔细地签订合同。但这一机制可激励他们外包数据管理和信息安全服务，更激励他们加强自己的信息安全风险管理和合同实践。对于那些缺乏信息安全管理经验的创造者或操作者，这一机制可促进他们管理自身的信息安全系统，减少信息安全风险发生的概率。

6.2 完善著作权技术保护措施“有效性”规定

明确立法所保护的著作权技术保护措施的“有效性”标准是预防著作权技术保护措施信息安全风险的重要前提。

6.2.1 “有效性”标准完善的提出

有效是立法保护著作权技术保护措施的重要条件。按照国际立法判断，有效的著作权技术保护措施应当能保护著作权保护的客体，确保著作权免受侵权，那么可被认为是有效的著作权技术保护措施。但是，对于著作权技术保护措施有效性具体条件却仅仅停留在原则性规定阶段，即主要从著作权技术保护措施的功能和目的判断著作权技术保护措施的有效性。这些原则性规定，仅能判断出著作权技术保护措施采取的主体和它的目的，作为著作权技术保护措施有效性程度的判断依据，而在司法实践中并不能真正以此来确定所采取的著作权技术保护措施的有效性。

学者普遍认可这种“有效”并非该措施不可攻破，事实上将不可攻破作为有效性标准也是不符合实际的，也不能认为只要权利人对著作权作品设置了防止接触和使用的技术保护措施，就承认该技术的有效性。① 但对于防止规避的程度，即有效性的程度讲，学者间的理解是不同的：有学者认为并不能因为某一技术保护措施容易被破解就认定其无效性，而应当依据普通计算使用者标准(一般的普通使用者，除掌握专业技能的)判断其是否可以避开某技术保护措施，如果可以，则认为该技术保护措施已经失效，丧失了保护著作权作品的能力。但有学者坚持认为当规避技术保护措施的方法已经普及并成为常识性知识时，这种技术保护措施的有效性就应该值得怀疑，否则将导致某一技术曾经有效便可一直有效，致使任何规避的行为将为认定违法的现象出现。② 显然随着技术的不断发展，著作权人所采取的技术保护措施并非是一成不变的，当某种著作权技术保护措施已经广泛存在并不能发挥控制的功效时，它的有效性应该被否认。

我国的立法规定，并未对著作权技术保护措施的有效性条件和标准作出明确界定。随着网络的广泛普及，以保护著作权为目的，技术保护措施将被著作权人所广泛使用，这种有效性认定条件的缺乏对于司法实践中技术有效性的判定将带来困惑。北京市中级人民法院审理的浙江泛亚电子商务有限公司与百度网讯科技有限公司的案件即印证了这种困惑。③ 在该案件中原告的“娱乐基地”网站提供在线收费音乐，并设置登录口令和相关的付费程序，用户欲下载歌曲，必须在网站提示下输入用户名和密码并支付相应费用后方能进行下载。但被告百度网讯科技有限公司的搜索引擎服务可直接为

---

① 王迁，朱健．技术措施的“有效性”标准———评芬兰 DVD-CSS 技术措施保护案[J]．电子知识产权，2007(9)：48.

② 吴伟光．数字技术环境下的版权法危机与对策[M]//张平．网络法律评论．北京：知识产权出版社，2008：159.

③ 陈锦川．2007 年北京市高级人民法院著作权案例要点即评析[J]．中国版权，2008(2)：9-15.

用户提供原告网站数据库中的歌曲文件链接，用户因此无需输入相应程序即可免费下载其中歌曲。原告因此提起侵权之诉。法院最终判决结果从搜索引擎技术角度认为搜索引擎对搜索内容的合法性不具有预见性、识别性和控制性。因此，只要被告没有建立禁链接协议，那么搜索引擎服务系统就可以对该网站互联互通、信息共享。因此，被告提供搜索引擎服务并没有侵犯原告著作权的主观故意和过失。① 显然，此案件间接否认了"娱乐基地"网站技术措施的有效性问题，有观点认为"'娱乐基地'是一家专业的音乐网站，应了解网络用户的使用情况及网络查询和定位技术的发展情况，但其技术措施却不能防备普通搜索引擎的触角，从另一个角度说明，原告的技术措施缺乏'有效性'"。② 但这种观点是偏颇的，事实上，搜索引擎技术在网站对音乐作品设置技术保护措施的情况下是否能直接规避技术保护措施而直接进入链接的音乐为使用者提供下载，这是值得商榷的。也可以说不能因为不了解开锁技术的进化，就进而否认使用了最普通的门锁来阻止未经许可的进入就是没有效力的。事实上，普通的家庭并非都采取复杂的门锁系统。

随着著作权技术保护措施在数字时代的广泛应用，在著作权技术保护措施有效性认定条件和标准立法空白的情况下，类似娱乐基地案件涉及技术保护措施有效性判定的案件将增加。这就急需对著作权技术保护措施有效性认定条件和标准作出明示，否则司法实践中会面临认定有效性的法律困境。纵观国内外现有关于著作权技术保护措施有效性的规定，主要集中于技术保护措施的目的和功能性标准，忽略了技术保护措施本身技术性特性以及而引发的兼容性、安全性问题，因此，著作权技术保护措施有效性认定需结合技术保护措施的自身特性，而有用性、兼容性、安全性标准将有助于引导技术保护措施真正发挥其平衡著作权与安全利益的作用。

① 北京市第一中级人民法院(2006)一中民初字第06273号民事判决书。

② 陈锦川. 2007年北京市高级人民法院著作权案例要点及评析[J]. 中国版权，2008(2)：9-15.

6.2.2 “有用性”因素

所谓有用性因素，主要指技术的可靠性，是指著作权人所采取的技术保护措施在通常操作中能够起到阻止、约束或者以其他方式限制他人未经著作权人授权或法律允许下行使著作权人权利，此时技术保护措施应认为是有效的。这一要求强调著作权技术保护措施本身可靠性，发挥著作权技术保护措施阻止未经许可的复制、使用受保护作品的功能，以达到保护著作权的目的。从各国对著作权技术保护措施定义及技术有效性判定司法实践来看，这应当是认定著作权技术保护措施有效性的基础要求。发生于美国的 Lexmark 诉 Static(Static Control Components, Inc.)案件中，第六上诉巡回法院认为炭粉下载程序(Toner Loading Programs, TLP)措施并不符合 DMCA 定义下控制进入接触计算机程序(Print Engine Program, PEP)之功能。① 此处 TLP 是非常简短和简单的代码序列，不是被用作验证 Lexmark 的 T 系列打印机和鼓粉之间的验证码，而且任何人购买 Lexmark 公司生产的打印机之后就可获得在打印机内存中的 PEP 计算机程序代码，换言之，没有安全装置保护对 PEP 的接触。巡回法院因此认为虽然 TLP 计算机程序作为一种保护措施能够控制进入接触 PEP 计算机程序的某一途径，但并非唯一途径，正如我们不能说一个门的后门有锁而前面没有锁而认为房子任何门的一个锁可被认为控制进入房子的锁。② 上诉法院认为既然 PEP 计算机程序码可以被取得，TLP 计算机程序就不是 DMCA 定义下有效

---

① DJ Pfefferbaum. Lexmark International, Inc. v. Static Control Components, Inc. 387 F. 3d 522 (6th Cir. 2004)[J]. Intellectual Property Law Bulletin, 2005, 9(2): 185-188.

② DJ Pfefferbaum. Lexmark International, Inc. v. Static Control Components, Inc. 387 F. 3d 522 (6th Cir. 2004)[J]. Intellectual Property Law Bulletin, 2005, 9(2): 185-188.

控制接触受保护著作的技术保护措施。① 这一案件启示，有效的著作权技术保护措施至少是通常渠道能够阻止接触或复制作品的。

但是，有用性并非要求著作权人所采取的技术保护措施具有不可规避之功能，这也是不现实的。在 Universal City Studios Inc. v. Riemerdes 案例中②，被告辩称 CSS 芯片并不能有效控制对作品的许可，但法庭拒绝支持，认为如果疑问中的技术功能是去控制许可，那么有效控制许可技术并不管它是不是一个强的保护方式。③与此案件判决结果不同，2007 年芬兰一法院审理的 DVD-CSS 技术保护措施案件即认为由于规避 CSS 加密技术的方法在网络上已广泛传播，因此 CSS 技术不再属于有效的技术保护措施。④ 但是，如果破解措施尽管在网络上广为传播，却仅专业人士可以操作的话，那么对于普通使用者而言，该著作权技术保护措施依然能够发挥控制功能，应该被认定为符合著作权技术保护措施有效性规定。

综合上述各国定义及相应司法实践，我国在具体实践中判断技术有用性或可靠性标准时，应采取普通使用者标准进而排除技术等领域的专业人员标准。当网络或计算机的普通使用者能够利用常规的计算机操作常识、经验和能力轻易破解或攻击某一著作权技术保护措施时，那么这一著作权技术保护措施就不应认定为是有效的。由此，有效的著作权技术保护措施针对普通使用者而言是要能够达

---

① DJ Pfefferbaum. Lexmark International, Inc. v. Static Control Components, Inc. 387 F. 3d 522 (6th Cir. 2004)[J]. Intellectual Property Law Bulletin, 2005, 9(2): 185-188.

② Universal City Studios, Inc. 诉 Riemerdes：原告诉 2600. com 骇客网站及负责人禁止被告在网站上张贴 DeCSS 程式及提供链接。原告为保护其发行的 DVD 不被复制，使用了内容干扰系统 CSS(Content Scramble System)，而被告在其网站上发布 DeCSS 程序原始密码和源代码，并提供链接。原告因此诉被告违反 DMCA 反规避条款的规定，请求法院禁止被告行为。

③ United States District Court. Universal City Studios Inc. v. Reimerdes, 111 F. Supp. 2d. 294, 317-318 [EB/OL]. http://cyber. law. harvard. edu/openlaw/DVD/NY/trial/op. html.

④ 王迁，朱健．技术措施的“有效性”标准——评芬兰 DVD-CSS 技术措施保护案[J]．电子知识产权，2007(9)：45-48.

到阻止未经许可使用的目的。但是，允许著作权技术保护措施事实上达到有效阻止接触控制和使用控制的目的是困难的，从技术理论上讲，没有绝对安全的著作权技术保护措施。为此，国内学者指出“立法上应规定普通使用者利用其掌握的通用技能和通用合法工具避开无效技术保护措施的行为”有效。①

6.2.3 “兼容性”因素

由于很多涉及恶意软件的技术措施缺乏兼容性，致使成为被攻击的客体，因此，技术措施的兼容性成为确保技术措施安全有效的重要因素之一。目前，著作权技术保护措施兼容性是不足的，这与其标准化程度低是相关的。而产业成熟正是以标准化为重要标志的。② 目前，流媒体协会（Internet Streaming Media Alliance，ISMA）、开放移动联盟（OMA）、安全食品处理器（SVP）联盟、Coral 联盟发布了一些著作权技术保护措施的标准构成，但是由于不同组织的侧重领域、利益需求认识不同，因而对于著作权技术保护措施标准的表达亦不同。如此，无论实现不同著作权技术保护措施间的兼容还是实现著作权技术保护措施与其他系统间的兼容都是不足的。然而，兼容性的不足是产生许多不利影响的重要因素。为此，规范著作权技术保护措施兼容性的问题已引起了一些国家立法的重视。法国《信息社会著作权与邻接权法》、美国国会图书馆发布的 DMCA 例外规定中都明确提出了著作权技术保护措施的兼容性要求。③ 2015 年 10 月 28 日，美国国会图书馆发布的第六次“禁止规避版权技术保护措施的例外规定”中第四个方面“移动设备越狱”和“智能电视越狱”的例外规定中均明确规定，规避技术保护措施是基于使智能手机、智能电视或者设备上运行的合法获得的软件

---

① 王迁，朱健．技术措施的“有效性”标准———评芬兰 DVD-CSS 技术措施保护案[J]．电子知识产权，2007(9)：45-48.

② 郝婷．我国数字出版法律制度的现状、问题及对策研究[J]．中国出版，2011(8)：50.

③ 具体内容可参见 5.1.4 的规定。

应用与计算机程序间实现互操作性(兼容性)，那么这一规避行为是被允许的。

现行著作权法律制度对著作权技术保护措施提供保护时仅考虑其对著作权作品的控制性，忽略了数字时代技术兼容性需求的特性。兼容性是信息技术，以及网络物理系统融合技术发展以后的重要特征。今天，随着信息网络技术的发展，作品在线传播成为一种新的商业模式。而网络上的传播需要以计算机软件产品为条件，如果著作权人所采取的著作权技术保护措施不能与网络或系统中的其他软件或技术相兼容，则可能限制部分产品功能行使，进而可能扩张著作权技术保护措施权利人的控制范围。因此，强调著作权技术保护措施的兼容性要求是必要的。

此外，由于部分著作权人本身并不具备采取技术保护措施的能力，因此实践中他们会委托专门的技术公司开发适合的著作权技术保护措施或信息管理系统。技术公司的独立开发以保护著作权作品为出发点，即保护作品的接触和内容的使用，这可能导致忽略著作权技术保护措施在网络上运行后与其他软硬件系统间的兼容。因此，为使著作权技术保护措施发挥合理限度范围内作用，立法对技术措施提供保护时不应仅考虑对版权作品的控制性，而忽略数字时代技术兼容性需求的特性。立法上明确兼容性标准将会避免出现类似著作权技术保护措施限制竞争、冲击信息安全的事件，并有助于实现对著作权技术保护措施安全性的评估。

6.2.4 “安全性”因素

随着数字时代技术的不断创新，著作权立法实践和理论研究关注的焦点在于如何有效保护著作权人的合法权益，而著作权技术保护措施的安全性被忽略。在美国侵权行为法中，土地拥有者有确保受邀请者的基本安全义务①，我国民法通则第 4 条规定，民事活动应当遵循诚实信用的原则，最高人民法院于 2003 年出台的《关于审

① JC Monica. FDA Labeling of Cosmetics Containing Nanoscale Materials[J]. Nanotechnology Law and Business, 2008, 5(1): 63.

理人身损害赔偿案件适用法律若干问题的解释》中经营者的安全保障义务被确立。对于著作权技术保护措施使用者而言，他们对于安装的著作权技术保护措施拥有合理的安全期望，有鉴于此，安全目标应该是著作权技术保护措施的目的之一①，著作权技术保护措施的创造者或操作者允许使用者访问和利用著作权技术保护措施保护的著作权作品时应当承担基本的安全保障义务，即保证使用者信息系统功能和信息系统内容的安全。

著作权技术保护措施对信息安全威胁的事实显示了一些著作权技术保护措施存在严重的安全漏洞。德国联邦信息安全办公室发布称，包括 iPhone 和 iPad 在内的多个运行 ios 程序的产品版本②存在严重的安全漏洞。此漏洞可被黑客利用在使用者不知情的情况下对相关设备进行控制，包括整个系统和获得管理员权限。具体而言，如果使用者进入一个被操控的网站或者 PDF 文件，那么攻击者就有可能窃取使用者的密码、备忘录、照片、文本信息和电子邮件等信息，甚至可以监听使用者的电话聊天。也许有学者质疑这种风险还仅停留在理论阶段，但这种安全漏洞很容易被不法分子所利用，必然对使用者信息安全造成威胁，这也被发生于 2005 年的 SONY BMG 公司的 CD 著作权技术保护措施丑闻案件所印证。此案件之后，美国版权当局意识到著作权技术保护措施可引发严重的安全威胁，于是，2006 年发布 DMCA 例外规定中增加了关于计算机程序安全检测的例外规定。这些安全风险实践显示，著作权技术保护措施的采取在保证其阻止和限制未经权利人许可的接触和使用作品时，应对其著作权技术保护措施的安全保险性进行评估测试，并及时向使用者和管理部分公布和提交安全性评估报告。而同时，对于这些产品的网络运营商也有义务实时监控其产品的安全

① AC Prihandoko, B Litow, H Ghodosia. DRM's Rights Proteciton Capability: a Review [C]. The First International Conference on Computational Science and Information Management, 2012, 1: 13.

② 涉及的设备包括搭载 iOS 3.1.2 到 iOS 4.0.1 的 iPhone 手机，搭载 iOS 3.2 和 iOS 3.2.1 的 iPad 平板电脑，以及搭载 iOS 3.1.2 到 iOS 4.0 的 iPod Touch 播放器。

性，并在证实存在威胁用户隐私、社会公共利益，甚至国家安全的情况下应协助执法部门采取必要措施。这些要求有助于确保著作权技术保护措施的安全性，满足消费者的安全需求，并因此而做出理性的选择。同时，这也有助于安全管理部门的监管。有学者指出：基于公共利益考虑，对于攻击性的著作权技术保护措施不应给予保护，具有强烈破坏性的著作权技术保护措施与计算机病毒无异，对公众利益形成了严重的威胁，也不利于网络的正常发展。① 总而言之，安全性标准要求著作权技术保护措施的权利人承担安全检测和报告义务。

6.2.5 "有效性"条款完善的立法执行

面对使用者合理的安全期望诉求，立法应明确著作权技术保护措施创造者或操作者应承担对著作权技术保护措施的基本安全检测义务以确保著作权技术保护措施的有用性、兼容性和安全性。为使这些有效性标准予以在立法上落实，需要在现有著作权相关法律制度中增加具体法律条款，以使这些标准执行。首先，增加兼容性规定条款，即"本法涉及的技术保护措施应是有效的技术保护措施，技术保护措施能够不被普通使用者通过通用技能和通用合法工具规避，技术保护措施应当保障与现有系统和服务的兼容性"；其次，应将《信息网络传播权保护条例》例外规定引入著作权法，并将遵从隐私权和数据保护方面法律纳入反规避条款的例外情形。此外，为确保该条款的强制遵从，立法应规定"当技术保护措施收集、使用或披露使用者隐私，或违背其他强制性公共政策规定时，该许可合同条款无效"；第三，增加技术保护措施权利人的安全测试义务规定，即"著作权人对采取的技术保护措施承担基本安全检测义务"。

---

① 马治国．网络版权中技术措施的法律保护[J]．科技与法律，2001(2)：42-43.

6.3 构建以“标签与警示义务”为核心的著作权技术保护措施披露机制

著作权技术保护措施的反规避条款被一些权利人利用而避免程序错误的披露。索尼案件发生之后，美国联邦贸易委员会声称索尼BMG未能充分向消费者披露消费者计算机中的技术保护措施的安装信息，技术保护措施限制消费者CD复制和使用的信息，以及技术保护措施的检测功能，违反了联邦法律。① 为此，联邦贸易委员会提出解决要求，即索尼BMG需要在未来的CDs产品外包装上或者使用者使用许可协议中针对复制的任何限制或使用限制提供明确和突出的披露，并取得消费者的同意，此外索尼BMG也被要求对其产品安全漏洞进行披露②，以警示使用者计算机面临的潜在安全风险。使用者对著作权技术保护措施合理的安全期望使拥有者有责任对那些没有意识到威胁的使用者，或者那些知道威胁但不能去合理保护自己的使用者提供合理的保护，免受著作权技术保护措施伤害风险。因此，以立法形式确立著作权技术保护措施信息披露机制，明确著作权人对技术保护措施采取的标签和警示告知义务，将有效防范著作权技术保护措施对使用者信息安全的伤害。

6.3.1 著作权技术保护措施的信息披露

1) 技术保护措施下数字形式合同加剧了著作权人与使用者的信息不对等

数字环境下，数字形式合同的不合理风险增加，但是目前数字合同原则不能充分反映这些差别。在DRM下，使用者对形式上的数字合同的同意是影响合法和非法数字行为的关键的区别。数字环

---

① FTC. Sony BMG Settles FTC Charges[EB/OL]. [2012-9-20]. http://www.ftc.gov/opa/2007/01/sony.shtm.

② FTC. Sony BMG Settles FTC Charges[EB/OL]. [2012-9-20]. http://www.ftc.gov/opa/2007/01/sony.shtm.

境下的合同不同于真实空间的合同，合同当事人通常不在相同空间，难以以真实空间的方法互相联系，因此数字环境下，询问关于合同条款的意义通常是不方便的①，于是，内容目标的显示在虚拟空间就比在真实空间担任更重要的角色。不像在真实空间每一个合同形式的复制都是统一的，虚拟空间下的目标因素，比如屏幕的文本的尺寸可能一个计算机和另一个计算机都是不同的。这样，在技术调节的合同情形下，为避免不合理性，充分的适当明确的合同同意原则是必要的。而获得使用者充分同意的前提就需要对技术保护措施合同条款做出明确而具体的信息披露，从客观视角判断是否一个理性的使用者是可能已经知道被提供的数字内容。

目前的数字形式合同成立通过单击完成，即使用者在每次执行软件程序时单击计算机屏幕显示的许可条款，通过点击"yes"或"no"确定的显示对使用者协议的同意与否，但实际上购买者通常是被合同绑定的。事实上，反复的对使用者协议的明确通知可构成对条款的确定性同意。

著作权技术保护措施权利人知道技术保护措施对于消费者而言是不受欢迎的，因此他们选择不去预先披露他们的使用。然而，越是不能适当有效披露著作权技术保护措施信息和这些措施强加的限制，越是容易加剧两者之间的紧张关系。有学者也指出由于消费者对于计算机系统内秘密存在的著作权技术保护措施软件的侵入和伤害无法知道结果导致了这些软件造成的安全损害扩大，而部分使用者即使知道了这些损害的存在，但是对于是否具有追索权也不知道，或者认为没有必要诉诸法律或者不值得去因此而得罪冒犯内容提供者。②

---

① B Baumel. Understanding Cross-Platform Text Size Differences[EB/OL]. [2010-3-10]. http://home.earthlink.net/~bobbau/platforms/text-siz/.

② Jeremy Stanley. Managing Anaging Digital Rights Management: Effectively Protecting Intellectual Property and Consumer Rights in the Wake of the Sony CD Copy Protction Scandal[J]. A Journal of Law and Policy for the Information Society, 2008, 4(1): 157-160.

2)著作权技术保护措施信息披露机制

风险管理理论是信息安全的基础工作和核心任务之一，也是有效防范信息安全风险的有效方法，包括风险识别、风险分析、风险评估和风险控制等内容。事实已经证明，风险是无法避免的，基于信息化的推进而产生的信息安全风险同样如此。有效的风险管理措施是必要的。其中，风险披露(告知)被认为是风险控制的中心环节，对于降低风险和分化风险起着至关重要的作用①。

著作权技术保护措施信息披露，是指技术保护措施创造者或操作者针对技术保护措施运行限制以及可能产生的危及公民人身、财产安全、公共利益以及国家安全的安全事故和安全风险向相对方做出陈述和说明。主要包含标签和警示两个方面：首先，在使用者安装运行前充分披露技术保护措施基本特征信息，并告知使用者技术保护措施运行的限制；其次，技术保护措施创造者和操作者应在安装前警示使用者技术保护措施已经可能造成的安全风险和对使用者权益的损害；第三，当发现安全威胁可能涉及危害国家安全时，应及时向有关部门披露相应的安全风险信息，而安全监管部门也可要求在此情况下著作权人技术保护措施相关信息的披露。

对于著作权技术保护措施而言，通过嵌入式方式采取维护数字环境下著作权人的合法权益，但是一些技术保护措施的应用已经引起了包含网络、信息内容和应用服务方面的安全威胁，使信息保密性、完整性、可用性、可控性和不可否认性安全受到挑战。为阻止著作权人采取不安全或未经适当测试的设计，保护使用者安全，规制技术保护措施的滥用，著作权技术保护措施权利人应承担一定的信息披露义务，尤其是针对安全风险的披露义务。

6.3.2 确立著作权技术保护措施信息披露机制的法理依据

按照WIPO著作权协定规定，协定在要求成员国对技术保护措

① 马民虎．网络信息安全保障的法律监管研究[G]．西安：陕西科学技术出版社，2007：121.

施提供立法保护的同时，提出限制技术保护措施阻止被法律或著作权人授权的合法行为，如合理使用或访问公共领域作品。美国DMCA第1201条对技术保护措施规避的例外规定符合立法目的，因为它将激励技术保护措施供应商和著作权拥有者去确保他们技术保护措施的范围与他们的权利范围相一致，否则不仅损害公众监督也使第1201条不可适用。①

1)维护安全价值

著作权技术保护措施对信息安全冲击显示，通过法律制度规范著作权技术保护措施的应用是追求和实现安全价值的重要体现，方能真正实现数字时代安全与发展的目标。但是，寄希望于著作权人对其技术保护措施安全风险的主动披露是不现实的，要防范这种安全风险，就需要将其活动纳入规范化和法治化轨道，这就需要相应的制度规范。为此，法律制度应将著作权人就其技术保护措施的采取履行相应的信息安全风险告知义务设定为一种法定义务，在使用者安装运行前充分告知使用者技术保护措施运行的限制已经可能造成的安全风险和对使用者权益的损害；另一方面，在发现安全风险漏洞时应及时主动采取有效措施来保障信息安全；当发现安全威胁可能涉及危害国家安全时，应及时向有关部门披露相应的安全风险，而安全监管部门也可要求在此情况下著作权人披露技术保护措施的相关信息。

2)防止公地悲剧

公地悲剧(Tragedy of the commons)理论由1968年英国加勒特·哈丁(Garrett Hardin)教授首先提出，是一种涉及个人利益与公共利益对资源分配有所冲突的社会陷阱，说明有限资源若自由而不受限制地使用将会导致资源被过度剥削，进而造成资源枯竭的悲剧。而产生悲剧的原因在于由于产权不明，规制不足，导致有限资源内个体虽然意识到资源的有限性，但是为了个人利益的满足，他

① D Fry. Circumventing Acess Controls Under the Digital Millennium Copyright Act: Analyzing the SecuRom Debate [J]. Duke law and Technology Review, 2009, 005: 1-2.

们选择了个人利益而非公共利益。

公地悲剧产生的实质在于公共资源的产权划分不明导致每个人因此而追求自身短期利益最大化，结果导致资源内全体长期利益的最小化。随着信息化的深入，网络信息资源更多地具有了公共资源的性质，如同公地悲剧中开放的土地作为牧场一样，网络也具有高度开放性的特征，如果每个网络参与者如同放牧者一般想尽可能地、无节制地增加自己的牛羊数量以及放牧次数，而不顾及对公民、法人和其他组织利益的冲击、社会秩序和公共利益乃至国家的安全，网络这一资源也同样会面临公地悲剧问题，参与主体的行为的负外部产生。

参与主体自身是缺乏对安全投资激励的，因此，通过法律制度明确著作权人标签和警示义务，可矫正其带来的负外部性影响，避免因其追求个人利益最大化而导致对著作权技术保护措施的滥用，确保网络空间资源的有效共享。

3）寻求风险化解

实践显示，由于著作权技术保护措施的技术特性，技术保护措施应用会冲击信息系统功能和信息内容，进而可对使用者隐私和数据安全、社会公共利益乃至国家安全产生一定风险。网络中风险和收益都是社会化的，网络空间中，最脆弱的节点一旦被攻击，其他的节点也面临被攻击的风险和最终面临更大损失，因此，安全事故成本被分配在所有节点；另一方面，确保每个节点的安全，网络中的所有计算机将受益。因此，寻求风险化解在有效对抗信息安全风险中具有积极意义，而著作权技术保护措施信息披露机制的确立成为风险化解的重要手段。通过标签和警示义务的确立使著作权技术保护措施的创造者和操作者承担相应的安全遵从义务，可化解安全风险的产生。与此同时，为确保利益平衡，披露义务要注意与其他目标价值相平衡，如可责性、隐私等问题。通常，披露义务涉及相应的问责问题，而披露的实施应当以不损害他人的合法利益为前提。披露机制的确立将增加著作权人采取著作权技术保护措施的成本，这样著作权技术保护措施采取人会增加对技术的安全风险的投资成本，虽然可能增加著作权人保护其作品的成本，但是却提高了社会安全效应。

6.3.3　架构我国著作权技术保护措施信息披露体系

我国虽然在《计算机信息系统安全保护条例》、《计算机信息网络国际联网安全保护管理办法》中规定了网络服务商的风险告知义务，在《合同法》和《消费者权益保护法》规定了经营者的安全风险披露义务。但是，在对著作权技术保护措施提供法律保护的《著作权法》和《信息网络传播条例》中并没有为此而要求著作权技术保护措施的创造者和操作者承担相应的标签和警示义务。现行法律制度并未明示著作权技术保护措施应该满足什么样的标准。然而，当用户因无法获知著作权技术保护措施的侵入和伤害而导致遭受的安全损害扩大时，我们不得不正视著作权技术保护措施信息披露的必要性。由于寄希望于著作权人对其技术保护措施信息和安全风险的主动披露是不现实的，所以要防范这种技术保护措施的负面影响，就需要将其活动纳入规范化和法治化轨道，这就需要构建完善的技术保护措施信息披露机制(图 6-1)，而这种披露机制的核心即在于确立对著作权技术保护措施特征的明示标签义务和对安全风险的及时警示义务。

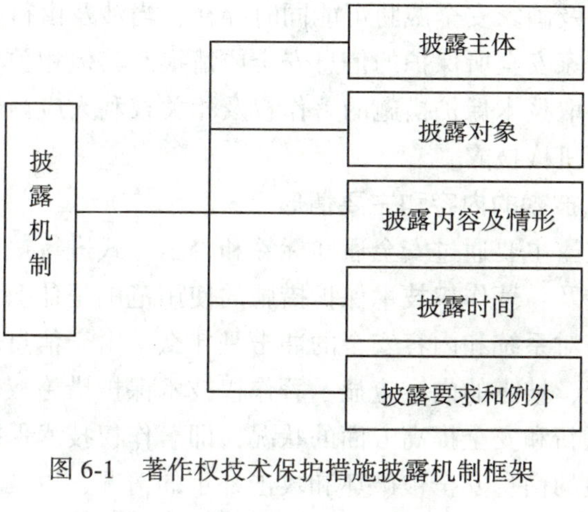

图 6-1　著作权技术保护措施披露机制框架

1) 信息披露的主体

按照我国《著作权法》和《信息网络传播权保护条例》的规定，著作权以及相关权利(邻接权)的权利人可以通过采取技术保护措施来保护其作品、表演以及录音录像作品，这是著作权人及其邻接权人所拥有的权利。实践中，著作权人(含邻接权人)是技术保护措施操作的直接主体，也是直接掌握技术保护措施信息的主体。因此，他们有义务在向使用者服务时明确标示其采取了何种技术保护措施以及该措施之特征(尤其是对使用的限制)。当著作权技术保护措施完全由第三方构想与制作时，该第三方同样承担相应的披露义务。

2) 信息披露的对象

基于著作权技术保护措施应用涉及的法律关系，我们认为著作权技术保护措施信息披露对象应包括以下几类：

首先，著作权技术保护措施保护产品的直接使用者。由于使用者是这些产品的直接使用者，也是风险发生后的直接受害者，依据《消费者权益保护法》、《合同法》等相关法律，他们具有对商品或提供服务的知情权，因此应当作为直接披露对象。

其次，信息网络安全的主管机构。由于信息网络环境下，信息安全复杂性较强，公民、法人和其他组织的合法权益与社会利益、公共安全以及国家安全威胁可能同时存在，当涉及由行政机关依法执行维护国家安全所保护的信息安全或情报及其他相关事项的安全风险时，采取技术保护措施的著作权及相关权利人应当对信息网络安全的主管机构披露。

3) 信息披露的内容和主要情形

信息披露主要通过安全通知标签和警示方式进行。其中，披露的内容应涉及：著作权技术保护措施的使用范围是什么；著作权技术保护措施对系统和内容安全的冲击是什么。由于信息安全是一个动态的过程，披露的内容应显示著作权技术保护措施权利人从事规则的系统更新和安全提高方面的状况，即著作权技术保护措施曾经经历和知道的信息安全被破坏和攻击补丁的情况，以及著作权技术保护措施应用对使用者系统和信息内容安全可能的结果，并提供采取审慎保护的建议。这一披露的目的在于使理性的消费者可以选择是否安装著作权技术保护措施或者选择什么时候安装。

(1)著作权技术保护措施安装和数据收集的信息披露

风险没有立即产生时，“安全通知”的标签要求是必要的。当适用的数字产品是众所周知的能够引起或可能对消费者系统造成功能性伤害时，消费者在安装和使用该数字产品时，创造者或操作者应发布一个安全通知，告知信息安全问题或别的风险的存在。比如：带有技术保护措施的产品在创造者或使用者在安装后带有一个固定的链接。它可以利用网络链接进行持续的数据转移，通过在后台持续的运行盗取(篡夺，盗用)记录，可能使计算机更慢运行的可能性增加或其操作系统将频繁崩溃。这就要求合理性预测应该被显示在安全通知和警示产品上面，消费者因此去购买前能重新考虑这个信息。

SONYBMG公司在DRM中被部署的安全漏洞显示，软件可在使用者不知情情况下被安装在使用者计算机中，并监控使用者软件下载、数据收集和转移等活动状态。这些技术保护措施在许多方式上以类似间谍软件方式行动，收集使用者收听习惯信息给供应商，其中收集的数据包括IP地址，安装在使用者计算机上的唱片的时间、日期和名字。此时，在消费者安装使用前，充分披露著作权技术保护措施特性和详细描述如此技术保护措施数据收集情形是对消费者知情权的尊重，也有助于理性消费者在安装使用技术保护措施前做出合理选择。

(2)著作权技术保护措施应用限制的信息披露

当技术保护措施的设计包含使用范围和使用限制时，相关主体应对技术保护措施的限制应用向使用者做出充分披露，这与WIPO版权协定(Copyright Treaty)提出的对技术保护措施的限制要求是一致的。版权协定提出成员国要采取措施规避技术保护措施的行为，同时也对这一规定提出限定，即这一规定并不能侵害法律允许的合理使用行为以及公众对公有领域作品的访问，要求技术保护措施创造者或者采取技术保护措施的著作权人对技术保护措施的应用限制做出足够和有效的披露使法律对技术保护措施的限制与对他们的权利限制一致。① 实践显示，技术保护措施权利主体多数对其技术保护措施限制应用未向消费者提供足够和有效的披露，结果导致消费者安装之后由于对技术保护措施限制范围和具体应用了解不足，导致安全风险的产生。②

(3)著作权技术保护措施安全风险产生的警示

这一内容也是信息披露机制中的核心内容。事实已经证明，风险是无法避免的，因此有效的风险管理措施是必要的。索尼案件显示，在技术保护措施安全风险产生时，索尼公司并未在第一时间将该信息披露于广大消费者，结果导致面临安全风险的消费者群体不断扩大。网络环境传播速度快、波及面广的特性，使技术保护措施造成的损害具有不可逆性，损害后果严重，这要求相关主体在得知技术保护措施安全风险产生时应及时向使用者、监管部门等主体就产生的安全事故做出描述、使用者信息安全受到损害的内容。同时，为防范安全风险以及降低损害程度，技术保护措施权利人应及时警示消费者信息安全风险的存在，并在披露安全风险信息时发布必要的解决措施，以使使用者和相关主体能及时采取相应措施应对产生的网络安全风险，控制损失的扩大化。为此，可借鉴我国新发布的《消费者权益保护法修正案》(草案)第十九条的规定，按照该规定，经营者对其产品或服务存在的缺陷可能威胁人身和财产安全时，应立即告知相关部门和消费者，并及时采取警示、召回等措施。对于技术保护措施而言：

首先，消费者在安装和使用该数字产品时，创造者或操作者应发布一个安全通知，告知信息安全问题或别的风险的存在。当适用的数字产品是众所周知的能够引起或可能对消费者系统造成功能性伤害时，安全风险产生的警示披露是必要的。比如：带有 DRM 的

---

① BA Kenneth. Technologies of Compliance: Risk and Regulation in a Digital Age[J]. Texas Law Review, 2010, 88: 669.

② S Pamela, S Jason. Should Copyright Owners Have to Give Notice of Their Use of Technical Protection Measures? [J]. Journal on Telecommunications and High Technology Law, 2007(6): 42-59.

产品在创造者或使用者在安装后带有一个固定的“phone home”链接。它可以利用网络链接进行持续的数据转移，通过在后台持续的运行盗取(篡夺，盗用)记录，可能使计算机更慢运行的可能性增加或其操作系统将频繁崩溃。这就要求合理性预测应该被显示在安全通知和警示产品上面。消费者去购买前应重新考虑这个信息。

其次，对于隐藏的风险和实际产生威胁的信息披露。技术的发展变化特性决定了风险不能被绝对预测。对于那些隐藏的风险显然是不能预先发布安全通知的。当使用者安装运行之后隐藏的安全风险显现或者严重的安全威胁产生，创造者或操作者应及时适当发布警告这些风险的存在，当严重安全问题产生时，产生威胁的技术保护措施和数字产品应允许被消费者从系统中移除。

4)信息披露时间

披露时间的适当可以有效预防和控制风险损害的产生及损失的扩大，什么时间披露将帮助或伤害安全是一个重要的问题。

第一，使用者安装运行技术保护措施保护的产品或者下载数字权利保护系统前。著作权人应依据消费者权益保护法和最高人民法院的规定、计算机方面的法律，充分向使用者披露该技术保护措施的基本特征、对使用者使用的限制、运行环境的要求以及运行后可能存在的风险。此后，在征得使用者完全同意的情况下方能下载或安装。如此，使用者可以选择安装与否或者及时采取相应的预防措施以防范技术保护措施产生的安全风险。

第二，在使用者已经选择该项产品或服务之后。信息披露时间应包括及时公告和暂缓公告两个方面，具体而言：

(1)及时公告

在使用者已经选择该项产品或服务之后，采取技术保护措施的著作权人或者相关权利人若发现技术保护措施的安全漏洞和风险，并且可能危及使用者的信息安全时，应当在第一时间(可理解为合理时间范围内，需要依据实际情况判断)向使用者进行告知。由于网络信息安全风险具有不可逆性，而且产生损害的时间非常短，若不能及时告知，则产生的损害将无法恢复和估计，这也是要求及时告知的主要原因。

(2)暂缓公告

而实践的困惑在于，在损害尚未发生前，著作权人担心一旦及时告知使用者可能造成使用者的恐慌，这不仅危及著作权人自身利益，影响著作权产业的发展，而且也使安全问题的解决陷于困境。于是，规定暂缓公告事项是必要的：一方面可为著作权人采取进一步措施提供可能，也可以为相关监管机关的调查取证工作提供条件。具体而言，暂缓公告的事项应包括以下两个方面：①基于执法的合理要求，当公告将可能妨碍执法机关调查取证的完整性；②需要采取必要措施决定漏洞和风险的范围并恢复系统合理的完整性时。① 这一方面可为版权人采取进一步措施提供可能，也可以为相关监管机关的调查取证工作提供条件。

5)信息披露要求和例外

(1)信息披露要求

a)程度：足够和有效

按照信息披露机制的要求，对于技术保护措施的披露应是足够的和有效的，即体现披露的充分性。这里的足够和有效的通知必须使普通消费者能够充分认识到技术保护措施使用和许可的合理条件、兼容性和透明度问题。首先，在使用者安装包含技术保护措施的数字作品时，权利人应对于数字内容嵌入的技术保护措施限制数字内容的使用范围、使用范围以及与其他设备、格式、平台和应用的兼容性问题向使用者做出明确而详细的说明，对安装产品可能产生的风险进行预告，再获得使用者的明确同意后方能安装；其次，对于技术保护措施因此而产生的安全事件，相关主体应在适当时间对事件本身向使用者做出陈述，并发布具体而可操作的解决方案。

b)表达：显而易见和令人信服

具体的信息披露表达应在屏幕上是显而易见的，并且是令人信服的。对于司法实践而言，如果不是轻易地被看见，通常应视为经

① 马民虎．网络信息安全保障的法律监管研究[G]．西安：陕西科学技术出版社，2007：142.

营者没有向使用者提供他们的明确的通知，因此是不可执行的。①比如通过不清楚的链接、不显眼的字体(如脚注字体)、在灰色背景上的灰色类型、不清楚的链接标签意图去警惕使用者关于披露的存在。因此，对于法庭而言，它判断的标准不是双方通常对信息披露内容的理解，也不是使用者的实际理解，而是这一披露是否被以明显的方式显示。

(2)信息披露例外

虽然技术保护措施权利人及其相关主体应当承担一定的信息披露义务，但是这一披露义务并非是绝对的。因此，信息披露的例外是必要的。当披露的信息涉及违反其他法律规定，涉及机密信息，妨害执法或损害其他公共利益以及其他特定的公有或私营企业的合法商业利益时，可不承担信息披露义务。当然，当涉及其他特定公有或私营企业的合法商业利益与国家利益和其他公共利益相冲突时，披露依然是必要的。

6.3.4 披露机制具体条款的完善

在数字环境下，技术保护措施权利人与使用者之间处于信息不对等状态，做为普通的消费者他们不可能知悉技术保护措施本身的特征，而这在一定程度上妨碍了消费者知情权和选择权的行使。对于技术保护措施特征的标示或披露，尤其是使用限制的标示，一方面可以充分尊重使用者知情权和选择权，使理性消费者针对技术保护措施的服务做出合理的选择，从而避免不当使用导致安全风险的产生；另一方面充分的信息披露也有助于提高权利人与使用者之间的信息对等，避免由于信息不对称而引发的信息安全问题。因此为提升交易内容的透明、保护消费者以及维护市场的正当竞争秩序，以确立完善的技术保护措施标签和警示义务，构建技术保护措施信息披露机制将是规制技术保护措施合理应用的主要路径。具体而

① AM Matwyshyn. Hidden Engines of Destruction：the Reasonable Expection of Code Safety and the Duty to Warn in Digital Products[J]. Florida Law Review January，2010(62)：109.

言，可在著作权法增加条款规定："著作权人及其相关权利主体应当以显而易见的方式明示采取的技术保护措施特征和使用限制，使用者基于使用受保护作品的必要条件时，有权请求提供必要信息，著作权人应予以提供和说明。""著作权人及其相关权利主体应承担技术保护措施信息披露义务，足够和有效地适当披露技术保护措施的安全风险。"此外，对于具体披露机制的构成可在著作权法实施细则中予以详细解释。

6.4 建立高效协同的著作权技术保护措施监管模式

一个有效的监管体制应当是稳定而均衡的，即形成稳定、协调和相互制衡的体系。这要求我们整合行政保护资源，尽量做到一个尺度、一个标准，尤其是在信息安全执法时更要强调其联合性、协调性和整体性，这需要政府公共服务性功能的发挥创新监管协调机制。按照管理学视角，这种创新以"管理资源整合"为理论依据建构。所谓"管理资源整合"是指对管理的结构以及其内在的联系进行重构以形成新的一体化过程。因此，"管理资源整合"需要实施管理架构的宏观整合，通过一体化方式强化管理本身的协作性和协调性，并以此与具体的业务相整合。知识产权的监管机制中存在多头管理、分散执法、力量薄弱的弊端，这需要通过协同机制进行管理资源整合。

目前，我国在信息安全领域(这里主要指网络安全方面)监管采取的是分业纵向监管模式①，主管机关有：国务院信息化工作领导小组及其办公室、公安部公共信息网络安全监察部门、信息产业部、国务院信息产业主管部门、国家密码管理机构和国务院其他有关部门在各自领域承担相应的网络安全监管的职责。现行的信息安全监管体制显示，由于管理主体多元，各部门在各自领域内开展相

① 马民虎．网络信息安全保障的法律监管研究[G]．西安：陕西科学技术出版社，2007：45.

应工作，故管理尺度、标准不统一，行政保护资源分散，信息安全行政保护的协调性不足。而网络安全领域问题涉及面宽而复杂，可能同时涉及不同的工作部门，因此它需要各部门的协调以实现信息共享和有效治理。国务院信息化工作领导小组及其办公室为此也专门设立了网络与信息安全协调领导小组用以协调各部门工作。尽管协调领导小组的成立有助于协调各部门工作，但是我们更需要形成一个常态化、规范化、制度化的协调机制。

6.4.1 成立专门的著作权技术保护措施监管机构

为确保著作权技术保护措施的规范应用以及相应义务的遵从，在现有著作权制度下需要确立专门的监管机构。其中美国 ICC(the U. S. Interstate Commerce Commission) 和法国 ARMT 独立监管机构(lAutoritj de Rdgulation des Mesures Techniques)模式成为较好的范例。法国《信息社会著作权和邻接权法》提出应该成立著作权技术保护措施的专门控制机构，主要职责在于监督著作权技术保护措施的应用，向政府及相关部门报告所观察到著作权技术保护措施的演变以及对文化内容传播的可预测的影响，并提供立法规范适应性需要问题。①

随着网络普及以及技术的不断发展，著作权技术保护措施将被广泛应用于计算机、操作系统、控制、通信等不同领域以及社会生产的各个方面。当著作权技术保护措施因此被某些不法人士利用之后，尤其恐怖分子、犯罪团体、间谍等将会对国家、社会、他人的权益造成更严重的伤害。由于我国对信息安全实行等级保护制度，国家的信息安全监管部门因此而依据信息网络对信息处理的敏感程度、业务性质以及网络安全保护能力级别实施监管。目前，著作权技术保护措施对信息安全冲击的负面影响尚未引起广泛关注，对此，著作权技术保护措施监管机构设置方面应考虑我国著作权管理体系实际。我国著作权方面的管理职能主要由新闻出版广电局承

① 任军民．法国数字信息网络最新立法述评[J]．法商研究，2006(6)：125-126.

担，故可以考虑在现有著作权管理部门内设立专门的著作权技术保护措施控制部门。新闻出版广电局作为著作权的主管机关，理应在保障著作权人及其相关权利人利益时确保他们采取的保护作品的技术保护措施的合法性和合理性审查。首先，著作权技术保护措施的法律保护主要规定于著作权法中，尤其2012年的著作权法修改草案更是将技术保护措施内容予以专章规定，从而使其置于著作权制度的体系之内，这符合接受著作权部门监管的前提；其次，专门机构职责负责监督著作权或邻接权方面著作权技术保护措施应用，而长期从事著作权管理的专门机构，有着人员、职能、专业、经验和管理机制等方面的优势，因此，由其设立专门部门承担监管职能，符合现有专门机构设计的实际；第三，专门管理机构应具有相应的独立性，不直接或间接从事涉及企业或公司的商业活动，这也符合目前著作权管理部门的定位。专门监管机构的主要职责在于监管著作权技术保护措施的应用问题，出台著作权技术保护措施安全标准，审查著作权技术保护措施的合法性、合理性和兼容性，规范包含著作权技术保护措施作品的传播，并调解因此而产生的法律纠纷。鉴于著作权技术保护措施涉及安全性、兼容性和有用性等技术性较强的评价，因此，专门监管机构监管人员的选择应具备法律和技术的双重技能方能胜任。虽然信息社会机构形成可能很快，但是政府仍然需要更多时间去发展有效的、合法的方式以确保相应技术标准遵从政府社会政策。

6.4.2　强化著作权行业协会监管职能

目前我国著作权领域集体管理组织主要有5家，分别是中国音乐著作权协会、中国音像著作权集体管理协会、中国文字著作权协会、中国摄影著作权协会、中国电影著作权协会。这些集体管理组织的性质是非营利性的，主要权力在于接受委托管理著作权作品，并代为实施许可、监督以及公力救济等方面请求权；主要义务是在授权范围内进行活动的义务 、及时汇报的义务、向权利人转交使用费或者按照约定或法定标准分配使用费用的义务、不得擅自使用作品使用费的义务。按照著作权法第八条第二款的规定，著作权集体管理组织的设立方式、权力义务由国务院规定。《著作权集体管理条例》第三条明确了著作权集体管理组织设立的目的。① 至此，从我国著作权集体管理组织市场运作情况来看，它们的主要职责集中在体现著作权保护机制中自我保护功能，以维护著作权人利益为宗旨，但显然缺乏对著作权人的监督和管理。随着数字作品在网络环境下的广泛传播，著作权技术保护措施的大量应用，著作权集体管理组织在关注著作权侵权，维护著作权人利益的同时亦应承担监管著作权技术保护措施创造和应用的合法性和合理性问题。

总体而言，我国现行的集体管理组织在监管方面发挥的作用有限，这与其自主权限的不足有关。因此，完善集体管理组织的治理结构，充分配置监管组织职权是必要的。与此同时，立法者应当意识到面临著作权技术保护措施应用将成为数字作品在网络时代作品传播的主要商业模式，若我们只关注对著作权人权益维护，忽视著作权技术保护措施对信息安全的冲击，将可能导致个人隐私权、组织信息安全乃至整个社会公共利益的伤害。相对于政府规制而言，集体组织对著作权技术保护措施的规制将更具有灵活性和操作性，更容易满足技术变化而产生的不同法律制度间的协调需求。② 因此，重视集体管理组织的监管作用对于著作权技术保护措施在数字时代的合理应用和发展是必要的，这需要在立法上完善集体管理组织的职责和权利义务，在《著作权集体管理条例》中对立法、司法、行政、权利人、使用者等进行系统性考虑，规定“集体管理组织可以根据集体管理组织章程和著作权技术保护措施应用规则，对组织内成员实施自律监管，对著作权技术保护措施的不当应用进行检测、调查、处分。为此，集体管理组织内部可设立用以解决成员之间以及成员与客户之间纠纷的调节或仲裁制度”。

---

① 2004 年 12 月 22 日国务院《著作权集体管理条例》第三条“著作权集体管理组织为了权利人的利益而设立，根据权利人授权、对权利人的著作权或者著作权有关的权利进行集体管理”。

② AM Matwyshyn. Organizational Code：A Complexity Theory Perspective on Technology and Intellectual Property Regulation［J］. Technology Law and Policy Journal，2006，11(1)：1-4.

6.5 明确著作权技术保护措施危害信息安全的法律责任

6.5.1 危险责任控制理论

著作权技术保护措施的采取是著作权人为了保护自身的合法权益，但是若超出了合理界限，就会构成违法行为，侵犯使用者的合法权利，应为此承担相应的法律责任。法律只保护有效的著作权技术保护措施，著作权人所采取的技术保护措施以能有效保护著作权作品为目的。著作权人应承担保证采取的技术保护措施符合法律规定的有效性义务以及相应的披露和陈述义务。对于著作权技术保护措施应用造成的损失，著作权人及相关主体就应当承担赔偿责任，这样才能与政府、消费者为其投入的成本相均衡，才能使消费者的利益得以维护。因此，合理的法律责任设计可以引导著作权技术保护措施的健康发展方向，防范技术保护措施的不当应用，达到合理应用技术保护措施的目的。

“在文明社会，众人必须能够假定，凡进行某种活动时应尽适当的注意，使别人不致受到不合理的损害危险。”①按照德国学者艾瑟尔的危险责任理论观点，危险责任核心不在于对不法行为的制裁，危险责任的根本思想在于如何对不幸损害的风险进行合理分配②，这就是所谓的危险责任控制理论。按照这一理论，危险源的产生者和持有者，尤其对产生的危险行为和可能造成威胁的设备、技术等具有支配权，那么就应该承担由此所造成的损害，因为他们具有承担责任的便利性和预防损害发生的可能性。③ 在属于不作为

---

① 邱聪智．民法研究(增订本)[M]．台北：台湾五南图书出版公司，2000：98.

② 王利明．侵权行为法归责原则研究[M]．北京：中国政法大学出版社，1996：156.

③ 廖湘文．侵权行为法危险责任制度研究[M]．成都：西南政法大学，2008.

责任原始形态的对他人侵权行为之责任领域内，监督者控制潜在危险的义务通常来源于他对危险源的控制能力。① 因此，享受利益的主体应当承担相应的风险，使收益和风险相一致，那些从危险源中获取经济利益的主体应当有义务承担安全保障义务以制止危险的发生。② 因而，危险活动的参与者在考虑自身人身和财产安全时，承担应尽的注意义务，兼顾其他参与者的人身和财产安全，这也成为安全保障义务理论的重要基础之一。

著作权技术保护措施的技术特性决定了它的应用可产生一定的潜在危险性。相对使用者和其他主体，著作权技术保护措施的和创造者和操作者对这一危险源更了解和接近，故由其承担相应的安全保障义务符合危险责任控制理论理念。具体而言，对于被采取的技术保护措施，著作权人和其相关主体了解技术保护措施的性能，具有专业知识和能力，对于技术保护措施和权利管理系统安全状况熟悉。因此，在使用者安装和运行前，首先应当就其可能发生的危险和损害及时告知消费者；其次，在获得使用者明确同意时方能运行；第三，当危险和损害发生时，应及时采取必要的措施防止损害发生或者减轻损失。

纵观我国现行法律制度对安全保障义务的规定，并未涉及著作权技术保护措施主体的安全保障义务。有学者提出规避隐私权法并因此而受到合适惩罚或补偿时，该条款规定的反规避条款例外措施才属有效，并提出应将该条款作为强制遵从条款，任何涉及技术保护措施的隐私权免责条款无效。③ 显然，当信息安全的强制遵从义务被确立，同时违背该义务时，应当受到法律制裁。因此，明确著作权技术保护措施危害信息安全的法律责任将使侵犯使用者信息安全的行为受到抑制，使被侵害的安全获得救济，这对校正著作权技

① 克雷斯蒂安·冯·巴尔．欧洲比较侵权行为法(下)[M]．张新宝译．北京：法律出版社，2001：271.

② 克雷斯蒂安·冯·巴尔．欧洲比较侵权行为法(下)[M]．张新宝译．北京：法律出版社，2001：269.

③ [加]迈克尔·盖斯特主编．为了公共利益——加拿大版权法的未来[M]．李静译．北京：知识产权出版社，2008：143-144.

术保护措施外部性是必要的。

6.5.2 信息安全损害法律责任界定的困境

按照霍布斯定理理论，国家确立的法律结构可以使私人之间因无法达成协议而造成的损失最小，即在保护财产上，当私人之间无法协调时，就需要一个用于承认和履行各方产权的政府进行谈判并形成遵守的社会契约。由于国家的权威性，代表国家的政府拥有强制力的主要资源，它所建立的保护产权的系统要比私人所建立的系统更有效率，此时的国家的公力救济就比私力救济更能带来规模经济效益。① 对于著作权技术保护措施产生的安全风险单纯依靠著作权人或其他相关权利主体与使用者之间的谈判是无法解决的，尤其危及社会秩序和公共安全甚至国家安全时必然需要政府强制力的介入以规制著作权技术保护措施。其中，法律责任的确定就成为控制风险、保护消费者合法权益、维护社会秩序利益和公共安全的重要途径。

1)责任主体的确定

著作权人通过技术保护措施的采取维护自身合法权益，但是当技术保护措施产生安全风险，侵犯消费者隐私权、破坏企业商业秘密、社会公共利益甚至国家安全时，社会秩序稳定和公共安全受到影响，这就需要对技术保护措施产生的安全风险予以控制。按照心理学和经济学说明，绝大多数人是风险厌恶型的，他们大多不喜欢冒风险。于是著作权技术保护措施的创造者或操作者(采用者)、使用者以及维持社会秩序和公共安全的政府之间产生冲突。著作权人基于维护自身合法的权益的需要并不愿意为此而对产生的信息安全风险承担责任，他们可能将安全风险转嫁于消费者、社会和政府。由于著作权人未充分标识和披露著作权技术保护措施信息，使用者系统面临被黑客攻击的风险。当著作权技术保护措施被安装于不特定的使用者，或者被广泛适用于关键基础设施领域时，公共安

① 冯玉军．法经济学范式研究及其理论阐释[J]．法制与社会发展，2004(1)：36.

全和国家安全受到威胁，国家或者政府不得不投入额外成本来防范风险的产生。然而，立法为著作权技术保护措施提供法律保护的同时却未因此而要求其承担不利影响后果，这显然是不公平的。于是，面对著作权技术保护措施造成的信息安全损害，如何分配著作权技术保护措施权利人、使用者、政府的风险承担，成为界定著作权技术保护措施安全损害责任面临的一大困境。

2)损害赔偿标准的确定

损害赔偿是承担民事法律责任的主要方式。著作权法律制度规定了侵犯著作权应当承担的法律责任。著作权法第49条明确规定了侵权人侵犯著作权及相关权利的损害赔偿计算方法。① 2010年《著作权法实施条例》第53条亦规定著作权行政管理部门有权责令侵害人赔偿受害人损失，显然这里的侵害人主要指的是侵害著作权的人。2010年实施的《侵权责任法》第36条将网络使用者、网络服务提供者列入侵权责任主体，规定了它们在侵害他人民事权益时应当承担的侵权责任，但是并未包含著作权技术保护措施权利主体。现有的著作权制度并未考虑著作权人作为侵害主体时造成的损害如何界定的问题。因此，在具体的事故认定和损失认定方面还存在空白，受害者索赔面临困境。具体而言，目前涉及信息安全方面的法律法规，如规范信息安全、互联网安全、信息安全系统与产品、保密、计算机病毒与危害性程序防治的法律法规，虽然都规定了危害法律责任，也规定了行政处罚标准，但是，对于损害赔偿问题仅限于“给国家、集体或者他人财产造成损失的，应当依法承担民事责任”②，至于如何计算具体的损害赔偿问题却未能明确，这已成为司法实践中信息安全损害赔偿诉讼面临的难题。因此，明确著作权技术保护措施信息安全损害赔偿标准是有效规范技术保护措施的重

① 《中华人民共和国著作权法》第四十九条“侵犯著作权或者与著作权有关的权利的，侵权人应当按照权利人的实际损失给予赔偿；实际损失难以计算的，可以按照侵权人的违法所得给予赔偿。赔偿数额还应当包括权利人为制止侵权行为所支付的合理开支”。

② 中华人民共和国计算机信息系统安全保护条例第25条。

要因素。

6.5.3 信息安全损害法律责任界定的基本原则

1) 法律责任环节应突出动态过程控制

“预防与控制”的著作权技术保护措施法律规制功能要求立法突出对信息安全的过程控制功能，这就要求法律责任的确定应突出动态过程控制。上海曾经发生的一起杨某非法攻击“上海热线”案件中①，其攻击行为虽导致上海热线及其他应用程序速度有所减慢，尚未造成破坏网络正常运行的后果，故没有达到刑法规定的“后果严重”的定罪标准，进而导致无法追究其刑事法律责任。②因此，对威胁信息安全的过程进行动态规范，而非仅对危害结果的规范，就需要对威胁信息安全的各环节责任做潜在侵权有效性分析，从而将法律责任的界定贯穿于整个信息安全过程中，对于潜在威胁信息安全的行为予以风险预测、评估，并予以明晰划分责任规制。

2) 依托现有法律，兼顾信息化动态发展趋势，体现前瞻性

今天，新一代信息技术将以 CPS、RFID 以及量子计算等为代表，新的技术生态系统将形成。著作权技术保护措施也因此而在不断地创新和发展，同时，信息化的推进将使其应用与不同学科、不同技术相融合。③ 著作权技术保护措施也将融合于网络、通信、控制等不同的领域，并被广泛应用于音乐、医疗、电力等社会生活和生产各个领域。随着信息化的发展，著作权技术保护措施所产生的安全风险不确定系数也在加大，需要法律规范反映信息化动态发展

---

① 该案件中，杨某攻击"上海热线"8 台服务器，工作人员以及 500 多个合法用户账号、密码被破译，热线因此被非法盗用 2000 多小时。

② 马民虎，赵丽莉．论我国过程型信息安全立法确立[J]．情报理论与实践，2010(6)：33-36.

③ 赵丽莉，黄道丽，马民虎．网络物理系统(CPS)安全风险及保障机制研究[C]．Proceedings of International Conference of China Communication and Information Technology (ICCCIT2010)，Scientific Research Publishing，2010：34-37.

趋势，然而，法律的出台或修订是一个漫长而复杂的过程，也不可能随着信息化的变化而朝令夕改，具有一定滞后性。因此，面对著作权技术保护措施所产生的信息安全问题，为了维护信息安全，首先我们要依托现有法律，完善著作权技术保护措施的规制条款。

3) 尊重技术保护措施的技术特性

著作权技术保护措施的技术特性决定了其具有潜在危险的负面性，鉴于技术发展的不确定性，对于著作权技术保护措施的安全风险，相关主体亦无法完全预测，并因此而进行预防和控制。鉴于此，界定著作权技术保护措施造成的信息安全损害责任应区别不同情形予以对待。首先，当著作权人故意部署恶意代码于著作权技术保护措施，以侵害使用者信息系统功能和信息内容安全为主要目的时，应当承担法律责任；其次，当著作权技术保护措施使用者或他人向著作权人提出技术保护措施的安全风险漏洞，著作权人应积极采取措施防范风险或者披露安全风险的存在。若著作权人基于利益的考虑而不及时向消费者披露或采取相应措施致使使用者损害扩大时，著作权人应当承担相应的法律责任；第三，当著作权技术保护措施权利人或相关主体已尽基本的安全注意义务，或者由于不可预见的技术措施自身缺陷而被第三方不当利用时，权利人或相关主体应免于承担责任或仅承担公平责任。

6.5.4 信息安全损害法律责任承担的类型

依据违法的性质、程度的不同，法律实践将法律责任分为民事责任、行政责任和刑事责任。著作权技术保护措施应用违反相关法律规定应当承担相应的法律责任类型同样应包含上述类型。具体而言：

1) 民事责任

索尼案件最终以索尼公司向受害者承担赔偿损失而告终，这充分显示了承担民事责任的合理性和必要性。这里民事责任是指基于著作权技术保护措施应用对信息安全的损害事实，著作权技术保护措施权利主体应对因其技术保护措施应用对使用者造成的损害承担民事法律后果，这是实施侵权行为而应当承担的法律后果，其中违约责任与侵权责任是民事责任的两种主要形式。

侵权责任是指行为人违反法定义务侵害他人人身和财产权益并造成损害而依法应当承担的民事责任。侵权责任的承担是由侵权行为所引起的，所谓侵权行为就是违反法定义务而侵害人身和财产权益的行为，受保护的客体既包括人身权和财产权也包括合法的利益。对于著作权技术保护措施引起的侵权责任是指采取技术保护措施的著作权人应对技术保护措施应用对使用者造成的损害承担民事责任；行为人故意部署危害信息安全的著作权技术保护措施，损害使用者合法权益时，应承担相应民事责任。同时，对于这些产品的网络运营商也有义务实时监控其产品的安全性，并在证实存在威胁使用者隐私、社会公共利益甚至国家安全的情况下，有义务协助执法部门对威胁采取必要的措施。具体而言：

(1)侵权主体

侵权的主体为著作权技术保护措施的创造者或操作者。通常著作权人是技术保护措施的主要操作者，但有时技术保护措施的创造与操作是分离的。当著作权人所采取的技术保护措施完全由第三方主体提供时，技术保护措施的提供者(生产者)应当对技术保护措施产品的侵权承担责任，如软件中隐含数据而对网络使用者造成损害。① 对于使用者而言，因此而信息安全受到损害时，可以选择向创造者或操作者主张权利。

(2)侵害行为表现形式

著作权技术保护措施所造成的信息安全损害表现主要为：首先，未经使用者同意而侵入使用者信息系统②，破坏使用者计算机系统功能，但后果不严重的；其次，行为人部署技术保护措施，未经许可的收集、窃取、监视监听、干扰、披露使用者隐私信息和其他存储的信息；第三，未经许可的收集、窃取法人或其他组织商业秘密信息侵害消费者的知情权；第四，采取技术保护措施的著作权

① 朱明．信息安全法教程[M]．北京：中国林业出版社，2005：122.

② 这里侵入的信息系统主要指哪些价值不大或非社会公共利益的计算机信息系统。

人或相关权利主体未能履行信息披露义务时。基于这些侵害行为的技术保护措施应用，操作者或创造者应对技术保护措施所产生的损害对使用者承担相应法律责任。

(3)侵害客体

著作权技术保护措施的应用主要为解决网络环境下著作权作品的保护问题。面对技术保护措施系统在网络环境下的应用，它所侵害的客体主要包括信息系统的功能和存储于信息系统的信息内容。当信息系统被以非法访问、篡改、破坏等形式攻击，并因此而破坏了信息系统功能和信息内容的秘密性、完整性和可用性时，即构成对使用者权益的侵犯和损害。因此，著作权技术保护措施所侵害的客体主要是使用者信息系统功能和信息内容的安全性。

具体而言，立法在《著作权法》修改中规定著作权人及相关主体的信息披露义务时，应在权利保护部分增加规定："采取技术保护措施的著作权人及相关主体应承担信息披露义务，未能履行信息披露义务而给消费者和使用者造成损害的，应当承担法律责任。"同时在《侵权责任法》中增加专门条款规定，著作权技术保护措施侵害信息安全的具体表现形式，并规定对技术保护措施所产生的损害对受害者承担停止侵害、消除影响和赔偿损失等民事责任。"为此，可见美国加利福尼亚州《安全违背信息法案》(the California Security Breach Information Act)(S. B1386)的规定。按照该法案内容"因为公司没有履行安全漏洞告知义务而遭受损失的，可以通过诉讼请求赔偿"。①

(4)归责原则

依据危险责任控制理论，著作权技术保护措施权利主体对著作权技术保护措施信息安全风险的产生具有支配权，应当为此而承担所造成的损害，这需要针对著作权技术保护措施应用产生的违法行为或违约行为所引起的法律责任进行判断、确认、追究以及免除。其中，责任的归结需要一定的原则，即归责原则。目前，过错责任原则、无过错责任原则、公平责任原则等是法律责任中确定责任归

① 马民虎．信息安全法研究[M]．西安：陕西人民出版社，2004：148.

属的主要准则。过错责任原则是指发生损害后，侵害者承担赔偿责任以是否对损害发生存在主观过错为准。过错推定原则是指在被告不能证明自身无过错，原告在证明产生的损失是被告所致时，法律将由此推定被告是有过错的。该原则采取了举证责任倒置的原则，将受害人举证困难缩小，因此该原则是一种位于过错原则和无过错原则之间的过渡状态。无过错责任原则是指只要造成人身或财产损害，侵权行为人就必须对此进行赔偿。该原则不以侵权行为人的主观过错作为追究其技术保护措施损害赔偿责任的原则。对于技术保护措施危害信息安全的侵权行为，可区分直接侵权和间接侵权，它们适用不同的归责原则。具体而言：

a)直接侵权适用无过错责任原则为基础

这里的直接侵权行为是指著作权人在未充分披露技术保护措施信息或未取得使用者同意情况下故意部署和安装技术保护措施在使用者系统，造成使用者信息安全损害。这里所指的无过错责任包括“严格责任原则”，“危险责任原则”，“无过失责任原则”。面对著作权技术保护措施对信息安全的威胁，当造成损害结果时，受害者很难证明著作权人是有过错的，而被告要证明自己无过错却很容易。对于直接侵权行为而言，侵权人对损害后果的预防和避免是易于控制的，而过错责任归责原则使大量受害者无法得到有效的法律救济，因此，直接侵权行为下，适用无过错责任原则是适当的。

由于技术保护措施本身是一种技术，技术性本质决定了著作权技术保护措施不可能有绝对的安全。因此在适用无过错责任原则时应明确相应的免责条款，即当技术保护措施符合法律规定的标准，施害人也采取了合理的预防措施，且在使用者安装前对技术保护措施信息进行了充分披露，就应认定其履行了基本注意义务，可免于承担法律责任或者仅基于公平责任原则承担适当的法律责任。

b)间接侵权行为适用过错原则

当信息安全损害是由他人侵权行为的继续或者为他人侵权行为提供便利条件而产生时，构成间接侵权行为。对于间接侵权行为的产生应适用过错归责原则，只要著作权技术保护措施权利人能够证明自身没有过错即可免于承担责任。由于间接侵权是对他人侵权行为的继续或者仅是提供了一种便利，如果以损害事实为前提来界定侵权法律责任的话，著作权技术保护措施权利人将为此而承担过大的成本。因此，间接侵权者只要采取了合理的预防措施，履行了基本的安全注意义务，仅承担过错责任即可。

2）行政责任

实践显示，著作权技术保护措施的不当应用不仅危及使用者的合法权益，当危及社会公共安全又达不到承担刑事责任的要求时，著作权人应当承担行政责任。承担责任的主要形式是责令停止侵权行为，没收、销毁违法所得，罚款等。如，江民公司的反盗版技术保护措施引起的“逻辑锁”案件被最终认定为“故意输入其他有害数据”（虽然它并不会破坏计算机上储存的数据），但案件最终依据危害计算机系统安全被处以行政处罚。这显示技术保护措施使用不当是可能触犯法律、法规的。① 此案件之后，公安部出台的《计算机信息系统安全专用产品检测和销售许可证管理办法》规定“安全专用产品中含有有害数据危害计算机信息系统安全的”，依据《计算机信息系统安全保护条例》第二十三条规定处罚，承担相应责任。这显示了技术保护措施的不当应用承担行政责任的必要性。而且纵观目前我国关于信息安全的责任制度，主要是关于行政责任的。

目前对针对行为人对信息安全造成损失承担行政责任的规定主要体现在：（1）关系信息系统安全保护的法律规范，主要有《计算机信息信息系统安全保护条例》、《计算机信息网络国际联网安全保护管理办法》等；（2）关于互联网安全管理的法律规范：《计算机信息网络国际联网管理暂行规定实施办法》、关于维护互联网安全的决定；（3）其他有关信息安全的法律规范：主要有针对有害数据和计算机病毒防治的《计算机病毒防治管理办法》、《计算机信息系统安全专用产品检测和销售许可证管理办法》。对于著作权技术保护措施而言，作为一种具有技术特征的技术保护措施，为规范著作权技术保护措施的合理应用。总体要求是：被采取的保护著作权作品的技术保护措施除应符合《著作权法》、《信息网络传播权保护条

① 薛虹．网络时代的知识产权法[M]．北京：法律出版社，2000：27.

例》有效技术保护措施的要求外，在《信息网络传播权保护条例》中增加一条作为第6条，其中第一款规定：“著作权人应依法使用技术保护措施，保障著作权技术保护措施功能的正常发挥，不得利用著作权技术保护措施侵犯使用者隐私和其他信息安全。”第二款规定“著作权技术保护措施应当符合国家标准，没有国家标准的，应当符合公共安全行业技术标准”。

从目前著作权技术保护措施发展和应用来看，尚未形成统一的技术保护措施技术标准，亦没有出台强制性遵从的国家标准，这为规范技术保护措施的应用以及安全风险的阻止带来了困难。为此，可借鉴《计算机信息系统安全专用产品检测和销售许可证管理办法》中关于安全专用产品的检测规定，就技术保护措施的安全性、可靠性和兼容性问题做出规定。这需要授权相关部门出台相应标准，美国做法是授权联邦贸易法委员会出台相应标准。由于我国没有专门的技术保护措施管理机关，著作权部门也还未确立专门的技术保护措施管理部门。鉴于此，可授权著作权管理机关牵头出台相应标准以规范技术保护措施本身。当然，标准的制定并不能单纯依靠一个部门，由于技术保护措施应用涉及娱乐游戏、网络、计算机、通信等不同领域，因此标准的制定应充分联合政府部门管理、相应行业、社会专业机构共同设计和建立著作权技术保护措施必要技术标准规范，以解决著作权技术保护措施技术标准需求问题。

3)刑事责任

(1)著作权技术保护措施危害信息安全的犯罪化分析

霍姆斯认为刑法的目的在很大程度上是使外部遵从成为准则。① 有研究指出，作为犯罪论处需具备以下条件：行为对法益的侵犯性非常严重，而且不能被绝大多数人所容忍，并主张以刑法进行规制；适用其他制裁方法不足抑制这种行为，不足以保护法益；运用刑法处罚这种行为，不会导致禁止对社会有利的行为，不会使国民的自由受到不合理的限制；对这种行为能够在刑法上进行客观

① ［美］小奥利弗·温德尔·霍姆斯．霍姆斯读本 论文与公共演讲选集［M］．刘思达译．上海：上海三联书店，2009：121.

的认定和公平的处理；运用刑法处罚这种行为能够获得预防或抑制该行为的效果。① 构成犯罪是承担刑事责任的前提，按照《刑法》第十三条关于犯罪概念的明确认定，即犯罪构成认定的必要条件：犯罪是一种危害社会的行为；犯罪具有应受处罚性；犯罪具有刑事违法性，即违反刑事法律。各国刑事立法显示，这里法益的保护除包括实际危害之外还包括危险。②

从著作权技术所产生的信息安全风险来看，著作权技术保护措施的不当应用不仅可以威胁消费者的合法权益、使用者隐私和信息安全，而且可能危害社会公共利益和国家安全。当危害行为具有较大社会危害性时，著作权技术保护措施权利人应当承担刑事责任。如通过在计算机软件中部署有害数据和病毒非法改写数据，破坏计算机系统正常运行，窃取商业秘密和国家秘密、破坏信息设施设备以及破坏公共基础设施，后果严重的，应当承担刑事责任。目前，随着公共设施等各领域操作系统与网络连接，并提供远程服务，著作权技术保护措施所造成的风险将因此而加剧，造成损害的范围将扩大，后果更为严重。这也证实著作权技术保护措施应用的社会危害性以及其犯罪化的可责性。

有学者将针对信息或涉及信息领域的犯罪分为三类，即“针对信息的犯罪、利用信息(或信息设施设备)的犯罪和盗窃、破坏信息设施设备的犯罪”。③ 目前已有学者分析认为侵害技术保护措施的行为有着巨大的社会危害性，因为这可以成为侵害知识产权行为的主要原因，因此提出了侵害技术保护措施行为的入罪问题④，以

---

① 张明楷．刑法学(第三版)[M]．北京：法律出版社，2008：53，原载于张明楷．刑法的基础观念[M]．北京：中国检察出版社，1995：145.

② 胡霞．科技保护措施面纱下之刑法学思考[J]．知识产权，2012(12)：52.

③ 朱明．信息安全法教程[M]．北京：中国林业出版社，2005：97.

④ 田刚．侵害技术措施行为的入罪化思考[J]．中国刑事法杂志，2011(5)：33-36.

及技术措施刑事保护问题①，即刑法保护技术措施的善用被认为可以促进版权产业的健康有序发展。② 然而，这一入罪化思考基于对知识产权保护的视角，并未涉及著作权技术保护措施对信息安全造成社会危害性的犯罪化思考分析。

2011 年发生的中国软件开发联盟泄密事件案中，网站目前仅被处以行政警告就凸显了我国在惩罚信息安全损害方面的不足，尤其是刑事责任惩罚方面。中国软件开发联盟是中国目前最大的开发者技术社区，2011 年公司证实服务器被入侵，核心数据遭到泄露，其中包括网站 2009 年制作的 600 万使用者数据库。③ 该案是嫌疑人利用网站漏洞非法侵入服务器获取使用者数据的。虽然刑法规定有“非法侵入计算机系统罪”、“破坏计算机系统罪”、“出售、非法提供公民个人信息罪”等针对信息系统和个人信息行为方面的规范，因此可以追究侵入、破坏信息系统以及泄露、窃取和售卖公民个人信息行为的刑事责任，但是这些条款的规定不足以打击著作权技术保护措施危害信息系统功能和内容安全的行为。首先，现行法律规定涉及的危害计算机信息系统安全犯罪的构成要件以故意为主观要件，其中侵入、攻击控制计算机系统的程序和工具要求是专门性，制作传播计算机病毒要求是故意。然而，著作权技术保护措施基于保护著作权的访问和利用而设置，当不是专门设置予以攻击计算机系统时，即在非故意的情形下危害信息系统运行和信息内容安全，这一行为将无法做犯罪化处理。因此，犯罪主观方面应为故意或重大过失，排除著作权技术保护措施权利人在不知情的情况下被他人非法利用的情形。其次，著作权技术保护措施权利人在未及时披露安全风险的信息致使用户信息系统和信息内容受到威胁，致使

① 董琳．网络版权技术措施刑事保护研究［J］．中国出版，2012（4）：62-66.

② 张富强，王影航．论版权技术保护措施的刑法保护［J］．中国出版，2015（6）：51.

③ 郝涛．五黑客盗走 CSDN 数百万用户数据［EB/OL］．［2012-3-21］．http：//tech. 163. com/12/0321/03/7T3C6JNA000915BF. html.

生产和生活受到严重影响时，目前的刑法及司法解释亦缺乏规定。因此，在刑事责任的确定上需要增加著作权技术保护措施危害信息安全的罪名，规定未及时披露安全风险而导致后果严重的需承担刑事责任。第三，现行法律规定对损害赔偿的界定依然以直接损失为限，忽略了受害者因此而产生的维护信息安全的成本费用，以及恢复损害的费用，这需要进一步明确严重程度不应单纯以直接经济损失为限。

(2)现行刑事立法的适应性分析

为保护计算机信息系统的安全，1997 年刑法规定了非法侵入计算机信息系统罪和破坏计算机信息系统罪。针对维护计算机信息系统安全方面出现的新情况，2009 年 2 月 28 日全国人大常委会通过的《刑法修正案(七)》增设了非法获取计算机信息系统数据、非法控制计算机信息系统罪，提供侵入、非法控制计算机信息系统程序、工具罪。2011 年，为有力打击危害计算机信息系统安全犯罪行为，最高人民法院和最高人民检察院出台针对打击计算机信息系统安全犯罪的专门司法解释，该司法解释进一步明确了危害信息系统安全犯罪的定罪量刑标准，这为著作权技术保护措施危害信息安全行为的可责性提供了参考。

首先，著作权技术保护措施存在故意危害计算机信息系统功能及运行安全行为，包括控制计算机信息系统、破坏计算机信息系统功能和程序；危害信息内容安全的行为，包括非法获取数据、破坏数据内容时，可适用现行刑法的相关规定。其次，部署著作权技术保护措施充当破坏性程序，非法获取、破坏信息系数据、非法控制、破坏计算机信息系统功能或应用程序，可适用 2011 年最高人民法院和最高人民检察院出台针对打击计算机信息系统安全犯罪司法解释第五条的规定。第三，鉴于著作权技术保护措施的危害直接攻击不同行业和产业，以及不同层级的用户，因此，情节严重的还应涉及受损害用户计算机数量的界定，对此可适用 2011 年两高发布的《关于危害计算机信息系统安全刑事案件应用法律若干问题的解释》的规定。

总之，不能仅仅基于保护知识产权的需要而忽略了因此引发的信息安全问题，而设定这些法律责任并不是仅仅为了惩罚，更重要的是要提供一种规范性安排，其目的在于实现和加强有序的、一致的和有效的执行措施。

7 结　　语

7.1 结　　论

网络通信技术的发展使作品在网络环境下被广泛传播，打破了传统环境下的单向式传播，实现了互动式传播，著作权人因此而面临侵权成本低、侵权方式多样化以及侵权后果严重等问题。于是，借助著作权技术保护措施以防止他人未经许可对作品的接触和使用成为网络环境下保护著作权的有效措施之一，因此，著作权技术措施的实施目的是为了保护著作权或邻接权。世界知识产权组织的互联网公约 WCT 和 WPPT 对著作权技术保护措施的规定最终确认了著作权技术保护措施的法律地位，以此有效保护网络环境下的著作权人合法权益。本书研究关注著作权技术保护措施使用者的信息安全诉求，系统剖析了著作权技术保护措施应用对信息安全的负面冲击，提出基于安全风险防控理念改进现行著作权技术保护措施制度，确保著作权技术保护措施应用过程的合理性，并提出实现著作权技术保护措施信息安全遵从的路径，以矫正被冲击的利益平衡机制，确保著作权保护与信息安全间的动态平衡。本书研究拟突破已有著作权技术保护措施研究视角，从安全和秩序的角度，着眼于著作权技术保护措施法律规制需求，运用风险控制理论凝练危机治理的法学理论和知识产权法、信息安全法、经济学和社会学跨学科研究范式，在技术、经济、社会之互动关系中寻求著作权技术保护措施法律治理的路径和制度框架。

第一，基于信息安全视角分析著作权技术保护措施的负面影响及其缘由。著作权技术保护措施的法律保护确立了“接触控制权”

的法理基础，进而扩张了著作权人对其作品的控制力，当垄断性权利的滥用缺乏有效的限制机制时，负面影响凸显。现行研究关注著作权技术保护措施引起的限制公众合理使用、不正当竞争竞争、公众自由表达和限制科学研究等方面的负面影响，不同于此，本书从信息安全这一全新视角探寻了著作权技术保护措施对使用者信息安全的负面影响及其缘由，分析了著作权技术保护措施下的信息安全、信息安全风险表征及类型，探寻了著作权技术保护措施控制力扩张、权利滥用、信息不对称产生信息安全风险的缘由，进而论证了信息安全风险产生对著作权技术保护措施安全性、信息安全风险负外部性矫正，以及利益均衡机制的影响。因此，本书研究视角关注著作权技术保护措施自身安全性、有效性等信息的秘密性、完整性和可靠性问题，以及使用者访问和利用著作权技术保护措施中的知情权、隐私权和选择权等权利的保障，这是现有研究较少见的。

第二，对著作权技术保护措施应用的负外部性进行了法经济学分析。按照科斯教授的外部性认识，外部性的产生在带来社会成本的同时也可产生社会收益，因此，当负外部性产生因此而破坏成本收益一致性时，需要对负外部性予以矫正。而立法矫正负外部性的依据需要基于著作权技术保护措施对信息安全冲击产生的社会成本收益进行分析。本书运用经济学的成本收益理论分析认为著作权技术保护措施的法律保护促进了作品，尤其是数字作品在网络环境下的传播，推动了著作权产业的发展，实现了其著作权利益，这是它所产生的主要社会收益。与此同时，由于著作权技术保护措施法律制度的不完备性，当技术保护措施产生信息安全风险时，新的信息安全保护成本，即政府规范信息安全风险成本和使用者维护信息安全成本增加，但是技术保护措施的相关主体并未因此而对这些增加的成本承担相应的义务和责任，这显然与其获得的社会收益是不相符的。因此，面对技术保护措施信息安全风险的负外部性，现行著作技术保护措施法律制度需要进行相应调整以矫正负外部性影响，从而确保资源配置的效用最大化。本书对著作权技术保护措施负外部性影响的法经济学分析不同于现行传统法学理论的逻辑分析，为全面认知技术保护措施的负面影响提供了新的路径。

第三，以系统论和控制论为出发点，引入“信息安全风险预防和控制”的治理理念，并提出以“协同治理”作为著作权技术保护措施法律规范调整的基本原则之一，改进现行著作权技术保护措施法律制度。这创新了现行著作权技术保护措施法律制度对技术保护措施负面影响的治理理念。著作权技术保护措施应用涉及权利人、使用者、传播者、管理者等不同主体，以及网络系统、技术措施系统和使用者系统等不同的系统，这些内容构成了复杂而变化的综合系统，相互影响又相互合作的关系，需要有效的协调手段。面对技术保护措施的信息安全风险，实现对风险的动态控制是确保系统动态平衡的重要选择。因此。本书关注安全风险的过程控制，提出了一种应对技术变化对法律制度否定性影响的范式，以及协调著作权技术保护措施与信息安全间冲突的有效路径。本书分析认为法律制定者应依据协同治理原则对著作权技术保护措施涉及的各系统进行协调，即：协同技术保护措施与组织管理；技术保护措施不同利益主体；技术保护措施与网络空间不同系统；技术保护措施、著作权与信息安全间等方面。此外，立法应实现对著作权技术保护措施的信息安全风险的动态控制，重视技术保护措施有效性的预防性规定，明确著作权人对技术保护措施应用的信息安全强制遵从义务，提高使用者对技术保护措施应用控制力。

第四，提出了构建著作权技术保护措施信息披露机制的具体法律治理机制。信息披露机制的内涵即对技术保护措施特征、限制使用信息的标示和对信息安全风险的披露。本书提出立法应确立技术保护措施的信息披露机制，确保技术保护措施权利人与使用者之间信息对等，充分尊重使用者知情权和选择权，使理性消费者针对技术保护措施的服务做出合理的选择，并及时对信息安全风险的产生作出防范，从而避免信息安全风险的产生。虽然国外已有学者开始关注技术保护措施基于透明度缺乏而造成的对公众的伤害问题，也有学者提出了关于风险披露问题，但是对于技术保护措施信息披露的具体机制并未提出系统化的措施。本书则详细构建了著作权技术保护措施信息披露机制的主体、对象、情形、时间、具体要求等内容，进一步完善了目前关于技术保护措施披露机制的研究，为提高技术保护措施透明度和保护使用者信息安全立法提供了理论参考。

7.2 展　望

立法实践和理论研究显示著作权技术保护措施对信息安全的冲击并未引起立法者足够重视。随着社会数字化的发展，著作权技术保护措施将被广泛应用，并适用于医疗、教育、金融等公共服务机构信息系统的软硬件产品中，以及电力、网络等涉及关键基础设施的软硬件产品中。于是，以保护自我知识产权为目的的著作权技术保护措施对信息安全的负面影响将凸显，它们可能侵犯消费者隐私和其他财产权利，破坏社会公共利益，甚至国家安全。若不能有效实现对著作权技术保护措施的合理规制，那么类似索尼 CD 案件的事件将频发，届时消费者隐私侵犯、公共利益和国家安全将面临安全风险。

1) 云计算发展将进一步加剧知识产权与信息安全之间的冲突

云计算作为一场新技术革命正在向着人类社会纵深发展，深刻影响着产业发展路径、信息交互方式和安全管理模式。云计算环境下权利人将面临知识产权安全和信息安全的双重风险，知识产权与信息安全间的冲突将加剧。首先，云计算市场化后，云使用者数量庞大且分散，权利人很难对云端知识产权的流转实现有效控制。云服务商之间信息交流引起的信息泄露或者云安全漏洞都可能危及使用者的知识产权。为此，著作权技术保护措施将成为权利人加强控制力的重要手段，以实现对云环境下知识产权的有效控制。此时，规避技术措施行为可能直接涉及知识产权侵权和云计算平台安全的双重威胁，这需要展开著作权法律制度对规避行为的界定和防范、著作权技术保护措施有效性因素以及合理使用的适用限制问题的进一步明确及完善。除此以外，对于著作权技术保护措施的不当应用攻击云计算平台，进而窃取、攻击、破坏、干扰和修改相关数据和内容的行为，现行法律制度在适应性方面还存在困境，而这也是现有研究所未关注的，有待进一步展开和深入。因此，随着数字网络技术的不断发展，云计算的广泛应用，著作权技术保护措施引发的知识产权与信息安全间的冲突应日益引起重视，今后需要进一步探讨具体解决两者冲突的方案。

2) 消费者权利、著作权与信息安全间的协调路径有待持续探索

目前著作权技术保护措施的法律保护侧重于对著作权人权利的维护，未充分考虑著作权技术保护措施应用下消费者权利、著作权与信息安全保护之间的需求与协调。虽然文章研究认为信息安全遵从义务应作为一种法定义务被纳入现有著作权制度中，以此协调消费者权利、著作权与信息安全间冲突，并提出通过明确著作权技术保护措施有效性、构建标签和警示披露机制、强制接受监管和明确责任承担等具体路径来实施，但是，对于有效性标准的具体执行，披露机制实施的具体例外，以及刑事责任承担在刑事法律制度中的具体设计都有待进一步的深入研究。除此以外，当著作权技术保护措施应用同时涉及消费者权益、著作权保护和信息安全问题时，消费者权益法、著作权法和信息安全方面法律如何适用的问题，也需要在未来研究中予以关注。

信息安全内容是非常丰富和复杂的，信息安全法亦是正在发展的一种新兴学科。本书从这一全新视角探讨著作权技术保护措施法律制度的不完备，尚有很多问题认识不足，对于如何应对跨学科领域研究经验尚浅。作为信息安全法领域和知识产权法领域的初学者，很多问题仍需在今后研究中继续深入。

附录 1　国外法律法规目录

附录 1-1　美国数字千年版权法案 Digital Millennium Copyright Act

Section 103 of the DMCA adds a new chapter 12 to Title 17 of the U. S. Code. New section 1201 implements the obligation to provide adequate and effective protection against circumvention of technological measures used by copyright owners to protect their works.

数字千年版权法案第 103 条增加新的章节：第 12 章在《美国法典》第 17 编。新的 1201 条为版权人为保护其作品所使用的技术保护措施提供足够和有效的保护以应对规避。

§ 1201. Circumvention of copyright protection systems

(a) VIOLATIONS REGARDING CIRCUMVENTION OF TECHNOLOGICAL MEASURES. —(1) (A) No person shall circumvent a techno-logical measure that effectively controls access to a work protected under this title.

DMCA 第 1201(a)(1)："没有人应该规避有效控制接触本章下受保护作品的技术措施"。

(a)(2) No person shall manufacture, import, offer to the public, provide, or otherwise traffic in any technology, product, service, device, component, or part thereof, that (A) is primarily designed or produced for the purpose of circumventing a technological measure that effectively controls access to a work protected under this title; (B) has only limited commercially significant purpose or use other than to circumvent a technological measure that effectively controls access to a work protected under this title; or (C) is marketed by that person or another acting in concert with that person with that person's knowledge for use in circumventing a technological measure that effectively controls access to a work protected under this title.

DMCA 第 1201(a)(2)进一步规定“在任何技术、产品、服务、装置、部件中没有人应该制造、进口、许诺销售、提供或运输:(A)任何商业性目的或商业性使用而规避本章所保护作品的技术措施;(B)有有限的商业意义目的和使用而是去规避本章所保护的有效控制接触受保护作品的技术措施;(C)被个人或和他人一起合作销售而所知的受本章保护的相关作品予以接触而所控制的相关技术方法。

(b) ADDITIONAL VIOLATIONS. —(1) No person shall manufacture, import, offer to the public, provide, or otherwise traffic in any technology, product, service, device, component, or part thereof, that—(A) is primarily designed or produced for the purpose of circumventing protection afforded by a technological measure that effectively protects a right of a copyright owner under this title in a work or a portion thereof; (B) has only limited commercially significant purpose or use other than to circumvent protection afforded by a technological measure that effectively protects a right of a copyright owner under this title in a work or a portion thereof; or (C) is marketed by that person or another acting in concert with that person with that person's knowledge for use in circumventing protection afforded by a technological measure that effectively protects a right of a copyright owner under this title in a work or a portion thereof.

DMCA 第 1201(b)(1)规定任何人不得非法交易主要用于规避

保护版权人权利的技术措施的任何设施，即“在任何技术、产品、服务、装置、部件中没有人应该制造、进口、许诺销售、提供或运输：(A)该设施之诞生目的在于规避对版权予以有效保护的相关技术措施；(B)有有限的商业目的或用途，但主要规避本章所保护的有效控制接触受保护作品的技术措施；(C)被个人或和他人一起合作销售而所知的受本章保护的相关作品予以接触而所控制的相关技术方法”。

附录1-2　欧盟《信息社会版权指令》(节选)

Directive 2001/29/EC of the European Parliament and of the Council of 22 May 2001 on the harmonisation of certain aspects of copyright and related rights in the information society.

欧盟议会及欧盟理事会颁布了2001/29/EC号信息社会版权指令，颁布时间为2001年5月22日。

(51) The legal protection of technological measures applies without prejudice to public policy, as reflected in Article 5, or public security. Member States should promote voluntary measures taken by rightholders, including the conclusion and implementation of agreements between rightholders and other parties concerned, to accommodate achieving the objectives of certain exceptions or limitations provided for in national law in accordance with this Directive. In the absence of such voluntary measures or agreements within a reasonable period of time, Member States should take appropriate measures to ensure that rightholders provide beneficiaries of such exceptions or limitations with appropriate means of benefiting from them, by modifying an implemented technological measure or by other means. However, in order to prevent abuse of such measures taken by rightholders, including within the framework of agreements, or taken by a Member State, any technological measures applied in implementation of such measures should enjoy legal

protection.

51 根据条款 5，科技保护措施的实施并不会违背公共政策或妨害公共安全。成员国应鼓励知识产权持有人主动采取保护措施，与产权相关方达成协议，并执行协议内容，从而实现保护知识产权的目的，弥补本指令的局限性。若知识产权持有人并未采主动采取措施，也未在合理期限内与相关方达成协议，成员国应采取适当干预措施，通过修订科技保护措施或其他方法，保证知识产权受益者无法利用本指令的局限性不当获利。但是，为了防止知识产权持有人滥用保护措施，包括制定协议框架或成员国采取的保护措施，任何科技保护措施均需受到法律支持。

Article 6

条款 6

Obligations as to technological measures

技术保护措施义务

1. Member States shall provide adequate legal protection against the circumvention of any effective technological measures, which the person concerned carries out in the knowledge, or with reasonable grounds to know, that he or she is pursuing that objective.

成员国应为技术保护措施的有效实施提供充分的法律保护，若有合理理由相信相关人员试图妨碍技术保护措施的实施，成员国应依法阻止其妨碍行为。

2. Member States shall provide adequate legal protection against the manufacture, import, distribution, sale, rental, advertisement for sale or rental, or possession for commercial purposes of devices, products or components or the provision of services which:

成员国需采取充分的法律措施，防止任何商业设备、产品、组件或服务相关的制造、进口、分销、销售、租赁、销售或租赁广告，或占有行为妨碍科技保护措施的有效实施，情况如下：

(a) are promoted, advertised ormarketed for the purpose of

circumvention of, or

出于妨碍科技保护措施目的的推广、广告或营销活动，

(b) have only a limited commercially significant purpose or use other than to circumvent, or

商业意图有限或明显用于妨碍科技保护措施实施，

(c) are primarily designed, produced, adapted or performed for the purpose of enabling or facilitating the circumvention of, any effective technological measures.

设计、生产、应用或实施活动的主要目的是实现或辅助妨碍科技保护措施的实施。

3. For the purposes of this Directive, the expression "technological measures" means any technology, device or component that, in the normal course of its operation, is designed to prevent or restrict acts, in respect of works or other subject-matter, which are not authorised by the rightholder of any copyright or any right related to copyright as provided for by law or the *sui generis* right provided for in Chapter III of Directive 96/9/EC. Technological measures shall be deemed "effective" where the use of a protected work or other subject-matter is controlled by the rightholders through application of an access control or protection process, such as encryption, scrambling or other transformation of the work or other subject-matter or a copy control mechanism, which achieves the protection objective.

根据法律或96/9/EC号指令第三章赋予知识产权持有人的版权或特殊权利，未经知识产权持有人授权，他人不得利用其知识产权进行任何活动，根据本指令目的，阻止或限制上述侵权活动的技术、设备或措施就是“科技保护措施”。若知识产权持有人通过访问控制或流程保护，对其持有的知识产权进行保护，如数据加密、加扰、其他知识产权转换控制或复制控制机制，从而实现保护目的，此时科技保护措施视为“有效”。

4. Notwithstanding the legal protection provided for in paragraph 1, in the absence of voluntary measures taken by rightholders, including agreements between rightholders and other parties concerned, Member States shall take appropriate measures to ensure that rightholders make available to the beneficiary of an exception or limitation provided for in national law in accordance with Article 5(2)(a), (2)(c), (2)(d), (2)(e), (3)(a), (3)(b) or (3)(e) the means of benefiting from that exception or limitation, to the extent necessary to benefit from that exception or limitation and where that beneficiary has legal access to the protected work or subject-matter concerned.

若知识产权持有人未主动采取保护措施，如知识产权持有人和其他方之间的协议，即使有第一段中提到的法律保护措施，成员国仍旧需要采取适当措施，保证他人无法利用条款 5(2)(a)、(2)(c)、(2)(d)、(2)(e)、(3)(a)、(3)(b) 或(3)(e)局限性不当得利，保证受益人合法使用受保护知识产权。

A Member State may also take such measures in respect of a beneficiary of an exception or limitation provided for in accordance with Article 5(2)(b), unless reproduction for private use has already been made possible by rightholders to the extent necessary to benefit from the exception or limitation concerned and in accordance with the provisions of Article 5(2)(b) and (5), without preventing rightholders from adopting adequate measures regarding the number of reproductions in accordance with these provisions.

若有人利用条款 5(2)(b)漏洞不当获利，成员国需采取措施阻止上述侵权行为，除非知识产权持有人允许私人用途的仿造行为，条款 5(2)(b) 和条款 5(5)，并未对知识产权持有人批准的仿造品数量进行限制。

The technological measures applied voluntarily by rightholders, including those applied in implementation of voluntary agreements, and technological measures applied in implementation of the measures taken by Member States, shall enjoy the legal protection provided for in paragraph 1.

知识产权持有人主动采取的科技保护措施，包括自主协议的实施，和成员国采取的科技保护措施均应享有充分法律保护，如第一段所述。

The provisions of the first and second subparagraphs shall not apply to works or other subject-matter made available to the public on agreed contractual terms in such a way that members of the public may access them from a place and at a time individually chosen by them.

第一款和第二款不适用于根据合同条款已公布的知识产权，这种知识产权，公众可在任何时间任何地点获得其相关信息。

When this Article is applied in the context of Directives 92/100/EEC and 96/9/EC, this paragraph shall apply *mutatis mutandis*.

本条款的应用背景为92/100/EEC号和96/9/EC号指令，本段的应用可在细节上作必要变更。

附录2　国内法律法规节选

附录2-1　中华人民共和国计算机信息系统安全保护条例（节选）

（1994年2月18日中华人民共和国国务院令第147号发布 根据2011年1月8日《国务院关于废止和修改部分行政法规的决定》修订）

第一章　总　　则

第一条　为了保护计算机信息系统的安全，促进计算机的应用和发展，保障社会主义现代化建设的顺利进行，制定本条例。

第二条　本条例所称的计算机信息系统，是指由计算机及其相关的和配套的设备、设施（含网络）构成的，按照一定的应用目标和规则对信息进行采集、加工、存储、传输、检索等处理的人机系统。

第三条　计算机信息系统的安全保护，应当保障计算机及其相关的和配套的设备、设施（含网络）的安全，运行环境的安全，保障信息的安全，保障计算机功能的正常发挥，以维护计算机信息系统的安全运行。

第四条　计算机信息系统的安全保护工作，重点维护国家事务、经济建设、国防建设、尖端科学技术等重要领域的计算机信息系统的安全。

第五条　中华人民共和国境内的计算机信息系统的安全保护，适用本条例。

未联网的微型计算机的安全保护办法，另行制定。

第六条　公安部主管全国计算机信息系统安全保护工作。

国家安全部、国家保密局和国务院其他有关部门，在国务院规定的职责范围内做好计算机信息系统安全保护的有关工作。

第七条　任何组织或者个人，不得利用计算机信息系统从事危害国家利益、集体利益和公民合法利益的活动，不得危害计算机信息系统的安全。

第二章　安全保护制度

第八条　计算机信息系统的建设和应用，应当遵守法律、行政法规和国家其他有关规定。

第九条　计算机信息系统实行安全等级保护。安全等级的划分标准和安全等级保护的具体办法，由公安部会同有关部门制定。

第十条　计算机机房应当符合国家标准和国家有关规定。

在计算机机房附近施工，不得危害计算机信息系统的安全。

第十一条　进行国际联网的计算机信息系统，由计算机信息系统的使用单位报省级以上人民政府公安机关备案。

第十二条　运输、携带、邮寄计算机信息媒体进出境的，应当如实向海关申报。

第十三条　计算机信息系统的使用单位应当建立健全安全管理制度，负责本单位计算机信息系统的安全保护工作。

第十四条　对计算机信息系统中发生的案件，有关使用单位应当在24小时内向当地县级以上人民政府公安机关报告。

第十五条　对计算机病毒和危害社会公共安全的其他有害数据的防治研究工作，由公安部归口管理。

第十六条　国家对计算机信息系统安全专用产品的销售实行许可证制度。具体办法由公安部会同有关部门制定。

第三章　安全监督

第十七条　公安机关对计算机信息系统安全保护工作行使下列监督职权：

（一）监督、检查、指导计算机信息系统安全保护工作；

（二）查处危害计算机信息系统安全的违法犯罪案件；

（三）履行计算机信息系统安全保护工作的其他监督职责。

第十八条　公安机关发现影响计算机信息系统安全的隐患时，应当及时通知使用单位采取安全保护措施。

第十九条　公安部在紧急情况下，可以就涉及计算机信息系统安全的特定事项发布专项通令。

第四章　法律责任

第二十条　违反本条例的规定，有下列行为之一的，由公安机关处以警告或者停机整顿：

(一)违反计算机信息系统安全等级保护制度，危害计算机信息系统安全的；

(二)违反计算机信息系统国际联网备案制度的；

(三)不按照规定时间报告计算机信息系统中发生的案件的；

(四)接到公安机关要求改进安全状况的通知后，在限期内拒不改进的；

(五)有危害计算机信息系统安全的其他行为的。

第二十三条　故意输入计算机病毒以及其他有害数据危害计算机信息系统安全的，或者未经许可出售计算机信息系统安全专用产品的，由公安机关处以警告或者对个人处以 5000 元以下的罚款、对单位处以 15 万元以下的罚款；有违法所得的，除予以没收外，可以处以违法所得 1 至 3 倍的罚款。

第二十四条　违反本条例的规定，构成违反治安管理行为的，依照《中华人民共和国治安管理处罚法》的有关规定处罚；构成犯罪的，依法追究刑事责任。

第二十五条　任何组织或者个人违反本条例的规定，给国家、集体或者他人财产造成损失的，应当依法承担民事责任。

第二十六条　当事人对公安机关依照本条例所作出的具体行政行为不服的，可以依法申请行政复议或者提起行政诉讼。

第二十七条　执行本条例的国家公务员利用职权，索取、收受贿赂或者有其他违法、失职行为，构成犯罪的，依法追究刑事责任；尚不构成犯罪的，给予行政处分。

第五章　附　　则

第二十八条　本条例下列用语的含义：

计算机病毒，是指编制或者在计算机程序中插入的破坏计算机功能或者毁坏数据，影响计算机使用，并能自我复制的一组计算机指令或者程序代码。

计算机信息系统安全专用产品，是指用于保护计算机信息系统安全的专用硬件和软件产品。

附录 2-2　信息网络传播权保护条例（节选）

（2006 年 5 月 18 日中华人民共和国国务院令第 468 号公布 根据 2013 年 1 月 30 日《国务院关于修改〈信息网络传播权保护条例〉的决定》修订）

第四条　为了保护信息网络传播权，权利人可以采取技术措施。

任何组织或者个人不得故意避开或者破坏技术措施，不得故意制造、进口或者向公众提供主要用于避开或者破坏技术措施的装置或者部件，不得故意为他人避开或者破坏技术措施提供技术服务。但是，法律、行政法规规定可以避开的除外。

第五条　未经权利人许可，任何组织或者个人不得进行下列行为：

（一）故意删除或者改变通过信息网络向公众提供的作品、表演、录音录像制品的权利管理电子信息，但由于技术上的原因无法避免删除或者改变的除外；

（二）通过信息网络向公众提供明知或者应知未经权利人许可被删除或者改变权利管理电子信息的作品、表演、录音录像制品。

第十条　依照本条例规定不经著作权人许可、通过信息网络向公众提供其作品的，还应当遵守下列规定：

（一）除本条例第六条第一项至第六项、第七条规定的情形外，不得提供作者事先声明不许提供的作品；

（二）指明作品的名称和作者的姓名（名称）；

（三）依照本条例规定支付报酬；

（四）采取技术措施，防止本条例第七条、第八条、第九条规定的服务对象以外的其他人获得著作权人的作品，并防止本条例第七条规定的服务对象的复制行为对著作权人利益造成实质性损害；

(五)不得侵犯著作权人依法享有的其他权利。

第十一条　通过信息网络提供他人表演、录音录像制品的，应当遵守本条例第六条至第十条的规定。

第十二条　属于下列情形的，可以避开技术措施，但不得向他人提供避开技术措施的技术、装置或者部件，不得侵犯权利人依法享有的其他权利：

(一)为学校课堂教学或者科学研究，通过信息网络向少数教学、科研人员提供已经发表的作品、表演、录音录像制品，而该作品、表演、录音录像制品只能通过信息网络获取；

(二)不以营利为目的，通过信息网络以盲人能够感知的独特方式向盲人提供已经发表的文字作品，而该作品只能通过信息网络获取；

(三)国家机关依照行政、司法程序执行公务；

(四)在信息网络上对计算机及其系统或者网络的安全性能进行测试。

第十三条　著作权行政管理部门为了查处侵犯信息网络传播权的行为，可以要求网络服务提供者提供涉嫌侵权的服务对象的姓名(名称)、联系方式、网络地址等资料。

第十四条　对提供信息存储空间或者提供搜索、链接服务的网络服务提供者，权利人认为其服务所涉及的作品、表演、录音录像制品，侵犯自己的信息网络传播权或者被删除、改变了自己的权利管理电子信息的，可以向该网络服务提供者提交书面通知，要求网络服务提供者删除该作品、表演、录音录像制品，或者断开与该作品、表演、录音录像制品的链接。通知书应当包含下列内容：

(一)权利人的姓名(名称)、联系方式和地址；

(二)要求删除或者断开链接的侵权作品、表演、录音录像制品的名称和网络地址；

(三)构成侵权的初步证明材料。

权利人应当对通知书的真实性负责。

第十五条 网络服务提供者接到权利人的通知书后，应当立即删除涉嫌侵权的作品、表演、录音录像制品，或者断开与涉嫌侵权的作品、表演、录音录像制品的链接，并同时将通知书转送提供作品、表演、录音录像制品的服务对象；服务对象网络地址不明、无法转送的，应当将通知书的内容同时在信息网络上公告。

第十六条 服务对象接到网络服务提供者转送的通知书后，认为其提供的作品、表演、录音录像制品未侵犯他人权利的，可以向网络服务提供者提交书面说明，要求恢复被删除的作品、表演、录音录像制品，或者恢复与被断开的作品、表演、录音录像制品的链接。书面说明应当包含下列内容：

（一）服务对象的姓名（名称）、联系方式和地址；

（二）要求恢复的作品、表演、录音录像制品的名称和网络地址；

（三）不构成侵权的初步证明材料。

服务对象应当对书面说明的真实性负责。

第十七条 网络服务提供者接到服务对象的书面说明后，应当立即恢复被删除的作品、表演、录音录像制品，或者可以恢复与被断开的作品、表演、录音录像制品的链接，同时将服务对象的书面说明转送权利人。权利人不得再通知网络服务提供者删除该作品、表演、录音录像制品，或者断开与该作品、表演、录音录像制品的链接。

第十八条 违反本条例规定，有下列侵权行为之一的，根据情况承担停止侵害、消除影响、赔礼道歉、赔偿损失等民事责任；同时损害公共利益的，可以由著作权行政管理部门责令停止侵权行为，没收违法所得，非法经营额 5 万元以上的，可处非法经营额 1 倍以上 5 倍以下的罚款；没有非法经营额或者非法经营额 5 万元以下的，根据情节轻重，可处 25 万元以下的罚款；情节严重的，著作权行政管理部门可以没收主要用于提供网络服务的计算机等设备；构成犯罪的，依法追究刑事责任：

（一）通过信息网络擅自向公众提供他人的作品、表演、录音录像制品的；

(二)故意避开或者破坏技术措施的；

(三)故意删除或者改变通过信息网络向公众提供的作品、表演、录音录像制品的权利管理电子信息，或者通过信息网络向公众提供明知或者应知未经权利人许可而被删除或者改变权利管理电子信息的作品、表演、录音录像制品的；

(四)为扶助贫困通过信息网络向农村地区提供作品、表演、录音录像制品超过规定范围，或者未按照公告的标准支付报酬，或者在权利人不同意提供其作品、表演、录音录像制品后未立即删除的；

(五)通过信息网络提供他人的作品、表演、录音录像制品，未指明作品、表演、录音录像制品的名称或者作者、表演者、录音录像制作者的姓名(名称)，或者未支付报酬，或者未依照本条例规定采取技术措施防止服务对象以外的其他人获得他人的作品、表演、录音录像制品，或者未防止服务对象的复制行为对权利人利益造成实质性损害的。

第十九条　违反本条例规定，有下列行为之一的，由著作权行政管理部门予以警告，没收违法所得，没收主要用于避开、破坏技术措施的装置或者部件；情节严重的，可以没收主要用于提供网络服务的计算机等设备；非法经营额 5 万元以上的，可处非法经营额 1 倍以上 5 倍以下的罚款；没有非法经营额或者非法经营额 5 万元以下的，根据情节轻重，可处 25 万元以下的罚款；构成犯罪的，依法追究刑事责任：

(一)故意制造、进口或者向他人提供主要用于避开、破坏技术措施的装置或者部件，或者故意为他人避开或者破坏技术措施提供技术服务的；

(二)通过信息网络提供他人的作品、表演、录音录像制品，获得经济利益的；

(三)为扶助贫困通过信息网络向农村地区提供作品、表演、录音录像制品，未在提供前公告作品、表演、录音录像制品的名称和作者、表演者、录音录像制作者的姓名(名称)以及报酬标准的。

第二十条　网络服务提供者根据服务对象的指令提供网络自动

接入服务，或者对服务对象提供的作品、表演、录音录像制品提供自动传输服务，并具备下列条件的，不承担赔偿责任：

（一）未选择并且未改变所传输的作品、表演、录音录像制品；

（二）向指定的服务对象提供该作品、表演、录音录像制品，并防止指定的服务对象以外的其他人获得。

第二十一条　网络服务提供者为提高网络传输效率，自动存储从其他网络服务提供者获得的作品、表演、录音录像制品，根据技术安排自动向服务对象提供，并具备下列条件的，不承担赔偿责任：

（一）未改变自动存储的作品、表演、录音录像制品；

（二）不影响提供作品、表演、录音录像制品的原网络服务提供者掌握服务对象获取该作品、表演、录音录像制品的情况；

（三）在原网络服务提供者修改、删除或者屏蔽该作品、表演、录音录像制品时，根据技术安排自动予以修改、删除或者屏蔽。

第二十二条　网络服务提供者为服务对象提供信息存储空间，供服务对象通过信息网络向公众提供作品、表演、录音录像制品，并具备下列条件的，不承担赔偿责任：

（一）明确标示该信息存储空间是为服务对象所提供，并公开网络服务提供者的名称、联系人、网络地址；

（二）未改变服务对象所提供的作品、表演、录音录像制品；

（三）不知道也没有合理的理由应当知道服务对象提供的作品、表演、录音录像制品侵权；

（四）未从服务对象提供作品、表演、录音录像制品中直接获得经济利益；

（五）在接到权利人的通知书后，根据本条例规定删除权利人认为侵权的作品、表演、录音录像制品。

第二十三条　网络服务提供者为服务对象提供搜索或者链接服务，在接到权利人的通知书后，根据本条例规定断开与侵权的作品、表演、录音录像制品的链接的，不承担赔偿责任；但是，明知或者应知所链接的作品、表演、录音录像制品侵权的，应当承担共同侵权责任。

第二十四条　因权利人的通知导致网络服务提供者错误删除作品、表演、录音录像制品，或者错误断开与作品、表演、录音录像制品的链接，给服务对象造成损失的，权利人应当承担赔偿责任。

第二十五条　网络服务提供者无正当理由拒绝提供或者拖延提供涉嫌侵权的服务对象的姓名(名称)、联系方式、网络地址等资料的，由著作权行政管理部门予以警告；情节严重的，没收主要用于提供网络服务的计算机等设备。

第二十六条　本条例下列用语的含义：

信息网络传播权，是指以有线或者无线方式向公众提供作品、表演或者录音录像制品，使公众可以在其个人选定的时间和地点获得作品、表演或者录音录像制品的权利。

技术措施，是指用于防止、限制未经权利人许可浏览、欣赏作品、表演、录音录像制品的或者通过信息网络向公众提供作品、表演、录音录像制品的有效技术、装置或者部件。

权利管理电子信息，是指说明作品及其作者、表演及其表演者、录音录像制品及其制作者的信息，作品、表演、录音录像制品权利人的信息和使用条件的信息，以及表示上述信息的数字或者代码。

第二十七条　本条例自 2006 年 7 月 1 日起施行。

附录 2-3　中华人民共和国著作权法(2010 年修正)(节选)

(1990 年 9 月 7 日第七届全国人民代表大会常务委员会第十五次会议通过　根据 2001 年 10 月 27 日第九届全国人民代表大会常务委员会第二十四次会议《关于修改〈中华人民共和国著作权法〉的决定》第一次修正　根据 2010 年 2 月 26 日第十一届全国人民代表大会常务委员会第十三次会议《关于修改〈中华人民共和国著作权法〉的决定》第二次修正)

第五章　法律责任和执法措施

第四十八条　有下列侵权行为的，应当根据情况，承担停止侵害、消除影响、赔礼道歉、赔偿损失等民事责任；同时损害公共利益的，可以由著作权行政管理部门责令停止侵权行为，没收违法所得，没收、销毁侵权复制品，并可处以罚款；情节严重的，著作权行政管理部门还可以没收主要用于制作侵权复制品的材料、工具、设备等；构成犯罪的，依法追究刑事责任：

（一）未经著作权人许可，复制、发行、表演、放映、广播、汇编、通过信息网络向公众传播其作品的，本法另有规定的除外；

（二）出版他人享有专有出版权的图书的；

（三）未经表演者许可，复制、发行录有其表演的录音录像制品，或者通过信息网络向公众传播其表演的，本法另有规定的除外；

（四）未经录音录像制作者许可，复制、发行、通过信息网络向公众传播其制作的录音录像制品的，本法另有规定的除外；

（五）未经许可，播放或者复制广播、电视的，本法另有规定的除外；

（六）未经著作权人或者与著作权有关的权利人许可，故意避开或者破坏权利人为其作品、录音录像制品等采取的保护著作权或者与著作权有关的权利的技术措施的，法律、行政法规另有规定的除外；

（七）未经著作权人或者与著作权有关的权利人许可，故意删除或者改变作品、录音录像制品等的权利管理电子信息的，法律、行政法规另有规定的除外；

（八）制作、出售假冒他人署名的作品的。

附录2-4 全国人民代表大会常务委员会关于维护互联网安全的决定（2009年修正）

（2000年12月28日第九届全国人民代表大会常务委员会第十九次会议通过 根据2009年8月27日第十一届全国人民代表大会常务委员会第十次会议《关于修改部分法律的决定》修正）

我国的互联网，在国家大力倡导和积极推动下，在经济建设和各项事业中得到日益广泛的应用，使人们的生产、工作、学习和生活方式已经开始并将继续发生深刻的变化，对于加快我国国民经济、科学技术的发展和社会服务信息化进程具有重要作用。同时，如何保障互联网的运行安全和信息安全问题已经引起全社会的普遍关注。为了兴利除弊，促进我国互联网的健康发展，维护国家安全和社会公共利益，保护个人、法人和其他组织的合法权益，特作如下决定：

一、为了保障互联网的运行安全，对有下列行为之一，构成犯罪的，依照刑法有关规定追究刑事责任：

(一)侵入国家事务、国防建设、尖端科学技术领域的计算机信息系统；

(二)故意制作、传播计算机病毒等破坏性程序，攻击计算机系统及通信网络，致使计算机系统及通信网络遭受损害；

(三)违反国家规定，擅自中断计算机网络或者通信服务，造成计算机网络或者通信系统不能正常运行。

二、为了维护国家安全和社会稳定，对有下列行为之一，构成犯罪的，依照刑法有关规定追究刑事责任：

(一)利用互联网造谣、诽谤或者发表、传播其他有害信息，煽动颠覆国家政权、推翻社会主义制度，或者煽动分裂国家、破坏国家统一；

(二)通过互联网窃取、泄露国家秘密、情报或者军事秘密；

(三)利用互联网煽动民族仇恨、民族歧视，破坏民族团结；

(四)利用互联网组织邪教组织、联络邪教组织成员，破坏国家法律、行政法规实施。

三、为了维护社会主义市场经济秩序和社会管理秩序，对有下列行为之一，构成犯罪的，依照刑法有关规定追究刑事责任：

(一)利用互联网销售伪劣产品或者对商品、服务作虚假宣传；

(二)利用互联网损害他人商业信誉和商品声誉；

(三)利用互联网侵犯他人知识产权；

(四)利用互联网编造并传播影响证券、期货交易或者其他扰乱金融秩序的虚假信息；

(五)在互联网上建立淫秽网站、网页，提供淫秽站点链接服务，或者传播淫秽书刊、影片、音像、图片。

四、为了保护个人、法人和其他组织的人身、财产等合法权利，对有下列行为之一，构成犯罪的，依照刑法有关规定追究刑事责任：

（一）利用互联网侮辱他人或者捏造事实诽谤他人；

（二）非法截获、篡改、删除他人电子邮件或者其他数据资料，侵犯公民通信自由和通信秘密；

（三）利用互联网进行盗窃、诈骗、敲诈勒索。

五、利用互联网实施本决定第一条、第二条、第三条、第四条所列行为以外的其他行为，构成犯罪的，依照刑法有关规定追究刑事责任。

六、利用互联网实施违法行为，违反社会治安管理，尚不构成犯罪的，由公安机关依照《治安管理处罚法》予以处罚；违反其他法律、行政法规，尚不构成犯罪的，由有关行政管理部门依法给予行政处罚；对直接负责的主管人员和其他直接责任人员，依法给予行政处分或者纪律处分。

利用互联网侵犯他人合法权益，构成民事侵权的，依法承担民事责任。

七、各级人民政府及有关部门要采取积极措施，在促进互联网的应用和网络技术的普及过程中，重视和支持对网络安全技术的研究和开发，增强网络的安全防护能力。有关主管部门要加强对互联网的运行安全和信息安全的宣传教育，依法实施有效的监督管理，防范和制止利用互联网进行的各种违法活动，为互联网的健康发展创造良好的社会环境。从事互联网业务的单位要依法开展活动，发现互联网上出现违法犯罪行为和有害信息时，要采取措施，停止传输有害信息，并及时向有关机关报告。任何单位和个人在利用互联网时，都要遵纪守法，抵制各种违法犯罪行为和有害信息。人民法院、人民检察院、公安机关、国家安全机关要各司其职，密切配合，依法严厉打击利用互联网实施的各种犯罪活动。要动员全社会的力量，依靠全社会的共同努力，保障互联网的运行安全与信息安全，促进社会主义精神文明和物质文明建设。

附录 2-5　全国人民代表大会常务委员会关于加强网络信息保护的决定

（2012 年 12 月 28 日第十一届全国人民代表大会常务委员会第三十次会议通过）

为了保护网络信息安全，保障公民、法人和其他组织的合法权益，维护国家安全和社会公共利益，特作如下决定：

一、国家保护能够识别公民个人身份和涉及公民个人隐私的电子信息。

任何组织和个人不得窃取或者以其他非法方式获取公民个人电子信息，不得出售或者非法向他人提供公民个人电子信息。

二、网络服务提供者和其他企业事业单位在业务活动中收集、使用公民个人电子信息，应当遵循合法、正当、必要的原则，明示收集、使用信息的目的、方式和范围，并经被收集者同意，不得违反法律、法规的规定和双方的约定收集、使用信息。

网络服务提供者和其他企业事业单位收集、使用公民个人电子信息，应当公开其收集、使用规则。

三、网络服务提供者和其他企业事业单位及其工作人员对在业务活动中收集的公民个人电子信息必须严格保密，不得泄露、篡改、毁损，不得出售或者非法向他人提供。

四、网络服务提供者和其他企业事业单位应当采取技术措施和其他必要措施，确保信息安全，防止在业务活动中收集的公民个人电子信息泄露、毁损、丢失。在发生或者可能发生信息泄露、毁损、丢失的情况时，应当立即采取补救措施。

五、网络服务提供者应当加强对其用户发布的信息的管理，发现法律、法规禁止发布或者传输的信息的，应当立即停止传输该信息，采取消除等处置措施，保存有关记录，并向有关主管部门报告。

六、网络服务提供者为用户办理网站接入服务，办理固定电话、移动电话等入网手续，或者为用户提供信息发布服务，应当在与用户签订协议或者确认提供服务时，要求用户提供真实身份信息。

七、任何组织和个人未经电子信息接收者同意或者请求，或者电子信息接收者明确表示拒绝的，不得向其固定电话、移动电话或者个人电子邮箱发送商业性电子信息。

八、公民发现泄露个人身份、散布个人隐私等侵害其合法权益的网络信息，或者受到商业性电子信息侵扰的，有权要求网络服务提供者删除有关信息或者采取其他必要措施予以制止。

九、任何组织和个人对窃取或者以其他非法方式获取、出售或者非法向他人提供公民个人电子信息的违法犯罪行为以及其他网络信息违法犯罪行为，有权向有关主管部门举报、控告；接到举报、控告的部门应当依法及时处理。被侵权人可以依法提起诉讼。

十、有关主管部门应当在各自职权范围内依法履行职责，采取技术措施和其他必要措施，防范、制止和查处窃取或者以其他非法方式获取、出售或者非法向他人提供公民个人电子信息的违法犯罪行为以及其他网络信息违法犯罪行为。有关主管部门依法履行职责时，网络服务提供者应当予以配合，提供技术支持。

国家机关及其工作人员对在履行职责中知悉的公民个人电子信息应当予以保密，不得泄露、篡改、毁损，不得出售或者非法向他人提供。

十一、对有违反本决定行为的，依法给予警告、罚款、没收违法所得、吊销许可证或者取消备案、关闭网站、禁止有关责任人员从事网络服务业务等处罚，记入社会信用档案并予以公布；构成违反治安管理行为的，依法给予治安管理处罚。构成犯罪的，依法追究刑事责任。侵害他人民事权益的，依法承担民事责任。

十二、本决定自公布之日起施行。

附录 2-6　计算机病毒防治管理办法

（中华人民共和国公安部令 第 51 号《计算机病毒防治管理办法》已经于 2000 年 3 月 30 日公安部部长办公会议通过，现予发布施行）

第一条　为了加强对计算机病毒的预防和治理，保护计算机信息系统安全，保障计算机的应用与发展，根据《中华人民共和国计算机信息系统安全保护条例》的规定，制定本办法。

第二条　本办法所称的计算机病毒，是指编制或者在计算机程序中插入的破坏计算机功能或者毁坏数据，影响计算机使用，并能自我复制的一组计算机指令或者程序代码。

第三条　中华人民共和国境内的计算机信息系统以及未联网计算机的计算机病毒防治管理工作，适用本办法。

第四条　公安部公共信息网络安全监察部门主管全国的计算机病毒防治管理工作。

地方各级公安机关具体负责本行政区域内的计算机病毒防治管理工作。

第五条　任何单位和个人不得制作计算机病毒。

第六条　任何单位和个人不得有下列传播计算机病毒的行为：

（一）故意输入计算机病毒，危害计算机信息系统安全；

（二）向他人提供含有计算机病毒的文件、软件、媒体；

（三）销售、出租、附赠含有计算机病毒的媒体；

（四）其他传播计算机病毒的行为。

第七条　任何单位和个人不得向社会发布虚假的计算机病毒疫情。

第八条　从事计算机病毒防治产品生产的单位，应当及时向公安部公共信息网络安全监察部门批准的计算机病毒防治产品检测机构提交病毒样本。

第九条　计算机病毒防治产品检测机构应当对提交的病毒样本及时进行分析、确认，并将确认结果上报公安部公共信息网络安全监察部门。

第十条　对计算机病毒的认定工作，由公安部公共信息网络安全监察部门批准的机构承担。

第十一条　计算机信息系统的使用单位在计算机病毒防治工作中应当履行下列职责：

(一)建立本单位的计算机病毒防治管理制度；

(二)采取计算机病毒安全技术防治措施；

(三)对本单位计算机信息系统使用人员进行计算机病毒防治教育和培训；

(四)及时检测、清除计算机信息系统中的计算机病毒，并备有检测、清除的记录；

(五)使用具有计算机信息系统安全专用产品销售许可证的计算机病毒防治产品；

(六)对因计算机病毒引起的计算机信息系统瘫痪、程序和数据严重破坏等重大事故及时向公安机关报告，并保护现场。

第十二条　任何单位和个人在从计算机信息网络上下载程序、数据或者购置、维修、借入计算机设备时，应当进行计算机病毒检测。

第十三条　任何单位和个人销售、附赠的计算机病毒防治产品，应当具有计算机信息系统安全专用产品销售许可证，并贴有“销售许可”标记。

第十四条　从事计算机设备或者媒体生产、销售、出租、维修行业的单位和个人，应当对计算机设备或者媒体进行计算机病毒检测、清除工作，并备有检测、清除的记录。

第十五条　任何单位和个人应当接受公安机关对计算机病毒防治工作的监督、检查和指导。

第十六条　在非经营活动中有违反本办法第五条、第六条第二、三、四项规定行为之一的，由公安机关处以一千元以下罚款。

在经营活动中有违反本办法第五条、第六条第二、三、四项规定行为之一，没有违法所得的，由公安机关对单位处以一万元以下罚款，对个人处以五千元以下罚款；有违法所得的，处以违法所得三倍以下罚款，但是最高不得超过三万元。

违反本办法第六条第一项规定的，依照《中华人民共和国计算机信息系统安全保护条例》第二十三条的规定处罚。

第十七条　违反本办法第七条、第八条规定行为之一的，由公安机关对单位处以一千元以下罚款，对单位直接负责的主管人员和直接责任人员处以五百元以下罚款；对个人处以五百元以下罚款。

第十八条　违反本办法第九条规定的，由公安机关处以警告，并责令其限期改正；逾期不改正的，取消其计算机病毒防治产品检测机构的检测资格。

第十九条　计算机信息系统的使用单位有下列行为之一的，由公安机关处以警告，并根据情况责令其限期改正；逾期不改正的，对单位处以一千元以下罚款，对单位直接负责的主管人员和直接责任人员处以五百元以下罚款：

(一)未建立本单位计算机病毒防治管理制度的；

(二)未采取计算机病毒安全技术防治措施的；

(三)未对本单位计算机信息系统使用人员进行计算机病毒防治教育和培训的；

(四)未及时检测、清除计算机信息系统中的计算机病毒，对计算机信息系统造成危害的；

(五)未使用具有计算机信息系统安全专用产品销售许可证的计算机病毒防治产品，对计算机信息系统造成危害的。

第二十条　违反本办法第十四条规定，没有违法所得的，由公安机关对单位处以一万元以下罚款，对个人处以五千元以下罚款；有违法所得的，处以违法所得三倍以下罚款，但是最高不得超过三万元。

第二十一条　本办法所称计算机病毒疫情，是指某种计算机病毒爆发、流行的时间、范围、破坏特点、破坏后果等情况的报告或者预报。

本办法所称媒体，是指计算机软盘、硬盘、磁带、光盘等。

第二十二条　本办法自发布之日起施行。

附录2-7 计算机信息系统安全专用产品检测和销售许可证管理办法（节选）

（公安部令第32号1997年6月28日公安部部长办公会议通过，1997年12月12日施行。）

第一章 总 则

第二条 本办法所称计算机信息系统安全专用产品，是指用于保护计算机信息系统安全的专用硬件和软件产品。

第三条 中华人民共和国境内的安全专用产品进入市场销售，实行销售许可证制度。

安全专用产品的生产者在其产品进入市场销售之前，必须申领《计算机信息系统安全专用产品销售许可证》（以下简称销售许可证）。

第四条 安全专用产品的生产者申领销售许可证，必须对其产品进行安全功能检测和认定。

第五条 公安部计算机管理监察部门负责销售许可证的审批颁发工作和安全专用产品安全功能检测机构（以下简称检测机构）的审批工作。

地（市）级以上人民政府公安机关负责销售许可证的监督检查工作。

第二章 检测机构的申请与批准

第六条 经省级以上技术监督行政主管部门或者其授权的部门考核合格的检测机构，可以向公安部计算机管理监察部门提出承担安全专用产品检测任务的申请。

第七条 公安部计算机管理监察部门对提出申请的检测机构的检测条件和能力进行审查，经审查合格的，批准其承担安全专用产品检测任务。

第八条 检测机构应当履行下列职责：

（一）严格执行公安部计算机管理监察部门下达的检测任务；

(二)按照标准格式填写安全专用产品检测报告;

(三)出具检测结果报告;

(四)接受公安部计算机管理监察部门对检测过程的监督及查阅检测机构内部验证和审核试验的原始测试记录;

(五)保守检测产品的技术秘密,并不得非法占有他人科技成果;

(六)不得从事与检测产品有关的开发和对外咨询业务。

第九条 公安部计算机管理监察部门对承担检测任务的检测机构每年至少进行一次监督检查。

第十条 被取消检测资格的检测机构,两年后方准许重新申请承担安全专用产品的检测任务。

第三章 安全专用产品的检测

第十一条 安全专用产品的生产者应当向经公安部计算机管理监察部门批准的检测机构申请安全功能检测。

对在国内生产的安全专用产品,由其生产者负责送交检测;对境外生产在国内销售的安全专用产品,由国外生产者指定的国内具有法人资格的企业或单位负责送交检测。

当安全专用产品的安全功能发生改变时,安全专用产品应当进行重新检测。

第十二条 送交安全专用产品检测时,应当向检测机构提交以下材料:

(一)安全专用产品的安全功能检测申请;

(二)营业执照(复印件);

(三)样品;

(四)产品功能及性能的中文说明;

(五)证明产品功能及性能的有关材料;

(六)采用密码技术的安全专用产品必须提交国家密码管理部门的审批文件;

(七)根据有关规定需要提交的其他材料。

第十三条 检测机构收到检测申请、样品及其他有关材料后,应当按照安全专用产品的功能说明,检测其是否具有计算机信息系统安全保护功能。

第十四条　检测机构应当及时检测，并将检测报告报送公安部计算机管理监察部门备案。

第四章　销售许可证的审批与颁发

第十五条　安全专用产品的生产者申领销售许可证，应当向公安部计算机管理监察部门提交以下材料：

（一）营业执照（复印件）；

（二）安全专用产品检测结果报告；

（三）防治计算机病毒的安全专用产品须提交公安机关颁发的计算机病毒防治研究的备案证明。

第十六条　公安部计算机管理监察部门自接到申请之日起，应当在十五日内对安全专用产品作出审核结果，特殊情况可延至三十日；经审核合格的，颁发销售许可证和安全专用产品“销售许可”标记；不合格的，书面通知申领者，并说明理由。

第十七条　已取得销售许可证的安全专用产品，生产者应当在固定位置标明“销售许可”标记。

任何单位和个人不得销售无“销售许可”标记的安全专用产品。

第十八条　销售许可证只对所申请销售的安全专用产品有效。

当安全专用产品的功能发生改变时，必须重新申领销售许可证。

第十九条　销售许可证自批准之日起两年内有效。期满需要延期的，应当于期满前三十日内向公安部计算机管理监察部门申请办理延期手续。

第五章　罚　　则

第二十条　生产企业违反本办法的规定，有下列情形之一的，视为未经许可出售安全专用产品，由公安机关根据《中华人民共和国计算机信息系统安全保护条例》的规定予以处罚：

（一）没有申领销售许可证而将生产的安全专用产品进入市场销售的；

（二）安全专用产品的功能发生改变，而没有重新申领销售许可证进行销售的；

(三)销售许可证有效期满，未办理延期申领手续而继续销售的；

(四)提供虚假的安全专用产品检测报告或者虚假的计算机病毒防治研究的备案证明，骗取销售许可证的；

(五)销售的安全专用产品与送检样品安全功能不一致的；

(六)未在安全专用产品上标明“销售许可”标记而销售的；

(七)伪造、变造销售许可证和“销售许可”标记的。

第二十一条　检测机构违反本办法的规定，情节严重的，取消检测资格。

第二十二条　安全专用产品中含有有害数据危害计算机信息系统安全的，依据《中华人民共和国计算机信息系统安全保护条例》第二十三条的规定处罚；构成犯罪的，依法追究刑事责任。

第二十三条　依照本办法作出的行政处罚，应当由县级以上(含县级)公安机关决定，并填写行政处罚决定书，向被处罚人宣布。

参考文献

中文参考文献

(一)著作类

[1][德]哈贝马斯，童世骏译．在事实与规范之间[M]．北京：三联书店，2003.
[2]王迁．网络环境中版权制度的发展[M]//张平．网络法律评论．北京：知识产权出版社，2008.
[3]冯晓青．知识产权法利益平衡理论[M]．北京：中国政法大学出版社，2006.
[4]吴伟光．数字技术环境下的版权法危机与对策[M]//张平．网络法律评论．北京：知识产权出版社，2008.
[5]李顺德、周详著．中华人民共和国著作权法修改导读[M]．知识产权出版社，2002.
[6]郑成思．两个新的版权条约初探[M]//郑成思．知识产权文丛：卷(1)．北京：中国政法大学出版社，1999.
[7]吴伟光．版权的技术保护与限制[M]//王兵．高新技术知识产权保护新论．北京：中国法制出版社，2002.
[8][美]梅利曼．大陆法系[M]．顾培东、禄正平译．北京：知识出版社，1984.
[9][德]哈贝马斯，童世骏译．在事实与规范之间[M]．北京：三联书店，2003.
[10]季卫东．秩序与混沌的临界[M]．北京：法律出版社，2008.
[11]杨春福．权利法哲学研究导论[M]．南京：南京大学出版社，2000.

[12]朱理．版权技术措施法律保护的三个等级——兼谈我国的技术措施保护立法[M] //张平．网络法律评论．法律出版社，2005(6).
[13]卓泽渊．法理学[M]．北京：法律出版社，2009.
[14]麻昌华．论公共安全注意义务的设立[M]//载张民安主编．侵权法报告，第1卷，北京：中信出版社，2005.
[15]蔡翠红．美国国家信息安全战略[M]．上海：学林出版社，2009：3.
[16]马民虎．信息安全法研究[M]．西安：陕西人民出版社，2004.
[17][法]卢梭．论人类不平等起源和基础[M]．李常山译．北京：商务印书馆，1997.
[18]张文显．法理学[M]．北京：高等教育出版社，北京大学出版社，2002(3).
[19]冯玉军．法经济学分析[M]．北京：清华大学出版社，2009.
[20][美]理查德·A. 波斯纳．法律的经济分析[M]．北京：中国大百科全书出版社，2003.
[21]周林彬、董淳锷．法律经济学[M]．长沙：湖南人民出版社，2008.
[22]吴汉东等．走向知识经济时代的知识产权法[M]．北京：法律出版社，2002.
[23]马民虎．网络安全法律问题及对策研究[M]．西安：陕西科学技术出版社，2007.
[24]曲振涛．法经济学[M]．北京：中国发展出版社，2005.
[25][美]威廉·M. 兰德斯、理查德·A. 波斯纳．知识产权法的经济结构[M]．金海军译．北京：北京大学出版社，2005.
[26]美国加州大学、美国斯坦福大学法学院．国际知识产权法律制度[M]．北京：中央广播电视大学出版社，1998.
[27]钱弘道．跨越法律和经济[M]．法律出版社，2003.
[28]蔡惠如．著作权之未来发展——论合理使用之价值创新[M]．台湾元照出版公司，2007.

[29][英]边沁·时殷弘译．道德与立法原理导论[M]．北京：商务印书馆，2000.
[30][美]罗斯科·庞德．通过法律的社会控制[M]．沈宗灵译．北京：商务印书馆，2010.
[31][美]E. 博登海默著，邓正来译．法理学：法律哲学与法律方法[M]．北京：中国政法大学出版社，1999.
[32][美]E. 博登海默著，邓正来译．法理学：法律哲学与法律方法[M]．北京：中国政法大学出版社，2004.
[33]杨震．法律价值哲学导论[M]．中国社会科学出版社，2004.
[34]刘作翔．法理学[M]．北京：社会科学文献出版社，2005.
[35]恩格斯．恩格斯致康·施密特(10月27日)[M]//《马克思恩格斯选集》第4卷．北京：人民出版社，第2版，1995.
[36]理查德·A. 波斯纳．法律的经济分析[M]．台湾："商务印书馆"，1987.
[37]中共中央马克思恩格斯列宁斯大林著作编译局．马克思恩格斯全集[M]．第1卷．北京：人民出版社，1956.
[38]吴汉东．知识产权基本问题研究[M]．北京：中国人民大学出版社，2005.
[39]吴汉东．著作权合理使用制度研究[M]．北京：中国政法大学出版社，1996.
[40][美] 罗斯科·庞德．通过法律的社会控制 法律的任务[M]．沈宗灵、董世忠译，商务印书馆，1984.
[41]辞海编辑部．辞海[M]．上海辞书出版社，1989.
[42][美]贝塔朗菲．一般系统论——基础、发展和应用[M]．北京：清华大学出版社，1987.
[43]马汉宝．法律思想与社会变迁[M]．北京：清华大学出版社，2008.
[44]梯利．西方哲学史[M]．葛力译．北京：商务印书馆，2000.
[45]朱春艳．费恩·伯格的技术批判理论研究[M]．沈阳：东北大学出版社有限公司，2006.
[46]熊文钊．公法原理[M]．北京：北京大学出版社，2009.

[47][德]H. 哈肯. 协同学——自然成果的奥秘[M]. 戴鸣钟译. 上海：上海世纪出版集团，2005.
[48]劳伦斯·莱斯格. 代码 2.0：网络空间中的法律[M]. 李旭，沈伟伟译. 北京：清华大学出版社，2009.
[49][美]罗纳德·德沃金，信春鹰. 认真对待权利[M]. 吴玉章译. 北京：中国大百科全书出版社，1998.
[50][美]考特，尤伦. 法和经济学[M]. 张军等译. 上海：上海三联书店，1994.
[51][加]迈克尔·盖斯特主编. 为了公共利益——加拿大版权法的未来[M]. 李静译. 北京：知识产权出版社，2008.
[52][德]韦伯. 韦伯作品集 IX：法律社会学[M]. 康乐，简惠美译. 南宁：广西师范大学出版社，2005.
[53][德]卢曼. 社会的法律[M]. 郑伊倩译. 人民出版社，2009.
[54]王迁. 知识产权法教程[M]. 第 2 版. 北京：中国人民大学出版社，2009.
[55]王迁. 网络版权法[M]. 北京：中国人民大学出版社，2008.
[56][美]罗伯托·曼加贝拉·昂格尔. 现代社会中的法律[M]. 吴玉章、周汉华译. 北京：译林出版社，2001.
[57][美]小奥利弗·温德尔·霍姆斯. 霍姆斯读本 论文与公共演讲选集[M]. 刘思达译. 上海：上海三联书店，2009.
[58]邱聪智. 民法研究(增订本)[M]. 台湾：五南图书出版公司，2000.
[59]王利明. 侵权行为法归责原则研究[M]. 北京：中国政法大学出版社，1996.
[60]廖湘文. 侵权行为法危险责任制度研究[M]. 成都：西南政法大学，2008.
[61]克雷斯蒂安·冯·巴尔. 欧洲比较侵权行为法(下)[M]. 张新宝译. 北京：法律出版社，2001.
[62]朱明. 信息安全法教程[M]. 北京：中国林业出版社，2005.
[63]薛虹. 网络时代的知识产权法[M]. 北京：法律出版社，2000.

[64]张明楷．刑法学(第三版)[M]．北京：法律出版社，2008，原载于张明楷．刑法的基础观念[M]．北京：中国检察出版社，1995.

(二)期刊类

[65]王迁．对技术措施立法保护的比较研究[J]．知识产权，2003(2).

[66]王海英．数字化作品版权反限制的限制——著作权技术保护措施的法律控制[J]．中共福建省委党校学报，2008(2).

[67]王喜军．论版权技术保护措施的扩张及其限制[J]．出版发行研究，2012(9).

[68]王迁．滥用“技术措施”的法律对策———评美国 Skylink 及 Static 案[J]．电子知识产权，2005(1).

[69]姚鹤徽，王太平．著作权技术保护措施之批判、反思与正确定位[J]．知识产权，2009(11).

[70]刘银良，冯琴．析知识产权的技术保护[J]．法律适用，2006(6).

[71]姚维保，望海军．数字著作权管理(DRM)与个人合理使用的冲突及解决途径[J]．现代情报，2005(1).

[72]冯晓青，胡少波．互联网挑战传统著作权制度——兼论著作权合理使用制度在网络空间中的新形式[J]．法律科学(西北政法学院学报)，2004(6).

[73]蔡晓东．数字化作品版权保护技术措施与法律规制[J]．编辑之友，2012(3).

[74]马治国．网络版权中技术措施的法律保护[J]．科技与法律，2001(2).

[75]张磊．从南京“逻辑炸弹案”谈网络犯罪的强制报案制度[J]．宁波广播电视大学学报，2006(2).

[76]冯晓青．技术措施与著作权保护探讨[J]．法学杂志，2004(4).

[77]袁真富．论数字版权管理的滥用及其限制[J]．电子知识产权，2008. 12.

[78]张今．著作权保护、数字权利管理与商业模式创新．学术交流[J]．2009(8).
[79]熊琦．论“接触权”——著作财产权类型化的不足与克服[J]．法律科学，2008(5).
[80]王迁．论版权法保护技术措施的正当性[J]．法学研究，2011(4).
[81]梁志文．云计算、技术中立与版权责任[J]．法学，2011(3).
[82]彭学龙．论著作权语境下的获取权[J]．法商研究，2010(4).
[83]马海群，孙扬民．论网络环境下数字作品知识产权的技术保护[J]．网络安全技术与应用，2001(10).
[84]钱玉林．禁止权利滥用的法理分析[J]．现代法学，2002(2).
[85]马岭．利益不是权利——从我国宪法第51条说起[J]．法律科学，2009(5).
[86]王均平．安全，还是秩序——治安理论与实践之上位概念分析及选择[J]．中国人民公安大学学报(社会科学版)，2009(6).
[87]马民虎，王新雷．试论商用密码管制法之动态国家利益观[J]．信息网络安全，2009(3).
[88]张比．哲学视野下的科学技术安全问题[J]．自然辩证法研究，2003(11).
[89]余潇枫．安全哲学新理念“优态共存”[J]．浙江大学学报(人文社会科学版)，2005(2).
[90]杨晓秋，马海群．基于信息不对称理论的数字图书馆信息服务著作权问题策略研究[J]．情报科学，2011(8).
[91]邓琦琦．信息不对称理论概述与分析[J]．高校图书情报论坛，2005(1).
[92]张今，卢亮．版权保护、数字权利管理与商业模式创新[J]．学术交流，2009(8).
[93]杨通进．爱尔维修与霍尔巴赫论个人利益与社会利益[J]．中国青年政治学院学报，1998(4).
[94]杨临宏．试论社会公共利益[J]．法学，2004(10).

[95]李静．论经济法的适度干预原则[J]．探索，2002(1)．
[96]冯晓青．论著作权法与公共利益[J]．法学论坛，2004(3)．
[97]马利．版权技术措施的反思与完善——以“使用者权”为研究视角[J]．郑州大学学报(哲学社会科学版)，2012(3)．
[98]陈嘉明．知识观与现代性——一种基于康德、黑格尔哲学的探讨[J]．吉林大学社会科学学报，2005(3)．
[99]马民虎，赵丽莉．论我国过程型信息安全立法确立[J]．情报理论与实践，2010(6)．
[100]张成福，谢一帆．风险社会及其有效治理的战略[J]．中国人民大学学报，2009(6)．
[101]王凤鸣．控制论与项目风险管理[J]．控制论与项目风险管理，2008(3)．
[102]张庆华．信息网络动态安全体系模型综述 [J]．计算机应用研究，2002(10)．
[103][德]乌尔斯·金德霍伊泽尔．安全刑法：风险社会的刑法危险[J]．刘国良编译．马克思主义与现实，2005(3)．
[104]马民虎，乔雅辉．信息系统安全等级评价法律模式研究 [J]．中国人民公安大学学报，2003(5)．
[105]王立志．风险社会中刑法范式之转换——以隐私权刑法保护切入[J]．政法论坛，2010(3)．
[106]刘铁光．风险社会中技术规制基础的范式转换[J]．现代法学，2011(4)．
[107]亚里士多德．尼各马科伦理学[J]．苗力田译．北京：中国社会科学出版社，1999.
[108]杨丽娟、陈凡．科学、技术混同立法的时代终结[J]．科学学与科学技术管理，2005(2)．
[109]肖国飞，任春晓．海德格尔对技术本质的哲学理论研究[J]．中共浙江省委党校学报，2001(5)．
[110]左玉茹．《著作权法》第三次修改草案述评[J]，电子知识产权，2012(4)．
[111]郭鹏．我国技术保护措施及其例外的法律构架完善——对

《著作权法修改草案》的不修改质疑[J]. 暨南学报(哲学社会科学版), 2012(10).
[112]王迁, 朱健. 技术措施的"有效性"标准——评芬兰 DVD-CSS 技术措施保护案[J]. 电子知识产权, 2007(9).
[113]陈锦川. 2007 年北京市高级人民法院著作权案例要点即评析[J]. 中国版权, 2008(2).
[114]郝婷. 我国数字出版法律制度的现状、问题及对策研究[J]. 中国出版, 2011(8).
[115]冯玉军. 法经济学范式研究及其理论阐释[J]. 法制与社会发展, 2004(1).
[116]胡霞. 科技保护措施面纱下之刑法学思考[J]. 知识产权, 2012(12).
[117]田刚. 侵害技术措施行为的入罪化思考[J]. 中国刑事法杂志, 2011(5).
[118]董琳. 网络版权技术措施刑事保护研究[J]. 中国出版, 2012(4).

(三)其他

[119]林伟智. 防盗拷措施条款争议问题研究[D]. 台湾: 世新大学, 2010.
[120]袁真富. 著作权保护中的技术措施对公众利益的妨碍及其对策[G]//郑成思. 知识产权文丛(第 7 卷). 北京: 中国方正出版社, 2002.
[121]周映艳. 论版权技术保护措施的限度——以微软黑屏事件为切入点[D]. 成都: 西南政法大学, 2010.
[122]赵历珍. 技术措施滥用的版权法规制研究[D]. 西安, 西安理工大学, 2010.
[123]李平. 数字版权管理系统及其协议研究[D]. 上海, 华中科技大学, 2009.
[124]易健雄. 技术发展与版权扩张[D]. 成都, 西南政法大学, 2008.
[125] CNCERT/CC. 2010 年中国互联网网络安全报告[R/OL].

[2011-5-10]. http://www.cert.org.cn/articles/docs/common/2011042225342.shtml.
[126]蔡木子.美国议员要求设安全壁垒华为、中兴出海之路遇阻[EB/OL].[2010-10-21] http://www.nbd.com.cn/newshtml/20101021/20101021012522752.html.
[127]周学敏.版权法上技术措施的滥用与对策[D].成都,西南政法大学,2008.
[128]赵丽莉,黄道丽,马民虎.网络物理系统(CPS)安全风险及保障机制研究[C].Proceedings of International Conference of China Communication and Information Technology (ICCCIT2010), Scientific Research Publishing, 2010.
[129]梁贞.超越技术的工具论和实体论——芬伯格的技术批判理论透视[D].黑龙江大学,2009.
[130]黄鹏翔.数字时代技术措施的法律保护比较研究[D].上海:华东政法大学,2008.
[131]章忠信.著作权法"防盗拷措施"条款例外规定要点之检讨[J/OL].科技法学评论,2006(3).
[132]马民虎.网络信息安全保障的法律监管研究[G].西安:陕西科学技术出版社,2007.
[133]郝涛.五黑客盗走CSDN数百万用户数据[EB/OL].[2012-3-21]. http://tech.163.com/12/0321/03/7T3C6JNA000915BF.html.

外文参考文献

(一)著作类

[1]M Ficsor. The Law of Copyright and the Internet: the 1996 WIPO Treaties, their Interpretation and Implementation [M]. Oxford: Oxford University Press, 2002: 549-550.
[2]FH Buckly. Corporations-Principles and Policies [M]. 3rd Edition. Toronto: E. Montgomery, 1995: 17-35.

(二)期刊类

[3]J Nützel, A Beyer. How to Increase the Security of Digital Rights Management Systems without Affecting Consumer's Security [J]. Emerging Trends in Information and Communication Security, 2006: 371-372.

[4]M Czolacz. Decryping DMCA § 1201 in the Wake of the Ninth Circuits Ruling in May Industries v. Blizzard Entertainment [J]. Northwestern Journal of Technology & Intellectual Property, 2013, 11(5): 445.

[5]P Samuelson. Intellectual Property and the Digital Economy: Why the Anti-circumvention Regulations Need to be Revised [J]. Berkeley Technology Law Journal, 1999(14): 528-530.

[6]R Mitchell. A Holistic Approach to the Digital Millennium Copyright Act [J]. Syracuse Science & Technology Law Reporter, 2010 (23): 15-22.

[7]JA Schroeder. Anti-circumvention of Competition: Avoiding Conflict between the DMCA and Antitrust[J]. The Intellectual Property Law Review, 2010, 50(3): 463-465.

[8]NE, koren. Making Room for Consumers under the DMCA [J]. Berkeley Technology Law Journal, 2007, 22(3): 1119-1125.

[9]Y Tian. Problems of Anti-circumvention Rules in the DMCA & More Heterogeneous Solutions[J]. Fordham Intellectual Property Media and Entertainment Law Journal, 2005, 15(3): 772-779.

[10]BA Kenneth. Technologies of Compliance: Risk and Regulation in a Digital Age[J]. Texas Law Review, 2010, 88: 669.

[11]Reichman, H Jorome, Dinwoodie, et al. A Reverse Notice and Takedown Regime to Nable Public Interest Uses of Technically Protected Copyrighted Works [J]. Berkeley Technology Law Journal, 2007(22): 981-982.

[12]S Pamela, S Jason. Should Copyright Owners Have to Give Notice of Their Use of Technical Protection Measures? [J]. Journal on

Telecommunications and High Technology Law, 2007(6): 42-59.
[13]AM Matwyshyn. Technoconsen(t)sus[J]. Washington University Law Review, 2007(85): 530-534.
[14]M Perry. The Protection of Rights Management Information: Modernization or Cup Half Full? from "Radical Extremism" to "Balanced Copyright" Canadian Copyright and the Digital Agenda [J]. Canada Irwin Law, 2010(10): 304-326.
[15]AM Matwyshyn. Resilience: Building Better Users and Fair Trade Practices in Information [J]. Federal Communications Law Journal, 2011, 63(2): 392-395.
[16]L Feilert. Separation of Ownership and the Authorization to Use Personal Computers: Unintended Effects of EU and U. S. Law on IT Security[J]. Santa Clara Computer and High Technology Law Journal, 2010-2011(27): 162.
[17]L Szuskin, J Szczygiel, C Kevin, et al. When Information Security Meets Intellectual Property in France and in the United States: Requirement Applicable to Certain DRMs[J]. Privacy and Data Security Law Journal, 2008(2): 157-158.
[18]T Armstrong. Digital Rights Management and the Process of Fair Use. Harvard Journal of Law and Technology [J]. 2006(20): 54-58.
[19]J Ginsburg. Legal Protection of Technological Measures Protecting Works of Authorship: International Obligations and the US Experience[J]. Columbia Journal of Law and the Arts, 2005(29): 11-12.
[20]KJ Koelman. A Hard Nut to Crack: the Protection of Technological Measures[J]. Santa Clara Computer and High Technology Law Journal, 2010-2011(27): 162.
[21]NE Koren. Making Technology Visible: Liability of Internet Service Providers for Peer to Peer Traffic[J]. Berkeley Technology Law Journal, 2007(22): 1119-1127.

[22] J Winn, N Jondet. A New Deal for End Users? Lessons from a French Innovation in the Regulation of Interoperability [J]. William and Mary Law Review, 2009, 51(2): 550.

[23] W, Arlene. Digital Rights Management-An Overview[J]. Business Law Review, 2010, 31(2): 2-3.

[24] JC Ginsberg. From Having Copies to Experiencing Works: the Development of an Access Right in U. S. Copyright Law [J]. Journal of the Copyright Society of the USA, 2003, 50: 113.

[25] Conroy, Marlize. Access to Works Protected by Copyright: Right or Privilege[J]. South African Mercantile Law Journal, 2006, 18 (4): 413-422.

[26] DL Burk, JE Cohen. Fair Use Infrastructure for Copyright Management Systems[J]. Harvard Journal of Law and Technology, 2001(15): 41-45.

[27] RR Anthony. Will Merging Access Controls and Rights Controls Undermine the Structure of Anticircumvention Law[J]. Berkeley Technology Law Journal, 2003, 18(2): 619-626.

[28] DK Mulligan, AK Perzanowski. The Magnificence of the Disaster: Reconstructing the SONY BMG Rootkit Incident [J]. Berkeley Technology Law Journal, 2007(6): 1161-1162.

[29] PM Schwartz. Notification of Data Security Breaches[J]. Michigan Law Review, 2007(105): 913.

[30] RC Picker. Copyright as Entry Policy: the Case of Digital Distribution[J]. Antitrust Bull, 2002, 147: 423.

[31] TJ Smedinghoff. Where We're Headed: New Developments and Trends in the Law of Information Security[J]. Privacy and Data Security Law Journal, 2007(1): 103-105.

[32] JC Monica. FDA Labeling of Cosmetics Containing Nanoscale Materials [J]. Nanotechnology Law and Business, 2008, 5 (1): 63.

[33] S Sebastian. 'Copyright World' and Access to Information:

Conjoined via the Internet [J]. Journal of Intellectual Property Rights, 2012, 17(5): 235-236.

[34] Harper, Tieffa. Does the Digital Millennium Copyright Act Impede Scientific Expression[J]. Entertainment and Sports Lawyer, 2002, 19(4): 1-6.

[35] FV Lohmann. Measuring the Digital Millennium Copyright Act Against the Darknet: Implicaitons for the Regulation of Technological Proteciton Measures [J]. Loyola of Los Angeles Entertainment Law Review, 2004(24): 635-637.

[36] J Litman. Real Copyright Reform [J]. Iowa Law Review, 2010, 96(1): 54-56.

[37] E Cartwright. Consumer-friendly DRM: the Quest for Transparency and Interoperability in a Single European Information Space [J]. International Journal of Liability and Scientific Enquiry, 2010, 3 (3): 238.

[38] NG Alina. Rights, Privileges, and Access to Information [J]. Loyola University Chicago Law Journal, 2010, 42(1): 89-91.

[39] J Stanley. Managing Anaging Digital Rights Management: Effectively Protecting Intellectual Property and Consumer Rights in the Wake of the Sony CD Copy Protction Scandal[J]. A Journal of Law and Policy for the Information Society, 2008, 4 (1): 157-160.

[40] DJ Pfefferbaum. Lexmark International, Inc. v. Static Control Components, Inc. 387 F. 3d 522 (6th Cir. 2004) [J]. Intellectual Property Law Bulletin, 2005, 9(2): 185-188.

[41] D Fry. Circumventing Acess Controls Under the Digital Millennium Copyright Act: Analyzing the SecuRom Debate[J]. Duke law and Technology Review, 2009, 005: 1-2.

[42] AM Matwyshyn. Hidden Engines of Destruction: the Reasonable Expection of Code Safety and the Duty to Warn in Digital Products [J]. Florida Law Review January, 2010(62): 109.

[43]AM Matwyshyn. Organizational Code: A Complexity Theory Perspective on Technology and Intellectual Property Regulation [J]. Technology Law and Policy Journal, 2006, 11(1): 1-4.

(三)其他

[44]DS Clark. In the Matter of SONY BMG Music Entertainment, a General Partnership[EB/OL]. [2012-2-10]. www. ftc. gov/os/caselist/0623019/070130cmp0623019. pdf.

[45]J Delgado, S Llorente, E Rodriguez. Digital Rights and Privacy Policies Management as a Service [C]. 8th IEEE International Workshop on Digital Rights Management Impact on Consumer Communications, 2012: 527.

[46]K Hennig. Finding a Solution to the Technological Protection Measure Dilemma [OL]. [2009-12-10]. iposgoode. ca/... / finding-a-solution-to-the-technological-protection-measure-dilemma-katherine-hennig1. doc.

[47]E Maher. Defenceless in the Zombie Infested Internet: Why Audio-visual Works Demand Exemption under the Digital Millennium Copyright Act. Boston College Intellectual Property and Technology Forum, 2013: 1.

[48]R Iannella. Digital Rights Management (DRM) Architectures [J/OL]. D-lib Magzine, 2001, 7 (6). [2011-10-02]. http: //www. dlib. org/dlib/june01/iannella/06iannella. html.

[49]M Masnick. Ubisoft's Use of the (Star) Force Lands it in Court [EB/OL]. [2010-8-20]. http: //www. techdirt. com/articles/20060331/1549225. shtml.

[50]FTC. Sony BMG Settles FTC Charges[EB/OL]. [2007-1-30]. http: //www. ftc. gov/opa/2007/01/sony. shtm.

[51]Wikipedia. Warden (software) [EB/OL]. [2011-1-1]. http: //en. wikipedia. org/wiki/The_Warden_(software).

[52]JD Derian. The Value of Security: Hobbes, Marx, Nietzsche, and Baudrillard [C]//RD Lipschutz. On Security. New York:

Columbia University Press, 1998: 22.

[53] Intellectual Property Watch. EU Online Content Stakeholders Debate DRM's Value For Copyright Protection [EB/OL]. [2011-10-06]. http://ip-watch.org/weblog/wptrackback.php? p=422.

[54] M Curphey, D Endler, W Hau, et. al. A Guide to Building Secure Web Applications [EB/OL]. [2009-12-10]. http://www.cgisecurity.com/owasp/html/.

[55] United States District Court. Universal City Studios Inc. v. Reimerdes, 111 F. Supp. 2d. 294, 317-318 [EB/OL]. http://cyber.law.harvard.edu/openlaw/DVD/NY/trial/op.html.

[56] AC Prihandoko, B Litow, H Ghodosia. DRM's Rights Proteciton Capability: a Review [C]. The First International Conference on Computational Science and Information Management, 2012, 1: 13.

[57] B Baumel. Understanding Cross-Platform Text Size Differences [EB/OL]. [2010-3-10]. http://home.earthlink.net/~bobbau/platforms/text-siz/.